Der Autor

-ky, eigentlich Horst Bosetzky, Jahrgang 1938 und Berliner, ist nicht nur Krimischreiber («Einer von uns beiden», «Stör die feinen Leute nicht», «Feuer für den Großen Drachen»), sondern auch Professor für Organisations- und Verwaltungssoziologie («Grundzüge einer Soziologie der Industrieverwaltung»). Des trocknen Tons ein wenig satt, hat er (mit Peter Heinrich zusammen) ein unterhaltsames Lehrbuch geschrieben («Mensch und Organisation») und auch schon versucht, unsere sta(a)t(t)liche Bürokratie mit Hörspielen (z. B. «Alle, nur nicht Niebergall») und Nicht-Kriminalromanen («Aus der Traum») einmal ganz anders zu erfassen. In seinen Büchern «Ich glaub', mich tritt ein Schimmel» (rororo tomate 5687) und dem hiermit vorgelegten Fortsetzungsband gibt er seinem Affen mal so richtig Zucker und setzt in seinem *Amt für Bürgersorgen* ganz auf Scherz, Satire, Ironie und tiefere Bedeutung, aber auch – als Gegengewicht zur ernst zu nehmenden Sachinformation – auf viel Klamauk und Blödelei. Im Mittelpunkt steht der leidgeprüfte Bürger und nicht der blutbefleckte Würger; eine schön garnierte Torte statt vieler hochgelehrter Worte. An den meisten der in Romanform miteinander verbundenen Geschichten ist alles erfunden, nur sie selber sind es nicht...

-ky

Dich reitet wohl der Schimmel!

Neue Geschichten aus dem Amt für Bürgersorgen

rororo

Rowohlt

rororo tomate
herausgegeben von Klaus Waller

Originalausgabe
Veröffentlicht im Rowohlt Taschenbuch Verlag GmbH,
Reinbek bei Hamburg, Mai 1987

Redaktion Dietlind Kaiser
Umschlagbild Erich Rauschenbach
Umschlagtypographie Manfred Waller
Satz Bembo (Linotron 202)
Gesamtherstellung Clausen & Bosse, Leck
Printed in Germany
680-ISBN 3 499 15890 6

Vorwort I und II

I. Aushang am Schwarzen Brett des Rathauses

«Offenbar lassen sich die Mitglieder einer Organisation in drei Klassen einteilen: In die *wenigen*, die dafür sorgen, *daß* etwas geschieht; die *vielen*, die zusehen, *wie* etwas geschieht, und in die *überwältigende Mehrheit*, die keine Ahnung hat, *was überhaupt geschehen ist.*»

(Prof. Hans-Georg Lilge/Prof. Wolfgang Grunwald, Weniger Führer – viele Geführte, in: Management-Zeitschrift Industrielle Organisation, 50 (1981), Nr. 5, S. 235)

II. Aktennotiz für den lieben Leser des ersten Bandes

Am Schluß des ersten Bandes der «Geschichten aus dem Amt für Bürgersorgen» finden wir ja Verenas heroisch-aufrechten Satz: «Wenn Timon weg soll, dann gehe ich mit ihm zusammen...!» Wir erinnern uns, daß Konrad Domisch zum neuen Bürgermeister gewählt worden war und zur Reorganisation des «Amts für Bürgersorgen» sogleich folgendes publik werden ließ:

1. Anstelle von Karl Voppmann wird Reinhard Preuß Leiter des ABS;
2. Karl Voppmann wird zum Landesversorgungsamt versetzt;
3. Timon Zietz («... unser grüner Vorreiter...») kommt zum Gartenbauamt.

Verena hatte er dabehalten wollen, wohl wissend, daß sein Preuß nicht eben nach dem Geschmack eines jeden Bürgers war.

Verena Naase/Timon Zietz – dieses Gespann war alsbald zu einem kleinen Politikum geworden, hatte mehrere Tage lang die Lokalteile hiesiger Sender und Gazetten, aber auch die Beratungen etlicher Ausschüsse beherrscht («Der neue Filz!», «Kungelei statt Kompetenz»), und viel Druck war auf Bürgermeister Domisch ausgeübt worden: von bestimmten Journalisten, von der Opposition wie von eigenen Parteifreunden, von Bürgern und vor allem auch vom Personalrat seines Rathauses. So hatte er schließlich nachgeben müssen (wenn auch nicht ohne das berühmte Zähneknirschen). Die beiden durften also bleiben, und sie wollten es auch, gedrängt von ihren Freunden («Standhalten, nicht flüchten!»).

In seiner Wut über diese Niederlage setzte Domisch dann bei Karl Voppmann noch schnell einen drauf: Statt ins Landesversorgungsamt sollte der nun zum Umweltschutz kommen, um sich dort dem Problem des Hundekots auf unseren Straßen federführend anzunehmen...

Ausgerechnet Preuß

Majestätisch langsam ließ Reinhard Preuß sein sehr geehrtes Gesäß auf Karl Voppmanns angemieften Drehstuhl hinab, jeden Zentimeter dieser rathaushistorischen Annäherung genüßlich auskostend, dahinschwebend in seinem stillen Bürokratenorgasmus, mit der rechten Hand zur Abfuhr seiner Erregung das vergessene Pappfähnchen zerknüllend, das an einem der Hebel hing und dem glücklichen Be-Sitzer dieses Möbels wahrhaft essentielles Weltwissen bescherte: «*Auf die inneren Werte kommt es an.* Girsberger consens 1. Damit die Beschwerden ab- und die Leistungen zunehmen.»

Seine offizielle Thronbesteigung also. Zu lange hatte er von diesen Sekunden nicht einmal zu träumen gewagt; nun aber war es soweit, zehn Minuten zuvor hatte er vom Bürgermeister seine Urkunde ausgehändigt bekommen. Dieser Moment war der alles entscheidende; fand er nicht statt, wäre seine Ernennung zum Leiter des Amts für Bürgersorgen (ABS) null und nichtig gewesen (vgl. § 6 II BBG und § 5 II BRRG). Aus Angst, ihn zu verpassen, zu verschlafen, plötzlich krank zu werden, ischiasgelähmt im Bett verbleiben zu müssen oder gar noch so kurz vor der ersehnten Zeremonie, durch einen Herzschlag etwa, das Zeitliche zu segnen, aus dieser Angst heraus war er die ganze Nacht hindurch in seiner Kleinstraumwohnung auf und ab gewandert, er, der neue Amtsleiter, der Amtmann Reinhard Preuß.

Nun war es soweit, nun saß er fest im Sattel. O beste aller möglichen Welten! Und mit offenen Mündern standen seine Mitarbeiter, sprich: Untertanen, vor ihm in der Tür: Verena und Zietz, Meyer 13, der Neue, und Mutter Kaminski, die Altgediente.

«Das *Peter-Prinzip*», flüsterte Zietz. «In einer Hierarchie neigt jeder Beschäftigte dazu, bis zu seiner Stufe der Unfähigkeit aufzusteigen ...»

«Mehr *rationale Disziplin* bitte!» sagte Verena, nunmehr seine unmittelbare Vorgesetzte, und sie tat das mit so wenig Ironie, daß er unwillkürlich erschrak und prompt, wie bei einer Prüfung, die ganze Definition herunterbetete.

«... die *rationale Disziplin.* Sie ist inhaltlich nichts anderes als die konsequent rationalisierte, d. h. planvoll eingeschulte, präzise, alle eigene Kritik bedingungslos zurückstellende Ausführung des empfangenen Befehls und die unablässige innere Eingestelltheit ausschließlich auf diesen Zweck. – Max Weber, Wirtschaft und Gesellschaft...»

«Ist Ihnen was...?» fragte Preuß, der das Gemurmel in Teilen mitbekommen hatte.

«Nein, nein. Meine Chefin hat mir nur gesagt, was Sache ist – und ich hab's ihr bestätigt...»

«Ja...» Preuß lehnte sich zurück. «Ein bißchen anders wird's ja jetzt zugehen bei uns hier im ABS... ordentlicher, geregelter. Schritt für Schritt werden wir das Chaos abbauen, Karl Voppmanns Hinterlassenschaft. Von wegen, daß jeder Bürger im Recht ist, der uns hier heimsucht! Von wegen, daß jeder Beamte draußen in den Ämtern, jeder Kollege einer ist, dem man auf die Finger sehen muß, dem man in den Arm fallen muß, damit er die armen und gequälten Bürger nicht noch weiter schurigeln kann! Damit ist es aus jetzt! Bis jetzt haben wir viel zu viele Parasiten gehätschelt, Leute, die den Staat bloß ausnutzen, anstatt zu arbeiten und ihre Pflicht zu tun. Was die meisten Leute, die zu uns kommen, endlich lernen müssen, das ist die Kunst, sich auch mal lautlos in was zu fügen, was von oben kommt! Dabei müssen wir ihnen helfen; das ist unsere wesentliche Aufgabe hier...!»

«Ich hab keine Lust mehr...» brummte Zietz.

«§ 54 Bundesbeamtengesetz!» Verena stieß ihm den Ellbogen in die Seite. «Der Beamte hat sich mit voller Hingabe seinem Berufe zu widmen...»

«Wann gibst du dich denn wieder mal hin?»

«Timon, bitte!»

So leise dies gezischelt war, Meyer 13 hatte es trotzdem mitbekommen, und er machte sich sofort eine gedankliche Notiz auf seiner sprichwörtlichen Strichliste, Rubrik «Gehabte Erektionen». Wie diese erfaßte er alles, was mit ihm und in ihm geschah, war als Numerus-clausus-geschädigter Abiturient und abgebrochener WiSo-Wissenschaftler besessen von der Idee, den anderen mit seinem genial-totalen Konzept der psycho-biographischen Quantifizierung doch noch zu zeigen, was in ihm steckte, und sah sich als Folge seiner Festhaltungen jederzeit imstande, Angaben zum Beispiel darüber zu machen, wie viele Erdentage ihm schon vergönnt gewesen waren (genau 8760) oder wie viele Male er in dieser Woche innerhalb seiner Dienstzeit bereits gekotet hatte (5 ×, davon 2 × «Stuhl geringerer Konsistenz»). Er, der dreizehnte Meyer hier im Rathaus, war ein Neffe des neuen Bürgermeisters, Konrad Domisch mit Namen (vordem der Amtsschrat Komisch), und von ihm ins ABS geholt worden, nachdem sie Karl Voppmann in die Wüste geschickt und Domischs alten Protegé Reinhard Preuß zum neuen Chef befördert hatten. (Aber über diese Vorgänge ist ja an anderer Stelle schon ausführlich berichtet worden.)

Preuß hatte inzwischen seine richtungweisenden Gedanken zu Ende gedacht und setzte den Schlußpunkt mit einem drohenden «Auf gute Zusammenarbeit dann...!»

Noch fand er aber nicht, Schicksal vieler Missionare, das Echo, das ihm eigentlich zugestanden hätte, denn nur Meyer 13 klatschte kräftig, während Zietz und Mutter Kaminski eher gelangweilt aus dem Fenster sahen und Verena ihm auch nichts anderes schenkte als ein mattes Stewardessen-Lächeln.

«Nun schön...» Preuß schluckte es, keinen Augenblick im Zweifel darüber, daß es ihm doch noch gelingen würde, seine Gefolgschaft voll hinter sich zu bringen.

«Wie wär's denn, wenn ich zur Feier des Tages erst mal Kuchen holen ginge...?» fragte Mutter Kaminski.

«Ach so, ja!» Preuß wußte, daß er sich diesem deutschen Rituale nicht entziehen konnte, und einerseits freute es ihn, weil das alles so gemeinschaftsbildend war, andererseits aber taten ihm die zwanzig Mark, die dafür aufzuwenden waren, in tiefster Seele leid. So bekam Mutter Kaminski auch nur fünfzehn Mark in die Hand gedrückt und wurde dafür auf die Tatsache verwiesen, daß man ja jetzt in der öffentlichen Verwaltung generell sparen müsse...

Als sie dann alle abgehen wollten, hielt er Zietz zurück. «Sie hätt ich gern mal unter vier Augen gesprochen, Timon...!»

Zietz zuckte zusammen. «Ja, natürlich; worum...?» Er schloß die Tür, die ihr Großraumbüro mit dem Amtsleiterzimmer verband, und setzte sich auf den blauen Polsterstuhl vor Preußens Schreibtisch.

«Sie haben in den letzten beiden Sommern insgesamt elf Tage wegen ihrer allergischen Beschwerden gefehlt, Pollen und so weiter...?»

Zietz stutzte, hätte solche genauen Daten nur von Meyer 13 erwartet, aber nicht von Preuß, der allenthalben nur als Paragraphen-Fetischist galt, nicht aber als Zähl-Pathologe. «Ja, wenn mein Heu-Asthma kommt, dann krieg ich halt keine Luft mehr und muß warten, bis der Notarzt mir...»

«Ich weiß, ich weiß! Und warum weigern Sie sich da, eine Hyposensibilisierung an sich vornehmen zu lassen?»

«Weil ich a) nicht glaube, daß das wirklich was bringt, und mir b) nicht zweimal die Woche – und das über vier Jahre hinweg – eine Spritze geben lassen will.»

«Das müssen Sie aber!»

«Wieso muß ich das...?»

«Weil ich es hiermit anordne! Weil Sie sonst schwer gegen Ihre beamtenrechtlichen Pflichten verstoßen!»

«Mein Körper gehört wohl immer noch mir!» sagte Zietz.

Preuß überging diese Einlassung mit einem milden Lächeln und begann, aus einem Urteil des Bundesverwaltungsgerichtes (1 D 98.82 v. 26. 7. 1983) Entsprechendes zu zitieren.

«‹...so folgt aus der Treuepflicht eines Beamten (§§ 2 Abs. 1, 54 Satz 1 BBG), daß er zur Erfüllung seiner amtlichen Pflichten seinem Dienstherrn seine volle Arbeitskraft zur Verfügung zu stellen hat. Damit obliegt es ihm aber auch, diese Arbeitskraft im Interesse des Dienstherrn nicht nur zu erhalten, sondern die beschränkte oder verlorene Arbeitskraft bestmöglich wiederherzustellen. Aus der eingangs erwähnten Treuepflicht folgt, daß sich der Beamte einer zumutbaren Behandlung stellen muß› – und diese paar kleinen Pikser in den Arm sind ja wohl zumutbar für Sie...›»

«Nein, das sind sie nicht. Jedesmal kann man einen Schock dabei kriegen und wegbleiben, jedesmal muß man noch eine halbe Stunde beim Arzt sitzen und warten...!»

Preuß las ungerührt weiter. «‹Wenn es für den Beamten keine Motivation zur Behandlung gibt, so muß die Motivation geschaffen werden durch eine Disziplinarmaßnahme, die ihm deutlich macht, daß er Gefahr läuft, seine Beamtenrechte zu verlieren, wenn er weiterhin die Belange des Dienstherren ignoriert...›»

«Ich werde mit dem Personalrat darüber reden und mit meiner Gewerkschaft...» Zietz ahnte schon, daß er in dieser Sache keine Chance hatte, sich gegen den neuen Amtsleiter durchzusetzen, doch er wollte sich wenigstens einen ehrenvollen Abgang sichern.

«Tun Sie das!» sagte Preuß und bemühte sich um etwas, das er für Wohlwollen hielt. «Ist doch auch wirklich das Beste für Sie...»

An dieser Stelle erfuhr ihr Dialog, zum Glück für beide wohl, eine kleine Unterbrechung, als nämlich H.-H. Hecht, ihr Hausmeister, nach schnellem Anklopfen in den Raum gestürzt kam, einen uralten Rundfunkempfänger unterm Arm.

«Ich hab Ihnen Ihr altes Radio heute morgen noch ganz gemacht: um elf ist ja die große Rede von Bürgermeister Domisch!»

«Ja, prima, die Regierungserklärung...!» Preuß räumte ein paar Akten beiseite, um Hecht die Plazierung des Geräts an der linken Ecke seines Tisches zu gestatten. «Da bin ich ja mal gespannt...»

«Sind wir alle...» grinste Zietz. «Soll ich die Feuerwehr vor Einschalten des Apparats alarmieren oder nachher erst...?»

«Ha-ha-ha!» machte H.-H. Hecht, und damit seinem Namen alle Ehre.

Und siehe da: Er hatte recht, denn kaum hatte er das Gerät mit «Saft» versorgt, wie er das ausdrückte, und den entsprechenden Knopf herumgedreht, als auch schon die schönste Western-and-Country-Musik das Preußsche Zimmer zu durchdudeln begann (ein bißchen zu undeutsch für dessen Geschmack, aber dennoch...).

«Wirklich einmalig, wie Sie das wieder hingekriegt haben!» Fast liebevoll strich er über das Furnier des alten Kastens, ihm zugeteilt aus der Erbmasse eines jüngst dahingeschiedenen Onkels.

Plötzlich zuckten mehrere bläulich-grelle Blitze durch das Innere des Preußschen Erb- wie Schmuckstücks, und nach einer kleinen Explosion verstummte dann schlagartig jeder Ton. Der Rest war ätzender Rauch, der massig aus der Rückwand quoll.

«Jetzt übertragen sie wohl 'n Indianerhörspiel», sagte Zietz, schon dabei, das Fenster aufzureißen. «Überfall auf die weißen Siedler, und Old Shatterhand gibt Winnetou 'n Rauchzeichen, daß er statt 'ner Konserven- lieber seine Silberbüchse mitbringen soll...!»

«Ha-ha-ha!»

Nach Abschluß der Bergungs- und Löscharbeiten erschien dann Mutter Kaminski mit einer reich bestückten Kuchenplatte, und sie konnten sich, bevor die ersten sorgenvollen Bürger kamen, noch schnell von ihrem Schreck erholen.

Friedvoll saßen sie beieinander, und Meyer 13 informierte sie über den genauen Stand ihrer diesbezüglichen Aktivitäten.

«In den letzten zehn Tagen dreimal gemeinsames Kaffeetrinken, zweimal Brathähnchen und fünfmal Auswürfeln, wer was von draußen holen geht.»

«Das bleibt aber strikt unter uns!» bemerkte Preuß. «Beziehungsweise wird von heute an entsprechend weniger.»

«Ihr Geburtstag steht aber noch vor der Tür... Was wünschen Sie sich denn...?» Mutter Kaminski sah ihn an. «Ich muß ja noch rechtzeitig zu Hertie rüber, was kaufen...»

Preuß stellte sein eben umgefallenes Stück Schwarzwälder Kirsch wieder ordnungsgemäß auf den Teller und sah seine Sekretärin tadelnd an. «Das mit den privaten Gängen während der Dienstzeit sollten wir aber auch ein wenig einschränken...»

Da schrie er derart auf, daß Verena schon an ein Attentat auf ihn dachte (die Kugel durchs offene Parterrefenster herein).

«Was ist denn, Herr Preuß!?»

Was war, zeigte sich alsbald, als er nämlich erhebliche Teile der gerade verinnerlichten Torte wieder ausspuckte, immer hinein in eine vom Tisch gerissene Serviette.

«Da war 'n Kern drin...! Ich hab mir 'n Stück von meinem Backenzahn rausgebissen...!»

Schon war er aufgesprungen und zur Tür gelaufen. «Ich geh gleich mal zum Zahnarzt rüber!»

«Das mit den privaten Gängen während der Dienstzeit, das wollten wir ein wenig einschränken – oder?!»

Zietz freute sich über das Hohngelächter seiner engeren Kollegenschaft.

Preuß hörte es noch, als er schon draußen auf der Straße war, und er schwor sich, Timon alsbald aus seiner Truppe entfernen zu lassen; am besten, man schickte ihn zum Krematorium, dort die Aufsicht zu führen («Was kümmern die Toten schon solche Chaoten...?»).

Derart im inneren Monolog versunken, kam er an einer kleinen Baustelle vorüber und stolperte prompt, stürzte, als die Gehwegplatten plötzlich aufhörten, vornüber in den locker liegenden Kies.

Und wieder mußte er die höhnischen Kommentare seiner lieben Mitmenschen über sich ergehen lassen.

«Nur Bob Beaman is weiter gesprungen – der hatte aber auch keinen Mantel dabei an!»

«Ein Meter zwanzig!»

«Quatsch! Übergetreten!»

«Macht doch nichts – Opa hat ja noch 'n Versuch!»

Die da so spotteten, waren vorbeihastende Schüler, aber auch etliche Arbeiter, die nahebei ihren Bauwagen stehen hatten, vor allem aber ein gewisser Karl Richard Türk, der hier als Steinsetzer wirkte.

«Bei der Weite brauchste doch keen Sturzhelm, Männekin!»

Gemeint war damit Preußens dunkelbraune Baskenmütze, die ihm beim Sturz eben vom Kopf gesegelt war und nun auf dem angehäuften Kleinpflaster ruhte.

Türk, in durchschwitztem Hemd und alter Schlotterhose, war hier schon seit über zwei Stunden im Gange: ebenso ungeschickt wie widerwillig, mit langsamen Bewegungen und andauernd aufstöhnend, nach jeweils drei geschippten Minuten ein längeres Päuschen einlegend; nun aber, als er Preuß erkannt hatte, kam wieder Leben in seinen abgeschlafften Körper. In seinen Augen blitzte es, ein kleiner Dreh, ein wenig mehr Druck auf seinen Schaufelstiel – und ein erheblicher Teil des für die Pflasterstelle bestimmten Sandes landete bei Preuß auf Rücken und Gesäß.

«Können Sie denn nicht aufpassen!» schrie der Amtsleiter, sich wieder aufrappelnd und bemüht, den Sand von seinem altmodischen Übergangsmantel herunterzuklopfen.

«Nein, kann ich nicht!» Türk stützte sich provozierend auf seinen Schaufelstiel. «Nicht wenn der Aufpasser kommt!»

Preuß fischte sich seine Aktentasche aus dem Rinnstein (die hatte er prallgefüllt mitgenommen, um die Wartezeit beim Zahndoktor zu nutzen). «Ich bin nicht Ihretwegen hier...» Er hüpfte, dabei immer wieder strauchelnd, auf dem linken Bein umher, um den Sand aus den Hosenaufschlägen des rechten herauszubekommen. «...ich bin bloß zum Zahnarzt unterwegs...»

«Ach, Quackie!« sagte Türk, sich eine Gauloise ansteckend. «Sie wollten nur mal wieder sehen, ob ich auch wirklich auf meiner Arbeitsstelle bin...» Er hatte einen unheimlichen Rochus auf das ABS und insbesondere diesen Reinhard Preuß. «Ich komm ins Amt für Bürgersorgen, um Geld für 'ne Schreibmaschine zu kriegen – Bundessozialhilfegesetz...» Lungenzug. «...und was machen Sie mit mir? Sie verdonnern mich zu dieser Hilfsarbeitertätigkeit hier!»

Preuß kam nun doch nicht umhin, seine Schuhe zwecks Entsandung vollends auszuziehen, hatte aber auch in dieser Situation noch immer den rechten Amtston zur Verfügung. «Nach geltendem

Recht können Sozialhilfeempfänger durchaus zu gemeinnützigen Arbeiten herangezogen werden...»

Türk spuckte ein paar Krümel Tabak zu Preuß hinüber. «Anstatt zu Hause zu sitzen und meinen großen Roman zu Ende zu schreiben, da steh ich nun hier auf der Straße und...! Und 'n Kraftprotz bin ich ja nun wahrlich nicht!» Richtig: Er war genauso hager-leptosom wie Preuß, dieselbe potentielle Schlaffi-Figur.

«Was wolln Sie denn: Wenn Sie 'n paar Monate hier beim Straßenbau gearbeitet haben, dann haben Sie doch auch genug Geld für 'ne Schreibmaschine beisammen!»

«Aber in der Zeit kann ich doch nicht schreiben!»

«Ob Sie überhaupt schreiben können, ist ja auch noch zu bezweifeln...»

Türk schlug wütend mit der Schippe auf den Sandhaufen. «Na, hören Sie mal: Ich bin schließlich *Schriftsteller*!»

Preuß war mit seinen Reinigungsarbeiten so ziemlich am Ende. «Schriftsteller ist bei mir nur der, der schon mal was veröffentlicht hat... Aber Sie, mein lieber Türk, Sie haben ja bis jetzt nichts weiter veröffentlicht als 'ne Kleinanzeige in der BZ: Suche preiswerte Anderthalb-Zimmer-Wohnung!» Das war nun zwar ein Aperçu von Timon Zietz, aber in diesem schweren Gefecht, das er hier stellvertretend für das ganze ABS zu führen gezwungen war, konnte diese stille Waffenhilfe ja weiß Gott nicht unstatthaft sein.

Türk lachte blökend los. «... das ist gut! Hätt ich Ihnen gar nicht zugetraut! Darf ich das in meinen Roman mit reinnehmen: Die einzige Veröffentlichung, die er vorzuweisen hatte, war die seines Namens im hiesigen Telefonbuch, Band I...»

«Sie und der große Türkenroman!» Preuß machte eine abwertende Handbewegung und wollte weiter, sein Zahn, doch Türk verbaute ihm den Weg, von seiner eigenen Begeisterung voll mitgerissen.

«Na sicher: die Geschichte der Familie Önal. Der erste Sproß ist 1453 dabei, als Mohammed der Zweite Konstantinopel erobert; der letzte ist Hilfsarbeiter auf 'ner Baustelle in Kreuzberg.»

«Na bitte!» Preuß schaffte es, sich an Türk vorbeizuschlängeln. «Ist doch 'ne prima Gelegenheit für Sie, das hier, das Baustellenmilieu mal so richtig aus eigener Erfahrung kennenzulernen...»

«Ihr Zynismus, der...!» Türk hob die Schippe, den Kopf des neuen ABS-Leiters anvisierend.

«He, laß das!»

Zum Glück für ihn, zum Glück für Preuß, kam in dieser Sekunde der Vorarbeiter aus dem Bauwagen gestürzt, Türks Sachen im Arm: Aktentasche, Jackett, Hemd und Hose, und während Preuß die Flucht ergriff, schmiß er Türk den ganzen Krempel vor die Füße.

«Hier, dein Mist! Leute anpöbeln, Macke, wat!?»

Türk stand fassungslos da. «Was machen Sie denn mit meinen Sachen hier...!?»

Der Vorarbeiter schnauzte weiter. «Los – du anziehen und dann ab übern Bosporus! Eben Anruf von Ausländerpolizei: du keine Arbeitserlaubnis mehr... Arbeitserlaubnis abgelaufen – du zurück in Türkei!»

«Was soll denn der Quatsch!» Türk kam langsam wieder zur Besinnung. «Ich heiße zwar Türk, aber ich bin wahrscheinlich ein deutscherer Deutscher als Sie, Herr Orczedrowski mit c-z! Da muß sich ganz einfach der Computer geirrt haben...!»

Der Vorarbeiter zerquetschte eine Mücke, die sich auf seinem tätowierten Oberarm festgesaugt hatte. «Von wegen Computer geirrt...! Wahrscheinlich die Papiere gefälscht und so!»

«Gott, ich spreche doch nun wirklich ein lupenreines Deutsch!» Türk war bemüht, wie ein *Tagesschau*-Sprecher zu klingen.

«Meine Schwiegertochter spricht auch fließend Spanisch – und ist keine Spanierin... Haha!»

«Ist denn das hier 'n Irrenhaus?! Schließlich bin ich hier geboren worden und 'n paar Straßen weiter aufgewachsen!»

«Das sind 'ne Menge Türken!»

«Mein Gott, ich bin 'n echter Deutscher!»

Der Vorarbeiter riß Türks Aktentasche auf. «Und wat haste hier drinne!? Allet türkische Bücher und Video-Cassetten!» Stotternd las er ein paar Titel vor. «Aman ne girgir... Müjdat gezen figen han... Pfui! Hülya Koçyğit... Und hier: Yaşamı Kuşatmak... Det is doch wohl der Beweis – oda!? Keen vernünftiga Deutscher schleppt doch so'n Scheiß mit sich rum!»

Amtsleiter Preuß weilte beim Zahnarzt, und Mutter Kaminski hatte sich mit Meyer 13 zur Materialausgabe begeben, um neue Kugelschreiber, Heftklammern und dergleichen fürs gesamte ABS zu fassen, so daß es Verena vorbehalten blieb, zum Telefon zu eilen, als der Apparat auf Mutter Kaminskis Tisch eklig zu schrillen begann (Klienten waren keine zugegen).

«Ich werd mal abnehmen...»

«Nein, bitte nicht! Noch schlanker, dann...»

«Deine Phantasie wieder!» Sie ließ sich nicht beirren, nahm den Hörer ab, murmelte ihr Verslein und schloß dann mit den Worten: «Nein, Frau Kaminski ist nicht hier – Timon und ich, wir halten hier allein die Stellung...»

«Wenn ich das Wort Stellung höre – ohhh!» Timon stöhnte auf. «Verrat denen aber nicht alles...!»

Verena sah ihn wütend an und ballte die Faust. Auch nachdem sie nun ein Paar geworden waren und sich, ganz im Sinne dieses Wortes, ein- bis mehrmals jede Woche paarten, kam er nicht los von seinen «schlüpfrigen Assoziationen», wie sie das nannte; er darauf: «Dem Reinen ist alles rein – rein, rein, rein!»

Verena legte auf. «Das waren die vom Rathaus-Info. Mutter Kaminski wollte ihnen bis neun noch zwei Texte tippen. Nun haben sie aber nichts und können nicht mit dem Drucken anfangen...!»

«Sehen wir doch mal nach, ob sie da was rumzuliegen hat...»

«Ohne *zu*!» korrigierte ihn Verena.

«Hör bitte auf, hier die Vorgesetzte zu spielen!»

«Das bin ich, das brauch ich nicht zu spielen.»

«O Gott!» Timon schlug sich mit der flachen Hand gegen die Stirn. «Und ich Idiot hab diese Tendenzen auch noch nach Kräften gefördert!»

«Irren ist männlich!» lachte Verena, küßte ihn und wies ihn an, gemeinsam mit ihr nach den gesuchten Texten zu forschen.

«Ist das eine Unordnung hier!» Wenn jemand wie Zietz eine solche Feststellung traf, dann war davon auszugehen, daß schon etwas Wahres dran sein mußte.

Auch Preuß hatte sich schon darüber mokiert, dabei mit Nachdruck auf § 73 (1) GGO I verweisend: *Das Schriftgut der Behörden... ist so zu ordnen und aufzubewahren, daß es schnell gefunden werden kann.*

Verena war noch etwas anderes aufgefallen. «Und Tippfehler macht sie jetzt – nicht zu fassen!»

«Ja, seit Voppmann nicht mehr da ist, ihr geliebter Karle, da sieht es schlimm mit ihr aus...»

Das fanden sie vollauf bestätigt, als sie nun die beiden Texte für das Rathaus-Info («*Wir Rathäusler*») in den Händen hielten, denn einmal hatte Mutter Kaminski ihr Stenogramm völlig falsch gedeutet und zum anderen an einer ganz entscheidenden Stelle ein kleines r vergessen. Sicher, das war schon fast tragisch mit ihr, andererseits aber war es auch so komisch, daß sie schließlich doch ihrem Lachanfall nachgeben mußten, als sie sich gegenseitig vorlasen, was da getippt worden war:

... nur unter Streichung des Leistungsprinzips können wir hier im Rathaus weiterkommen... (Statt: nur durch Unterstreichung des Leistungsprinzips...!) Und: *Beim 4:1 unseres SV Rathaus gegen die SG Nahverkehr zeigten sich unsere Jungens zum erstenmal in ihrer neuen Spielkleidung. Toll sahen sie aus, wobei insbesondere die kurzen brasilianischen Höschen mit den ins Auge fallenden Steifen die Aufmerksamkeit der etwa 350 Zuschauer erregten.*

Sie konnten sich gar nicht mehr einkriegen vor Lachen, und erst ein eintretender Bürger ließ sie wieder zur Besinnung kommen. Während Timon in aller Eile daran ging, die beiden Texte kunstgerecht zu korrigieren und dann zum Drucker zu tragen, bemühte sich Verena um den inzwischen in der Besucherecke plazierten Klienten, der ein altes Gasthaus aufgekauft hatte und nun dabei war, es wieder aufzumöbeln, dabei aber immer mehr Schwierigkeiten mit den beteiligten Behörden bekam.

«Zum Beispiel die Toiletten. Um Wasser zu sparen, hab ich mir die Spülkästen aus Skandinavien kommen lassen: nur drei Liter pro Spülung. Jetzt darf ich die aber nicht in meine WCs einbauen, weil die deutsche DIN-Norm mehr als die doppelte Menge verlangt. Und auf dem Parkplatz darf ich keine Laternen aufstellen, weil das für den Wald nicht gut sein soll!»

Verena fühlte sich da ein wenig überfordert und fand, die Sache sei von zuviel stadtpolitischer Brisanz, als daß sie von ihrer Ebene aus bereinigt werden könne. So rief sie kurzerhand in Domischs Vorzimmer an und verschaffte dem wackeren Wirt einen Termin beim Bürgermeister, ihm noch den Tip mit auf den Weg gebend, ja sorgfältigst auf das Formalistische zu achten, der neue Bürgermeister sei nun mal ein...

Endlich allein, hatte sie dann ein paar Minuten Zeit, sich ihrer Tagespost zu widmen, fand aber oben auf dem Korb zunächst nichts Dienstliches, sondern nur ein paar lose Seiten, von Meyer 13 sauber dem *manager magazin* 4/84 entrissen und mit der Aufschrift «Der Kollegin Verena N. z. K.» ihr persönlich gewidmet. Eine Übersetzung aus der *Harvard Business Review* mit der schönen Überschrift: *Manager und Liebe* von Eliza G. C. Collins, nicht nur vorgelocht, sondern auch mit einem gelben Marker sorgfältig vorstrukturiert. Und so las sie denn Sätze wie diese:

«Vielen Betroffenen ist nicht klar, daß Liebe zwischen zwei Menschen im selben Unternehmen zu einem Problem für das Topmanagement und zur Bedrohung für die Organisation werden kann. Es sind die negativen Gefühle wie Eifersucht oder Minderwertigkeitskomplexe, die das Geflecht menschlicher Beziehungen in einem Unternehmen durcheinanderbringen.»

«Liebe zwischen Managern ist gefährlich, weil dadurch die Organisationsstruktur zerbrechen kann. Wenn sich nämlich ein Mann und eine Frau verlieben, fallen die beiden auch heute noch in ein traditionelles Rollenverhalten: Die Frau unterwirft sich dem Mann.»

Verena hatte plötzlich migräneartige Kopfschmerzen; Volltreffer. Meyer 13 fühlte sich zurückgesetzt, weil sie mit Timon so eng liiert war, und Meyer 13 war besorgt, ganz offensichtlich, nun de facto Zietz' Untergebener zu sein – und die beiden mochten sich gar nicht. Das Dickste aber kam erst noch, kursiv gedruckt als Ratschlag für das Management: *Überzeugen Sie das Paar, daß entweder die Person, die für das Unternehmen weniger wichtiger ist, zu gehen hat oder aber beide ausscheiden müssen.*

Nun war ihr klar, was Meyer 13 langfristig anstrebte... Und er hatte durchaus die Chance, es durchzusetzen, denn er war ja der Protegé des neuen Bürgermeisters.

Sie mußte zur Tablette greifen, dabei aber völlig im Irrtum über Marcel Meyers wahre Motive. Nicht um sie zu schrecken, hatte er ihr diesen Artikel zum Lesen gegeben, sondern einzig und allein, um selber Lustgewinn daraus zu schöpfen. Sie war damit gezwungen, intensiv an ihn zu denken, und schon das allein erregte ihn, und er hatte einen schönen Aufhänger, sich vorzustellen, wie sie mit Timon die «volle Hingabe» übte, was immer dazu führte, daß sich die Striche in seiner Rubrik «...» um einige vermehrten.

Die Tablette wie vor allem das nachfolgend obenauf liegende Rundschreiben brachten Verena bald wieder in ruhigeres Fahrwasser zurück.

«Allgemeine Anweisung über die Koordinierung in Raumangelegenheiten (Raumkoordinierungsanweisung – RKA)

Aufgrund des § 6 Abs. 1 AZG wird bestimmt...»

O Gott! Sie überflog alles nur.

«... die durchschnittliche Belegungsdichte aller Büroflächen einer Verwaltungseinheit soll 8 m² nicht unterschreiten und 11 m² je Arbeitsplatz einschl. Ausbildungsplätze nicht übersteigen!»

Nun ja, da sollte sich mal Preuß drum kümmern...

Sie entdeckte eine rote Umlaufmappe mit dem dicken *Eilt!* darauf und zog sie voller Spannung aus dem Stapel heraus. Etwas ganz Besonderes stand da immer zu erwarten, ein plötzlicher Adrenalinstoß im Alltagstrott zumeist – mal sehen...!

Es war ein maschinegeschriebenes Blatt, amtlich aussehend, fotokopiert:

DIENSTLICHE BEURTEILUNG

Name: Domisch, *Vorname*: Konrad, *dienstl. Stellung*: Bürgermeister

a) *Charakter*

Konnte bei ihm bisher nicht festgestellt werden.

b) *Geistige Fähigkeiten*

Sein überragender Intellekt befähigt ihn, selbst Dinge zu durchschauen, die er nicht begreift.

c) *Dienstliche Leistungen*

Von der Wichtigkeit seiner Tätigkeit restlos überzeugt, geht er zielsicher am Wesentlichen vorbei. Redet nicht viel, aber dafür ist das, was er sagt, auch absoluter Quatsch. Sein Unvermögen versteht er durch rast- und sinnloses Arbeiten auszugleichen, ohne dabei geschäftig zu wirken.

d) *Weitere Verwendung*

Der geborene Vorgesetzte. Zu Höherem berufen, hat er seinen Arbeitsplatz als Verwaltungsleiter verlassen.

Die Lücke, die er hinterläßt, ersetzt ihn vollkommen.

e) *Zusammenfassung*

Zu allem fähig, zu nichts zu gebrauchen.
In seiner äußeren Erscheinung einfach, aber geschmacklos.
Stammt aus ärmlichen, jedoch unsauberen Verhältnissen.
Verspricht in Zukunft...

Die Außentür klappte, Verena fuhr hoch, ertappt.

Doch es war nur Timon Zietz, einen Minigolfschläger nebst Ball in den Händen.

«Hab' ich eben von Hecht geschenkt bekommen. Aus dem Fundus des alten Bürgermeisters selig. Domisch ist noch immer dabei, da auszumisten...»

Bei diesen seinen Worten hielt er den lederbespannten Griff des Schlägers so, daß es geradezu unvermeidlich wurde, den Mephistopheles (Hexenküche) in den Mund zu nehmen: «Sieh her, das ist das Wappen, das ich führe! – (Er macht eine unanständige Gebärde)...»

«Ha! Ha!» lachte Verena, auch gymnasial-gebildet, *Faust*-gerecht. «Das ist in Eurer Art!»

«Meine Vorgesetzte eine Hexe, aber eine süße...!»

Nur die Tatsache, daß sie beide Beamte waren und ihr Büro vom Oberdeck vorbeifahrender Busse aus voll eingesehen werden konnte, verhinderte nun weitere sanktionswürdige sittliche Verfehlungen während des Dienstes.

Sie beließen es dabei, ihre Entspannung beim Minigolf zu finden.

«... wenigstens den Ball ins Loch...» sagte Timon, auf eine kleine Vertiefung neben Verenas Schreibtisch zielend, die von einer längst herausgerissenen elektrischen Leitung herrührte. «Treffer!»

Nun wollte es Verena auch mal probieren, wenn auch von ihrem engen Lederrock beim Zielen erheblich behindert. Kein Wunder also, daß ihr Ball vom Kurs abkam und gegen die Außentür knallte, um von dort wieder zurückzuspringen und durchs ganze ABS-Büro bis unter Mutter Kaminskis Schreibtisch zu rollen.

«Dicht daneben ist auch vorbei...!»

«Besser einen Schlag gegen die Tür als einen ins Wasser...»

Während Timon nun unter Mutter Kaminskis Schreibtisch robbte, um den Ball, der sich offenbar hinterm Kühlschrank verklemmt hatte, wild fluchend zu bergen, übte sich Verena, indem sie Luftlöcher schlug.

Dies war der Augenblick, in dem der Bürgermeister in der Verbindungstür erschien, erst erstarrend, dann lospolternd: «Guten Morgen allerseits!»

Zietz fuhr hoch, sich dabei gewaltig den Hinterkopf stoßend, Verena nur zusammen, sich auch als erste wieder fassend.

«Guten Morgen, Herr Bürgermeister...!» (Wohin nur mit dem Schläger?)

«Wünsche ich auch, ja...» Zietz kam hoch aus seiner Tauchstation; leicht taumelig, sein Kopf!

Domisch gab sich alle Mühe, süffisant zu wirken. «Na, wieder mal tüchtig bei der Fort- und Weiterbildung?»

«Nein, nein...» Verena hatte die rettende Idee. «Das ist 'n Geschenk für Herrn Preuß, der hat doch morgen Geburtstag, und wir wissen, daß er in einen Golfclub eintreten will...»

«Ah ja, gute Idee!» Domisch beschloß, solches auch zu tun, hob ja mächtig das Image und brachte Kontakte.

Damit schien die Sache schon gegessen, aber Zietz konnte es nicht lassen, Verena den Schläger aus der Hand zu nehmen und den inzwischen geretteten Ball auf den fiktiven Abschlagpunkt zu legen. «Klar müssen wir üben – Sie sagen doch immer, daß wir 'ne schlagkräftige Truppe werden sollen...!»

Domisch fühlte sich verscheißert, aber nicht nur das ließ ihn verdammt unmutig werden, sondern vor allem die außerordentlich verdächtige Tatsache, daß sich Verena – ohne jeden Grund – Zentimeter für Zentimeter auf ihren Schreibtisch zu bewegt hatte, im Rückwärtsgang immer, und sich dort nun auf die Kante setzte, obwohl ihr enger Rock ein solches Manöver eigentlich verbot. Domisch hatte einen sechsten Sinn für solche Dinge, und er wußte instinktiv, daß seine Feinde und Neider ein Papier in Umlauf gebracht hatten, in dem sie kübelweise Hohn und Spott über ihn ausschütteten, doch hatte er noch keins erhaschen können.

Da nun unter Verenas Gesäß, da war eins.

«Darf ich mal sehen!?» fragte er.

Verena tat so, als würde sie das gründlich mißverstehen, und gab sich empört, zog dabei den Rock, so gut es ging, einen halben Zentimeter weiter nach unten. «Aber, Herr Domisch!»

Was blieb dem weiter übrig, als sich schamhaft abzuwenden. Fieberhaft suchte er nach einer Möglichkeit, Verena das abzunehmen, was sie da im wahrsten Sinne des Wortes be-saß.

Er beschloß, möglichst lange im ABS zu bleiben, Dienstliches zu besprechen und dabei auf eine Zugriffschance zu hoffen.

Verena wußte, daß sie ihre Beförderungschancen auf Jahre hinaus verspielt haben würde, wenn Domisch, so empfindlich und nachtragend wie kaum ein zweiter, das Pamphlet doch noch in die Hand bekam; immer würde er ihren Namen damit in Verbindung bringen.

«Nun, also...» Domisch zog einen Bürgerbrief aus seiner Umlaufmappe, lilafarben und nach Lavendel duftend, und zeigte ihn Zietz. «... der Beschwerdebrief einer ABS-Besucherin... Daß Sie hier im Büro in Unterhosen...»

«Tut mir leid, ich hab mich hier schnell umziehen müssen für das Fußballspiel und dachte, daß alles abgeschlossen sei. Aber...»

«Sie spielen auch Fußball?»

«Ja, aber ohne Streifen!»

Domisch verstand beim besten Willen nicht, warum das nun für Zietz ein Anlaß war, so hintergründig-unverschämt zu grinsen; und auch die Dame Naase schien ja nahe dran zu sein, gleich loszuprusten. Aber immerhin brachte ihn das Stichwort *Streifen* auf einen Gedanken, den er für ausgezeichnet hielt.

«Sagen Sie bitte, mal ganz was anderes: Mein Bruder hat ja ein Aquarium, und ich soll da eine Streifenbarbe schenken... Ob Sie wohl bitte mal nachsehen könnten, ob sich die dafür auch wirklich eignet...?»

Fast wäre Verena auf diese List auch reingefallen, schon war sie dabei, vom Schreibtisch hinunterzugleiten und zum Regal hinüberzugehen, wo *Grzimeks Tierleben* aufgereiht stand, doch im letzten Moment machte es klick bei ihr, und sie drückte sich mit den Zehenspitzen wieder nach oben.

«Das kann ich auch, ohne nachzusehen...» Ex-Zoologie-Studentin war sie und noch immer ein wandelndes Lexikon, was die Fauna betraf. «*Puntius* war die Barbe, wenn ich mich nicht irre; *Puntius vittatus* müßte dann die Streifenbarbe sein. Kommt aus Vorderindien und Ceylon, Sri Lanka also... Frißt Würmer, Schnecken, Insektenlarven... Ja, die können Sie durchaus im Aquarium halten. Nur ihr Laich ist giftig...»

Domisch dankte, mußte seine Niederlage regungslos hinnehmen. Na warte!

Von Zietz konnte Verena keine Hilfe erwarten, denn der ahnte ja nicht im mindesten, worauf sie da thronte, obwohl er sich doch langsam über ihre höchst ungewöhnliche *Playboy*-Position zu wundern begann. Wenn er ihr jetzt dennoch Entlastung verschaffte, dann aus einem ganz anderen Motiv heraus, nämlich dem, Domisch einmal in Versuchung zu bringen, aus der Rolle zu fallen, aus der des stocksteifen Oberbeamten.

«Bürgernähe ist angesagt, Herr Bürgermeister!» rief er, Domisch dabei den Schläger in die Hand drückend. «Nächste Woche müssen Sie doch den neuen Minigolfplatz einweihen, am Unkenpfuhl unten... Nun üben Sie mal schön...!»

Und Domisch tat das auch, ganz wie es Zietz vorhergesehen hatte.

Was er allerdings nicht geahnt hatte, war Domischs absolute Ungeschicklichkeit in diesem Punkte. Nur auf den Boden blickend, schwang er den schweren Schläger gleich einem Profigolfer, der den harten Gummiball mehrere fünfzig Meter weit zu schlagen hatte, und drosch auch derart los.

Mit dem Ergebnis, daß er seinem Preuß, der staunend in der Tür verharrte, einen vollgefüllten Plastikbecher aus den Händen schoß.

Aufschrei Preuß, Lachkrampf Zietz, Beifall Verena.

Wie ein Stadtstreicher stand er da, ihr stolzer Amtsleiter, eben vom Zahnarzt zurückkehrend, den Mantel voller Kaffee, auch die Aktentasche bekleckert; und sogar die Baskenmütze, ihm bei einer schnellen, wenn auch vergeblichen Ausweichbewegung vom Kopfe gefallen, hatte ein paar Spritzer abbekommen.

«So 'ne Sauerei! Mein schöner Mantel!» Preuß war voll am Jammern, und flehentlich ging sein Blick zu Verena hinüber. «Haben Sie nicht mal ein Tempotaschentuch?»

«Ja, das heißt: nein!» Sie mußte wieder an sich halten, nicht hinabzuspringen.

Eigentlich hätte Domisch nun zu seinem Spezi eilen müssen, um ihm bei der Reinigung seiner Sachen behilflich zu sein, doch das konnte er nicht, ohne Gefahr zu laufen, daß Verena das so hart umkämpfte Papier schnell verschwinden ließ (und wenn sie es – so ihr Plan wie sein Gedanke – vorn im weiten Pulli...). So konnte er sich für seinen Unglücksschlag nur eben so entschuldigen; und Preuß nahm ihm das auch übel.

«Nur weil du uns verboten hast, in den Büros Kaffeemaschinen aufzustellen. Wenn man sich seinen Kaffee nicht immer aus der Kantine holen müßte, dann wäre das hier... Und Minigolf spielen...!»

«Besser hier das Malheur als nächste Woche bei der Live-Übertragung von der Platzeinweihung...»

Zum längeren Räsonieren reichte Preußens Kraft nicht mehr. Traurig sah er auf seine unteren Regionen hinab. «...ich geh jetzt erst mal auf die Toilette, meinen Mantel ausreiben...» Damit stellte er seine Aktentasche auf den Boden und verließ das wieder, was er jetzt immer *mein kleines Reich* nannte, nicht ohne vorher Domisch noch zu sagen, daß man ihn ganz, ganz dringend in seinem Büro erwarte.

«Das hat Zeit heute!» Machiavelli im Kopf («Die notwendigen Grausamkeiten muß man zu Anfang begehen!»), war er wild entschlossen, Verena so lange zu belagern, bis sie das ominöse Papier endlich freigegeben hatte. Domisch hatte sich geschworen, die Verfasser dieser Schmähschrift in Grund und Boden zu stampfen. Sich in seinem Zorn immer weiter aufschaukelnd, erwog er schon, zur direkten Attacke überzugehen und Verena das Dings kurzerhand unterm Hintern wegzureißen, ließ es dann aber. Ein solches Handgemenge wäre entwürdigend gewesen, und wahrscheinlich wäre auch der Zietz, ganz etwas anderes in dieser Aktion vermutend, mit Faustschlägen auf ihn losgegangen. Unmöglich für ihn, ein solcher Skandal. Und die junge Kollegin ganz einfach anzuweisen...? Die Aushändigung dienstlich zu fordern? Nein, auch das hätte ihn sein Gesicht verlieren lassen (es wäre ja überall herumerzählt worden). Blieb ihm also nur zu warten, bis Verena die Nerven und/oder die Geduld verlor.

Verena schwitzte schon und wünschte sich nach Hause ins Bett. Dieses starre Sitzen ging derart über Rücken und Schultern, daß sie am liebsten aufgeschrien hätte. Aufgeben! Ihm ganz cool und souverän in die Hand drücken, was sie da unter ihrem Po langsam zerknüllte. Hatte *sie* doch nicht geschrieben! Ja, denkste! Nach diesem Duell jetzt mußte er ja hundertprozentig sicher sein, daß sie es doch gewesen war. Und: Gott verzeiht immer, Domisch nie!

Durchhalten! sagte sich Verena.

Durchhalten! sagte sich auch Domisch.

Die Götter schienen dabei auf seiten des Ranghöheren zu sein (wie anders auch), denn als es ihm nun immer schwerer fiel, seine so ungewöhnliche lange Anwesenheit im ABS irgendwie zu rechtfertigen, erschien der Hausmeister, Ha-Ha-Hecht, die Aufmerksamkeit aller erheischend.

«Man hat mich gerufen?»

«Frau Kaminski, ja...» Zietz ging zu Mutter Kaminskis Schreibmaschine und nahm die Hülle ab. «Hier, oben am Paragraphen, da ist die Schleife ab. Wolln Sie mal selber sehn?»

«Nee, nee, Junge, laß mal! Ick jeh da nich ran, det solln ma die vonne Firma alleene machen! Ick ruf jleich an.»

«Okay, ich werd's Frau Kaminski sagen...»

Hecht wollte sich schon wieder trollen, da hatte Domisch eine neue Idee.

«Fräulein Naase, Sie können doch gleich mal mit Herrn Hecht mitgehen – er hat jetzt Schrifttypen da für die neuen Schilder hier im ABS...»

«Da wollen sich Herr Zietz und Herr Meyer drum kümmern...»

Hecht ging wieder, und dafür kam Preuß zurück, trug seinen Mantel vor sich her und hängte ihn, nachdem er den ganzen langen Raum gemessenen Schritts durchquert hatte, an einen Aktenschrank zum Trocknen auf, traurig durch und durch; die Baskenmütze ebenfalls.

Domisch sah ihn an. «Du, ich hab grad noch 'n paar Minuten Zeit. Bring mir doch mal die Besucherstatistik vom letzten Monat her... Wir setzen uns mal hier an Verenas Schreibtisch und gehn die schnell gemeinsam durch...»

Aus! dachte Verena. Alles aus, alles umsonst. Und während sie zum Sprung nach unten ansetzte, auf der anderen Seite unheimlich erlöst, gottergeben wie das Gnu im Maul des Löwen, hörte sie von irgendwoher den alten Abba-Schlager klingen, von Napoleon und Waterloo, und immer wieder das eine Wort betont: *surrender*...

Karl Voppmann durchlitt nun schon die dritte Woche seines *einstweiligen Ruhestandes*, wie er es nannte, obwohl er eigentlich – Preußens wie Domischs Rache – zum «Amt für Umweltschutz» versetzt worden war, um dort als Sachbearbeiter in der neu geschaffenen Projektgruppe «Hundekotbeseitigung» seinen Mann zu sitzen: 16 Tonnen Kot tagtäglich auf Straßen und Plätzen – Hundekot auf Gehwegen kann ernsthafte Körperschäden zur Folge haben (Rechtsgrundlagen: § 8 Abs. 3 Straßenreinigungsgesetz und § 3 Abs. 1 Ziff. 5 des Gesetzes zum Schutze der öffentlichen Grün- und Erholungsanlagen). Um Hundetoiletten und Automaten mit Plastikbeuteln und Schaufeln hätte sich Karl Voppmann kümmern sollen.

Dem hatte er sich aber zunächst einmal wirksam entzogen: dank seiner connections zur Medizinermafia war ihm ein längerer Kuraufenthalt in Bad Brammermoor gewährt worden. Hätte er also zufrieden sein können, war er aber nicht, denn außer action kannte er kaum eine andere satisfaction, und oft genug sprach er davon, sie hätten ihn zur Isolationsfolter in die Wüste geschickt. Bei dieser Sachlage war es für ihn ebenso tröstlich wie schmerzlich gewesen, daß ihn die Bürgerinitiative «Kampf dem Bürokratismus» gerade eben zum «Musterbeamten des Jahres» ausersehen hatte. Mit vielem Wirbel in den Medien und der Verleihung eines Preises, einer künstlerisch wertvollen Allegorie aus Fliegendraht und Moltofill: Herkules beim Ausmisten des Augiasstalls.

Dieser Preis nun stand vor ihm auf seinem Schreibtisch, als er, die Auszeit sinnvoll nutzend, seine Selbstalphabetisierungskampagne kraftvoll weiterverfolgte.

Kam er wirklich zum Referat für Hundekotprobleme, dann flog er ja mit seiner Schreib- und Leseschwäche schon am ersten Tage auf: ohne Mutter Kaminski und ohne jede Möglichkeit, sich als Chef immer schnell ins Mündliche flüchten zu können. Also übte er kräftig, schrieb die Fibel eines Nachbarkindes seitenweise ab und las die Texte Mal für Mal:

Tina und Jan sind
Kinder.
Kinder sind Tina
und Jan.
Sind Tina und Jan
Kinder?
Kinder raufen und
Kinder laufen.

Erst ein Anruf seines Neffen unterbrach ihn. Der Gute, werdender Lehrer fürs Deutsche, begann sofort zu fluchen und zu jammern: Bei einer für ihn entscheidenden Lehrprobe sei ihm von einem älteren Kollegen übel mitgespielt worden. Wunderbar sei seine Stunde verlaufen, toll hätten «seine» Kinder sich eingebracht und mitgemacht: «...jedes Lernziel astrein abgehakt!» Doch der Lohn: nur 4–5...! Und weswegen wohl? «Nur weil ich ganze zwei Minuten zu früh fertig gewesen bin!»

Voppmann tobte los («Diese verdammten Formalisten!»), versprach dem Neffen, den er ansonsten gar nicht mochte, die alsbaldige Nachbesserung seiner hanebüchen ungerechten Note und eilte stehenden Fußes zum Rathaus hinüber, die Personalstelle für Lehrer als Ziel, denn dort saß ein alter Spezi, ein Mann und Freund, immer bereit, ihm mal wieder einen kleinen Gefallen zu tun, zum Beispiel beim Verlassen seines Zimmers die Akte des korinthenkackerischen Oberpädagogen «ganz aus Versehen» offen auf dem Tische liegenzulassen. Und das, so Voppmann, wäre doch gelacht, wenn sich da nicht etwas finden ließe, das den Mann – im fairen Tauschverfahren dann – ein wenig milder stimmen würde...

Obwohl er sich, im Gelübde fast, vorgenommen hatte, das ABS links liegenzulassen, war es dann, als er nun im Rathausinnern stand, wie ein Mahlstrom: so sehr wirbelten ihn seine Gefühle zur alten Wirkungsstätte hinüber. Nur mal einen schnellen Blick hineinwerfen ins Besucherbüro! Ganz anonym.

Doch als er dann die Tür aufgedrückt hatte, konnte er nicht anders, als sekundenlang wie gebannt stehenzubleiben, baß erstaunt über das, was er da ausgelöst hatte: Denn als sei er der Leibhaftige, so schossen, kaum daß sie ihn gesehen hatten, die beiden Herren Preuß und Domisch gemeinsam davon, und Verena, so wie in einem *Playboy*- oder *lui*-Heft, glitt gerade von ihrem Schreibtisch hinunter, am Po noch Akten angeklebt; mußte also rücklings draufgelegen haben. Unfaßbar für ihn, o Gott, zumal auch Zietz im Raume war.

Gleichviel, was ging denn ihn das an!? Aber neugierig war er.

«Treffen wir uns nachher in der Kantine oben?»

«Jaha...!»

Verena brauchte mehrere Minuten, um – auf der Toilette die Stirn mit immer neuen Wassermengen kühlend – ihre wundersame Rettung so halbwegs zu begreifen. Voppmann. Und ausgerechnet in dieser Sekunde. Eben der Mann mit dem richtigen Riecher. Und wie die beiden neuen Rathaushelden die Flucht ergriffen hatten, offenbar in panischer Angst vor Voppmanns ätzendem Sarg-kasmus.

Als sie ins Büro zurückkam, war Mutter Kaminski gerade dabei, einen sehr erregten Mann am Erstürmen des Amtsleiterzimmers zu hindern. Wieder mal ein Bauarbeiter, dachte Verena, denn für einen solchen mußte sie Karl Richard Türk zwangsläufig halten.

«Es ist niemand da!» rief Mutter Kaminski, mit dem Rücken dagegengelehnt, die Verbindungstür schützend.

«Wo ist dieser Preuß...!?» schrie Türk. «Der hat mir das alles eingebrockt!»

Als er Verena hinter sich hörte, fuhr er herum, bereit, auch sie anzunehmen.

«Herr Preuß ist heute überhaupt noch nicht dagewesen!» Etwas zurückprallend, glaubte sie, die Sache schnell im Griff zu haben.

Doch Türk grinste nur, noch aggressiver als vordem. «Is ja interessant!» Mit einem schnellen Schritt zur Seite war er am Schrank 1 angelangt, wo Preußens beschmutzter Mantel hing. «...dann ist der wohl von alleine hergekommen...?» Jetzt entdeckte er auch die Spuren der erfolgten Reinigungsversuche. «Und bepinkelt hat er ihn auch noch...!»

Verena, nun als Lügnerin entlarvt, war sichtlich verwirrt. Aus alter Gewohnheit hatte Preuß seinen Mantel hiergelassen, wohl vergessend, daß dieser Schrank nun Meyer 13 gehörte, seinem Nachfolger hier im Hauptbüro. Konnte aber auch sein, daß er das Dings nicht bei sich im Zimmer haben wollte.

«Bepinkelt oder raufgekotzt!» Ein gefundenes Fressen für Türk. «Wieder mal der berühmte Alkohol im Dienst – oder...!?»

«Ich muß doch sehr bitten!» rief Mutter Kaminski. «Alles nur Kaffee...!»

«Ja, kalter Kaffee!» Karl Richard Türk geriet mehr und mehr in Rage. «Dieser ganze Beamtenklüngel hier! Auf unsere Kosten, von unsern Steuergeldern alles! Wo kann ich diesen sauberen Herrn nun finden, he...!?»

«Tut mir leid», sagte Verena mit ihrem gekonntesten Stewardessen-Lächeln. «Er hat nicht hinterlassen, wo er hingegangen ist...»

Das war die Sekunde, in der Timon Zietz ins Büro gelaufen kam. «So ein Mist! Ich wollt doch den Preuß zum Klaren einladen, aber jetzt hab' ich mein Portemonnaie vergessen. Und anschreiben lassen, das machen diese Kretins in der Kantine nicht mehr...!»

Türk ließ einen winnetouianischen Kriegsschrei ertönen. «Da in der Kantine, da isser also!» Schon war er auf den Flur hinaus gestürmt.

«Festhalten!» Mutter Kaminski war einer Herzattacke nahe. «Festhalten, sonst bringt er unseren Chef noch um!»

Als sie nun ebenfalls losstürzte, blieb den beiden andern gar nichts weiter übrig: Sie mußten hinterher, denn bei Amokläufen dieser Art waren natürlich alle Kollegen zum Beistand verpflichtet.

Nachdem Timon Zietz die Tür ins Schloß geworfen hatte, lag das ABS-Büro minutenlang in ungewohnter Stille.

Dann kam Reinhard Preuß herein, sichtlich verärgert Timon Zietz suchend: Ihn so in der Kantine sitzenzulassen, das war schon 'ne unheimliche Frechheit!

Überhaupt keiner mehr da...! Das waren vielleicht Zustände hier! Er beschloß, allen mal gehörig die Leviten zu lesen.

Auf seine Mitarbeiter wartend, setzte er sich an Mutter Kaminskis Platz und begann mit ihrer Schreibmaschine zu spielen, suchte ein leeres Blatt, fand eins und spannte es ein, tippte ein paar Buchstaben und ließ den Daumen im Tangotakt auf die Leertaste fallen, hatte dann einen wahnsinnigen Spaß am Tabulator und ließ den Wagen oben wie eine Spielzeugeisenbahn nach rechts außen gleiten und rucken, zog das eingespannte Papier ratschend wieder heraus, prüfte das Getippte und war sichtlich zufrieden damit. Der schnell zusammengefaltete Bogen verschwand in der Seitentasche seines dunkelblauen Jacketts.

Dies sah auch Hausmeister Hecht, der, von Preuß unentdeckt, draußen auf der Leiter stand, den Jalousiekasten reparierend. Und er bekam auch noch mit, wie Preuß nun die elektrische Maschine mit beiden Händen prüfend anhob...

Neben seiner Liebe zur Statistik hatte Meyer 13, bohnenstangendünn und trotz seiner mittlerweile auch schon vierundzwanzig Jahre noch ein wenig buddelkastenkindlich, dunkelhaarig, großstirnig und so stark bebrillt, wie es ansonsten nur deutsche Literaturkritiker und die Trinker-Denker aller Sparten sind, auch leicht nuschelnd noch sowie beim Sprechen schmatzend, hatte er noch eine andere hervorstechende Eigenschaft: seine totale Sparsamkeit (nicht nur was Kleidung und Körperpflege betraf). Bei seiner Mutter, einer pensionierten Studienrätin, hatten sie sich überlegt, wie sinnlos und so kostenerhöhend es war, jeden Tag und jede Woche immer neue Zeitungen, Journale, Magazine und dergleichen «käuflich zu erwerben», sie einmal nur durchzugehen und dann sang- und klanglos der Altpapierverwertung zu überantworten. An die dreihundert Mark nun, so ihr Kalkül, ließen sich sparen, wenn er Tag für Tag die wichtigsten Stellen aus den Blättern seiner Kollegen auf Staatskosten fotokopierte und dann der Mama nach Hause zum Lesen mitbrachte.

Gesagt, getan, und so war er, Meyer 13, gerade wieder dabei, im Zimmer des Amtsleiters dessen prall gefüllte Pressemappe zu sichten, als die Tür zum Flur aufgestoßen wurde und ein sehr echauffierter Herr erschien, Karl Richard Türk, noch immer auf der Jagd nach Preuß.

«Auf der Toilette ist er also auch nicht!»

Meyer 13 sah ihn tadelnd an. «Hier ist keine Toilette – hier ist das Zimmer des Amtsleiters!» Damit nahm er ein Pappschild von der Außenseite der Tür, das Mutter Kaminski des Dauerirrtums mit dem leidigen 001 wegen liebevoll gepinselt hatte: Hier ist *keine* Toilette!!!

Leider Gottes aber hatte ein unbekannter Scherzbold das *k* mit weißem Klebeband verdeckt.

«Interessant, wofür hochbezahlte Beamte ihre Energien so alles aufwenden!» bemerkte Türk.

«Das sind doch alles Besucher, die sich hier...»

«Oder Ihre über alles geliebten Kollegen, die Sie lächerlich machen wollen. Ist ja auch ein lächerlicher Laden hier!»

Meyer 13 fehlte jede Fähigkeit, sich aufzuregen. «Kann ich Ihnen irgendwie behilflich sein...?» fragte er mit ausgewählter Transusigkeit.

«Ja, Sie können! Indem Sie Ihren Chef hier auf der Stelle rausschmeißen!» Türk zog ein amtliches Schreiben aus seiner Jackentasche. «Dem hier, dem Preuß, dem habe ich das doch letztlich alles zu verdanken, was da...! Meine ganze Arbeit im Straßenbau – als Türke!»

Meyer 13 überflog den Brief. «Ah, Sie sind also Türke!» Und

gleich wollte er zeigen, welch Sprachgenie er war. «Günaydın! Ben hiç türkçesi bilmiyorum!»

«Was ist los!?» Türk zeigte sich überaus irritiert.

«Das müßten *Sie* doch besser wissen als *ich*...! Das heißt auf türkisch: Ich spreche kein Türkisch!»

«Das ist doch absurd!»

«Na, sicher, genau wie das Schild: Wer das liest, ist ein Analphabet!»

«Das mein ich doch gar nicht! Das Absurde liegt doch darin, daß ich nun ausgewiesen werden soll, ab in die Türkei, daß die Ausländerbehörde sogar mit Abschiebehaft droht! Aber lesen Sie doch erst mal richtig!»

«Da hol ich lieber mal meine Kollegin, die ist nämlich Spezialistin für Ausländerfragen...» Meyer 13 hatte mal gelernt, daß Delegation von Verantwortung eine gute Sache sei, und so rief er jetzt, obwohl wir es hier mit einem Fall von *Rück*delegation zu tun haben, Verena herbei, dabei kaum ankommend gegen den wieder lospolternden Türk.

«Gott, wie oft muß ich das denn einem deutschen Beamten noch sagen: Ich heiße nur Türk, aber ich bin kein Türke! Da muß sich der Computer geirrt haben – oder der, der das eingegeben hat! Und nun habe ich natürlich keine Arbeits- und keine Aufenthaltserlaubnis! Kunststück, kann ich ja auch gar nicht, da ich ja nie eine beantragt habe! Da werd ich also abgeschoben...!»

Verena kam herein, und Meyer 13 mühte sich ums Protokoll. «Darf ich vorstellen... Frau Naase beziehungsweise Fräulein... Und Herr Türk... Nein, umgekehrt wär's wohl richtiger gewesen...»

Türk verstand auch dieses miß. «Na hören Sie mal: Erst nehmen mir die Behörden die deutsche Staatsbürgerschaft und dann auch noch die Männlichkeit: Ich bin doch nicht Frau Türk!»

«Und ich nicht der Herr Naase!» lachte Verena, merkbar bemüht, die Lage zu entschärfen.

Meyer 13 erklärte, wie er's eigentlich gemeint hatte, um dann Verena den Sachverhalt auseinanderzusetzen. «Die haben doch glatt aus Herrn Türk einen Türken gemacht...!»

«Na, zeigen Sie mal...» Verena machte sich ans Studium des inkriminierten Textes...

... alsbald aber von Mutter Kaminski gestört.

«Entschuldigung...! Aber, Herr Meyer, darf ich Sie schnell mal dran erinnern, daß ja Herr Preuß morgen groß Geburtstag hat... Und die von der Kantine wollen nun dringend wissen, was für Salate wir hier haben wollen. Sie haben das doch mit ihm besprechen wollen...?»

Meyer 13 sah zur Verbindungstür hinüber. «Ja... Was hatten wir denn da...» Er überlegte erst ein Weilchen und zählte dann, während Bürger Türk die Fäuste ballte, langsam auf. «Geflügelsalat... Nudelsalat... Kartoffelsalat... Bohnensalat... Gemüsesalat...»

«Das ist ja nun wirklich ein starkes Stück – oder!?» Türk sah Herrn / Frau / Fräulein Naase an, den Speiseplan meinend.

«Zweifellos, ja...» Verena nickte, das Schreiben der Ausländerbehörde im Sinn.

«Danke, dann werd ich mal wieder...» Mutter Kaminski zog sich zurück.

«Entschuldigung», sagte Verena.

«Macht nichts, denn wie sagten doch sowohl Paulus als auch Lenin so ziemlich übereinstimmend: *Wer nicht arbeitet, soll auch nicht essen*!» Türk war um triefenden Sarkasmus bemüht. «Wenn nun der deutsche Beamte im Dienst viel ißt, dann ist das – im logischen Umkehrschluß – wohl der beste Beweis dafür, daß er auch viel arbeitet! Und wenn er selbst nicht arbeitet, dann sorgt er wenigstens dafür, daß *andere* viel Mühe und Arbeit haben!»

«Ich kann ja wirklich verstehen, Herr Türk, daß Sie so sauer sind...» Verena war so einfühlsam und bürgernah wie möglich. «Aber warum nehmen Sie denn nicht einfach Ihren Ausweis und gehen zur nächsten Meldestelle...?»

«Den Ausweis, den haben sie mir doch auf der Baustelle geklaut!»

«O Gott, auch das noch! Aber Ihre Geburtsurkunde, die...?»

Türk stöhnte auf. «Geht auch nicht! Die liegt bei meiner Frau im Schrank... Aber wir leben getrennt, seit ich an meinem großen Roman arbeite – und ich hab keinen Schlüssel zu ihrer Wohnung...» Und vorgestern sei sie auf unbestimmte Zeit nach Mallorca geflogen. «...keine Ahnung, wohin da. Und inzwischen sitz ich dann in Abschiebehaft...!»

«Nicht doch...!» Verena wollte ihn beruhigen, doch das Telefon unterbrach sie.

Meyer 13 nahm ab und schnarrte sein Verslein in den Apparat, ganz mechanisch zuerst, dann aber plötzlich errötend.

«Wa-s...!? Bitte...? Ach, hören Sie doch auf mit Ihren Ferkeleien!» Die Augen niederschlagend, reichte er Verena den Hörer hinüber. «Da ist einer, der sucht die Nackte aus seiner Laube!» Und das, obwohl Verena nun mit Zietz... Eine Nymphomanin also!

Verena wußte, wer das war: Karl-Friedrich, ihr alter Studienfreund, zur Zeit mit einer Examensarbeit über die «Karpfenähnlichen» (Cyprinoidei) befaßt, ehemals auch ihr Gebiet.

«Ich ruf nachher zurück...!» sagte sie nur schnell, um dann Türk und Meyer 13 die Sache zu verklaren: «...es geht hier um die birmanische *Nacktlaube*, die Swamba, aus der Unterfamilie der Bärblinge...»

Da explodierte Türk. «Gott, das ist ja wirklich nicht mehr zum Aushalten! Dieses Beamtenpack hier! Lebt von unsern Steuergeldern und amüsiert sich bloß den ganzen Tag lang! Schmarotzer alle!»

Damit sprang er auf und stieß den Stuhl mit einem derartigen Karacho zur Seite, daß er hinten gegen die Heizung krachte, etliche Quadratzentimeter Farbe abschlagend.

Draußen war er, und H.-H. Hecht hatte dann auch am Türrahmen einiges wieder in Ordnung zu bringen.

Amtsleiter war Amtsleiter, und wenn sie auch den Menschen Reinhard Preuß nun ganz gewiß nicht mochte («O Gott, Karl, nun ausgerechnet diesen Kotzbrocken als deinen Nachfolger...!»), dem Vorgesetzten gleichen Namens aber, dem schuldete sie als gute Mitarbeiterin stets den vollen Respekt, und ihm gegenüber war sie auch zur Aufrechterhaltung eines guten Büroklimas verpflichtet.

Aus diesen Gründen sah man Mutter Kaminski am nächsten Morgen emsig am Werke; auch Preußens Geburtstagstisch sollte allen Besuchern die üblichen Oh-Rufe entlocken.

Ein großer Blumenstrauß, in mitgebrachter Vase, beherrschte den heute ganz besonders aufgeräumten Schreibtisch, und das ABS-Geschenk, schließlich doch ein Anfängerschläger zum richtigen Golfen (halb ernsthaft und halb ironisch gemeint), lag in der Diagonalen darunter, umhüllt noch von einer halben Rolle teurem Herzchenpapier. (Die Kollekte hatte viel gebracht, denn jeder wußte, wie nahe Preuß dem neuen Bürgermeister stand.) Dabei dann auch die obligate Glückwunschkarte, von vielen Kollegen mit ihren Namenszügen versehen, vollendet durch ein kleines Gedicht, das Meyer 13 und Mutter Kaminski gestern in der Kantine zusammengereimt hatten.

Deutsche Idylle, Bürokultur.

Als Meyer 13 vom Flur her in Preußens Zimmer trat (vorher Striche in folgenden Rubriken: Harn gelassen I, Kollegen begrüßt: männl. 𝍸 – weibl. III, Hände gewaschen II, Haare gekämmt I), brach er sofort in Jubel aus. «Oh, das sieht ja wirklich herrlich aus!»

Mutter Kaminski tat verschämt. «... man tut, was man kann.»

Meyer 13 nahm die Karte hoch und las:

Im Büro für Bürgersorgen,
Wo die Bürger toben jeden Morgen
Über all den Quatsch, beim Zeus,
Den die andern machen ohne Zahl,
Lebt hier unser lieber Reinhard Preuß,
Lindert täglich andrer Leute Qual...

«Premiere soll doch erst nachher sein...!» Mutter Kaminski nahm ihm die Karte wieder aus der Hand.

«Ja, natürlich, ja...!» Meyer 13 holte einen zusammengekniffften DIN-A 4-Bogen aus seiner Seitentasche und gab ihn Mutter Kaminski. «Ich war eben bei ...» (fast hätte er Onkel Konrad gesagt, konnte sich aber gerade noch bremsen) «... beim Bürgermeister oben, und der möchte das hier schnell als Aktennotiz haben – bei ihm sind sie alle krank oder anderweitig... Ich hab das sehr sauber... Ob Sie das wohl gleich mal abtippen könnten...?»

«Aber ja doch! Eh Herr Preuß kommt, da...» Sie nahm ihm das Blatt aus der Hand, strich es glatt und überflog den Text. «Ja, das hätten wir gleich...!» Damit ging sie durch die Verbindungstür ins große ABS-Büro hinüber (des Geburtstagstisches wegen war sie heute direkt in Preußens Zimmer geeilt und noch gar nicht bei sich am Schreibtisch gewesen).

Meyer 13 blieb mit Absicht stehen, um ja der erste zu sein, der Preuß hier seine herzlichsten Glückwünsche aussprechen konnte. Um dies aber zu kaschieren, machte er sich noch ein wenig am Bukett zu schaffen, zupfte hier eine Gladiole zurecht, steckte dort das Zierkraut tiefer in die Vase...

... bis ihn ein schriller Schrei von nebenan zusammenzucken ließ.

«Meine Maschine is weg!» schrie Mutter Kaminski. «Meine Maschine hamse geklaut!»

Meyer 13 stürzte hinüber und sah die ältere Kollegin voller Entsetzen auf ihr leeres Tischchen starren.

«... Meine schöne Maschine...! Und ich hab doch so gehangen an der...!»

Eine Viertelstunde später standen Bürgermeister Domisch und Mitarbeiter Zietz in Preußens Zimmer, das Geburtstagskind erwartend, und nutzten die Zeit bis zu seiner Ankunft (wo blieb er bloß so lange?), zu einem schmalen talk, die Maschine betreffend.

Domisch war erregt. «Das ist ja so symptomatisch: nichts mehr da an Ehrfurcht vor dem Eigentum! Seit sieben Jahren bin ich nun als Verwaltungsleiter hier und jetzt als Bürgermeister: Aber das hat's noch nicht gegeben!»

Zietz entschloß sich, geistreich zu wirken. «Die neue industrielle Revolution... Nach den Maschinen- nun die Schreibmaschinenstürmer...»

«Sie sind gut!»

«Danke! Aber Herr Preuß hat Geburtstag heute – was sollen wir uns da den ganzen Tag verderben...!?»

«Na hören Sie mal: das ist Behördeneigentum!» Domisch war nun echt empört. «Ich hab jedenfalls die Kripo eingeschaltet!»

«... soviel Gewese hat's ja nicht mal bei den Griechen von Iolkos gegeben, als ihnen die Argonauten das Goldene Vlies geklaut haben...!» brummte Zietz.

Domisch sah ihn an. «Ich bin heute noch gar nicht zum Zeitunglesen gekommen...»

«... is ja auch schon 'n paar tausend Jahre her...»

Hier brach er ab, denn durch die offenstehende Verbindungstür hindurch waren soeben Mutter Kaminski sowie Herr und Frau Kaymaz getreten, ihres Zeichens altgediente türkische Reiniger vieler Rathausflure und -flügel.

«... nein, nein!» rief Herr Kaymaz dazwischen. «Nicht so lange her, erst gestern abend!»

«Nicht doch!» Zietz lachte. «Griechische Sage – Thessalien! Der Jason hat das Ding geklaut!»

«Nein, nicht der Herr Jason – Herr Preuß ist es gewesen!» verriet Frau Kaymaz.

Zietz mußte unwillkürlich schmunzeln. «Na, der ist ja nun zum Kampfe gegen die griechischen Götter weniger geeignet!»

«Wir haben ihn aber genau gesehen, wie er sie getragen hat!» beharrte Herr Kaymaz.

«Was denn: die Hera über den Fluß...?»

«Nein, die Schreibmaschine über den Parkplatz hinten!»

Da ging nun Domisch dazwischen. «Was denn – unser Preuß soll die Schreibmaschine aus dem ABS...!?»

Frau Kaymaz nickte ernsthaft-unerschütterlich. «Ja, wir kennen ihn doch!»

«Das ist doch völlig unmöglich!»

«Doch, doch!»

Das war mit soviel mehr Gewißheit ausgerufen als selbst Galileis «Und sie dreht sich doch!», daß es Domisch glattweg die Sprache verschlug.

Mutter Kaminski hatte Zeit für einige Erläuterungen. «...ich hab die beiden hier in der Kantine getroffen, da helfen sie jetzt jeden Vormittag aus, und ihnen natürlich von der gestohlenen Maschine erzählt...»

Herr Kaymaz fiel ihr ins Wort. «Ja, wir hier gestern abends fertig mit Saubermachen. Wir sitzen noch unten auf Parkplatz im Auto und rauchen Zigarette. Erholung, Sie verstehen...!? Da kommt Herr Preuß aus Hinterausgang, so wie immer: mit seine Mantel und seine Baskenmütze auf...»

«...ja, und trägt große Schreibmaschine vor sich her...!» rief seine Frau dazwischen. «Ich sage noch zu meine Mann: Muß er so schwer schleppen, wird er noch arbeiten wollen zu Hause!»

Domisch war erleichtert. «Na, sicher, das wird's gewesen sein!»

Doch Mutter Kaminski nahm ihm diese Illusion sehr schnell wieder. «Ausgeschlossen, dann hätt er mich doch vorher um Erlaubnis gebeten. Da bin ich immer sehr tücksch, wenn da einer an meine Maschine...! Schon hier im Büro.»

Das war ein Argument, ja; alle nickten, kannten ihre Überempfindlichkeit, was das betraf.

Zietz sah auf den Flur hinaus; noch immer keine Spur von Preuß. «Hoffentlich hat er sich nicht...»

«Möglich ist alles... Dreht der plötzlich durch, mein Gott!»

In etwa dieser Sekunde verließ Karl Voppmann die Amtsräume der Lehrerpersonalstelle, glücklich darüber, wie sich die Dinge – siehe da! – dank eines kleinen Arrangements auch hier wieder mal gefügt hatten. Sein Neffe hatte nun die verdiente 1–2 in seinen Akten stehen, und der ältere Lehrerkollege, der so gemein zu ihm gewesen war, der durfte nun weiterhin seiner Nebenbeschäftigung als Leiter eines kleinen Verlages nachgehen...

Derart mit sich und der Welt wieder ein wenig im reinen, traf er die Bürgerin Gänsicke, Gerda, die ihm aus seiner Vergangenheit als ABS-Chef sehr freundschaftlich verbunden war, hatte er ihr doch einen staatlichen Kredit zur Eröffnung ihrer inzwischen überaus erfolgreichen «Schule für kreative Selbstverwirklichung» locker machen helfen. In steter Dankbarkeit dafür hatte sie sich in der bekannten Bürgerinitiative «Kampf dem Bürokratismus», deren Mitbegründerin sie war, dafür stark gemacht, Karl Voppmann zum «Musterbeamten des Jahres» zu wählen; mit Erfolg ja, wie wir wissen.

Das Aufeinandertreffen der beiden, mitten auf der Rathaustreppe, wuchs sich alsbald aus zu einer längeren, nicht eben ganz unerotischen Umarmung, doch Gerda Gänsicke war wieder einmal derart im Brast, daß sie Karl Voppmanns diesbezügliche Regungen gar nicht so recht zu registrieren vermochte.

«Mein Vermieter, der...! Also, stellen Sie sich mal vor, mein Durchlauferhitzer ist kaputt, und da hab ich mir 'nen neuen gekauft, weil sich die Reparaturkosten nicht mehr gelohnt hätten: alles trockengeheizt, ausgeglüht, verkalkt! Und nun will der Kerl mir das Ding nich bezahln!»

«Ja, nun...» Karl Voppmann reagierte auf das Wort *verkalkt* nie sonderlich freundlich.

«Ja, und zweitens: Mein Vermieter hat auf unsere Fassade 'n Vollwärmeschutz raufkleben lassen, obwohl ich das nicht wollte – ich bin eh immer in Hitze! Und nu soll ich dafür anteilig 'n paar tausend Mark blechen!»

Beides Sachen, die Voppmann mit Hilfe alter Kumpane sehr schnell zugunsten der Gerda Gänsicke geregelt hatte; in ähnlich gelagerten Fällen waren erst kürzlich zwei Amtsgerichtsurteile ergangen (AG Neukölln, AZ: 3 C 584/84, und AG Schöneberg, AZ: 7 C 98/85).

Daraufhin versprach ihm die Gänsicke etwas, das er sehr gerne hörte.

Obwohl der Angeklagte noch immer nicht erschienen war, hatte das Tribunal im ABS-Amtsleiter-Zimmer inzwischen seinen weiteren Fortgang genommen; vor allem mit der Vernehmung des Zeugen H.-H. Hecht. Und der hatte unter Eid zu Protokoll gegeben, den Preuß beim prüfenden Hochheben der Kaminskischen Schreibmaschine gesehen zu haben.

«Und richtig gestreichelt hat er sie!»

«Wen – Mutter Kaminski...?»

«Nein, die Maschine!»

Bürgermeister Domisch, an den Aussagen des allseits hochgeschätzten Türkenehepaars wie auch an der des Hausmeisters Hecht in keinster Weise mehr zweifelnd, verbiß sich immer mehr in seinen Spezi Reinhard Preuß. Gerade ihrer Männerfreundschaft wegen hätte er sich doch um alles in der Welt vor so was in acht nehmen müssen! Nichts verpflichtete mehr zu absoluter Korrektheit als menschliche Nähe! Hier galten ganz besonders strenge Regeln: Was beim Gegner mit einem Lächeln abzutun war, mußte beim Freunde voll geahndet werden, wollte er sich seinen Ruf als «Rathaus-Robespierre» bewahren. Das war sein einziger Trumpf, das wußte er. War der verspielt, dann konnte er jeden Gedanken an noch höhere Ämter ruhig vergessen. Er hatte Preuß zum ABS-Leiter erhoben – und das war nun dessen Dank dafür! Das war Verrat, das war gemein! Für seine Gegner ein mehr als gefundenes Fressen: *Freund des Bürgermeisters beim Diebstahl einer Schreibmaschine erwischt*! O Gott! Aber irgendwie war das ja vorherzusehen gewesen: Jahrelang mit keiner Frau im Bett, so verklemmt, da mußte man ja komisch werden, um auch mal Lustgefühle zu haben, den nötigen Kitzel...

«Das ist ja wirklich erschütternd...!» sagte Domisch, wieder mit Zietz allein im Amtsleiterzimmer. «Ausgerechnet unser Preuß!»

Zietz war weiter am Abwiegeln. «Ach, jeder nimmt doch mal was aus'm Büro mit nach Hause...»

«Das ist ja sehr ehrenwert von Ihnen, daß Sie da als junger Kollege Ihrem Vorgesetzten eine goldene Brücke bauen wollen, aber ich muß jetzt eines mal mit allem Nachdruck betonen...» Und dann betonte er, daß dies ein schweres Dienstvergehen sei und daß es nach herkömmlicher Rechtsprechung der Disziplinargerichte grundsätzlich die Entfernung aus dem Dienst zur Folge habe, wenn der Beamte sich im Dienst eines Vergehens gegen fremdes Eigentum schuldig machte...

Da betrat Reinhard Preuß die Bühne Büro.

«Guten Morgen... Entschuldigung, daß ich...»

Domisch stand auf, Preuß die Hand schüttelnd. «Mein lieber Preuß, die herzlichsten Glückwünsche zum Geburtstage und viel Glück und Gesundheit auch im neuen Lebensjahr...!»

«Danke sehr...»

Auch Zietz vollzog das Ritual in alter Weise, es nach dem feuchten Händedruck mit den Worten «... im übrigen darf ich mich meinem Vorredner anschließen...» ein wenig abkürzend.

Als Preuß nun auf seinen Geburtstagstisch zugehen wollte, da wurde der Bürgermeister plötzlich scharf und amtlich: «Bitte, setzen Sie sich und...»

Alles hielt den Atem an.

«Ja, gerne...» Preuß ließ sich auf seinem kargen Besucherstuhl nieder. «Aber Konrad, du, ich...!»

Domisch machte eine abwehrende Handbewegung und setzte dem Du des Amtsleiters ein aggressives Sie entgegen. «Sie wissen, warum wir Sie jetzt hier...!?»

«Ja. Frau Kaminski hat mir...» Er mußte erst einmal tief Luft holen, um seiner Erregung Herr zu werden. «Die Türken behaupten, ich hätte die Schreibmaschine hier gestohlen, und Hecht soll es auch bezeugt haben...?»

«Nicht doch!» Zietz kotzte es an, wie hier zwei alte Freunde miteinander umgingen. «Die sagen doch nur, sie hätten gesehen, wie Sie die Maschine mit nach Hause genommen hätten: Sicher, um da selber noch was zu schreiben...?»

«Ich habe aber keine Schreibmaschine zu Hause!» sagte Preuß.

So was von Blödheit! Domisch schäumte und wurde sarkastisch.

«Na, sicher ist die jetzt nicht mehr zu Hause... Wegen der zu erwartenden Haussuchung!»

«Muß denn das...!?» Unzählige Male hätte Timon diesem Preuß liebend gerne in den Hintern getreten, dennoch: So wie jetzt mit ihm verfahren wurde, das war nicht mehr so ganz mit der Würde eines Menschen in Einklang zu bringen.

Domisch überhörte dieses Mäßigungsgebot. «Dann sagen Sie uns doch bitte mal, Herr Preuß, wo Sie gestern gegen neunzehn Uhr dreißig gewesen sind...?»

«... na, ich bin noch ein wenig spazierengegangen, nur so durch die Stadt... Nach dem langen Sitzen hier...»

«Und wie das so ist: Zeugen dafür haben Sie natürlich keine...?»

«Nein, nicht daß ich wüßte...»

Domisch machte einen letzten Versuch, die Sache schnell und sauber zum Abschluß zu bringen; diesmal auf die menschliche Tour: «Mensch, Reinhard, nun gib's doch schon zu – und dann werden mir mal weitersehen...!»

Preuß sah ihn an. «Ich habe nichts mehr zu sagen... Ich bitte um die Eröffnung eines Disziplinarverfahrens gegen mich selbst. Bis dahin bitte ich, meinen Resturlaub nehmen zu dürfen...»

Wie vor hundert Jahren, dachte Zietz, Geert von Instetten, *Effi Briest* heute.

«Das muß doch nicht nach außen dringen, der ganze Käse! Wir legen jetzt alle zusammen und kaufen 'ne neue Maschine! Meinetwegen auch 'ne gebrauchte...»

Preuß blieb versteinert. «Auf gar keinen Fall! Damit würde ich ja für immer und ewig als Schreibmaschinendieb dastehen! Ich war es aber nicht, und ich lasse das nicht auf mir sitzen!»

Zietz wollte sich noch immer nicht geschlagen geben. «So viel Ahnung vom Öffentlichen Dienstrecht habe ich ja nun auch: Grundsätzlich besteht doch keine Ahndungspflicht! Opportunitätsprinzip, § 3 BDO. Danach zwingt uns doch kein Mensch, dies alles aktenkundig zu machen!»

«Die Kripo ist doch aber alarmiert», sagte der Bürgermeister.

Und auch Preuß blieb hart. «Nein, das geht hier um meine Ehre als Beamter und als Mensch! Ich bestehe auf einer ordnungsgemäßen Klärung dieses Vorganges!»

Und nun kam alles so, wie es kommen mußte, denn zumeist ist es ja in politischen Systemen nicht viel anders als in biologischen auch, und wird ein bestimmter Reiz zu stark, dann ist das vorprogrammierte Ereignis beim besten Willen nicht mehr aufzuhalten. So konnte Bürgermeister Domisch, als die Zeitungen in immer süffisanteren Beiträgen über die Affäre Preuß zu berichten begannen, nicht anders, als dem Druck der Bürger nachzugeben und, nachdem er Preuß bis zur Klärung des Ganzen beurlaubt hatte, Karl Voppmann wieder zum Chef des Amts für Bürgersorgen zu machen, zumal Gerda Gänsicke dies mit Nachdruck betrieb.

Sie feierten das im Rathaus und im ABS von Freitag abend bis Sonntag morgen, und zwar so, daß Meyer 13 bei einigen seiner Rubriken (z. B. Tanzvergnügen, Trunkenheit, Austausch von Zärtlichkeiten oder gar «!») zu den begehrten Querbalken kam (nach vier senkrechten Strichen immer einer quer).

Es war dann am dritten Tage seiner zweiten Regentschaft, als Karl Voppmann von Meyer 13 einen Brief an den Bürgermeister in die Hand gedrückt bekam, verbunden mit der «Bitte», ihn auf der Stelle zu lesen.

«Ich weigere mich generell, anonyme Briefe zu lesen!» sagte Voppmann. «Ab damit in den Papierkorb!»

«Da ist aber 'n Absender drauf!» rief Meyer 13, bückte sich und fischte das Schriftstück wieder heraus.

Das fängt ja gut an, dachte Karl Voppmann, endlich mal ein neuer Trick und schon gescheitert...!

«Meine Brille...!?» Er begann zu suchen, doch Meyer 13 fand sie alsbald auf dem Handwaschbecken.

«Hier, bitte...!»

«Danke sehr...» Voppmann nahm den Brief und tat so, als verstünde er Zeile für Zeile. «Das ist ja wirklich starker Tobak. Da müssen wir wirklich drauf reagieren und...» Er drückte auf das rote Knöpfchen und ließ per Wechselsprechanlage Mutter Kaminski *sein Pärchen* rufen.

«Lies das mal bitte vor, aber laut!» Timon bekam den Bürgerbrief gereicht. «Das muß man sich wirklich Wort für Wort auf der Zunge zergehen lassen...»

Und Timon zögerte nicht, seine Pflicht zu tun: «Sehr geehrter Herr Bürgermeister, hiermit bitte ich Sie nachdrücklichst, Ihr vor nicht allzu langer Zeit eingerichtetes ‹Amt für Bürgersorgen› schleunigst wieder zu schließen, da dieses ehrgeizige Projekt infolge der mangelnden Qualifikation der hiesigen Beamtenschaft ja doch von vornherein zum Scheitern verurteilt ist und jeder weitere Tag seines Fortbestehens nur fahrlässiges Verschleudern unserer Steuergelder ist. Das ABS als Captatio Benevolentiae, als Haschen nach der Gunst des Volkes...»

«Mann, ist der gebildet!» sagte Verena.

«... als Haschen nach der Gunst des Volkes, ich kann es verstehen, aber meine Erlebnisse beim Besuch dieses Amtes, die ich Ihnen, sehr verehrter Herr Bürgermeister, im Anschluß hieran schildern darf, sind ein weiterer Beleg für dessen nun wirklich überaus desolaten Zustand. Sie werden sicher einer Meinung mit mir sein, daß der § 1 im Verhaltenskodex...» Plötzlich stutzte er. «Mensch, das ist doch nicht zu fassen!»

Verena versuchte, ihm den Brief zu entreißen. «Was is'n? Zeig mal...!»

«Na, hier: beim Paragraphen oben, da fehlt die Schleife! Siehste, hier! Genau wie bei Mutter Kaminskis Maschine...!»

«Wer hat'n den Brief geschrieben?» fragte Voppmann.

«Kein Briefkopf drauf», sagte Verena.

«Aber auf'm Umschlag!» Meyer 13 wußte es. «Der ist hinten angeheftet...»

«Karl Richard Türk...» las Timon schließlich. «Der Türk, ich werd verrückt!»

«Dann hat der auch die Schreibmaschine geklaut... Und Preuß ist gerettet!»

«Schade...»

Am nächsten Morgen war Mutter Kaminskis geliebte Maschine heimgekehrt in ihren Amtsbereich, und Voppmann konnte Ludwig, seinem Freund und Ex-Bürgermeister, per Telefon Bericht erstatten:

«Das is aber 'n Ding, was!? Ja, der Türk hat sich nach Feierabend hier eingeschlichen und sich dann als Preuß verkleidet: Mantel an und Baskenmütze auf! ... ja, die beiden Türken sind dann jedenfalls voll drauf reingefallen, unser Säuberungsehepaar... Der Türk selber? Kleiner Racheakt, aber ausgewiesen wird er jedenfalls nicht mehr... Auf alle Fälle hat er ja nun mächtig viel Publicity für seinen neuen Roman, ja... Wenn er den wirklich zu Ende kriegt – jetzt, wo er keine Maschine mehr hat. Ja, das war wohl sein Hauptmotiv, sicher... Preuß hat alles gut überstanden... Ja, ich bleib jetzt weiter ABS-Chef – da kann der Domisch gar nicht anders –, und Preuß kriegt Domischs alte Stelle und wird Amtsrat da; unser neuer Sparkommissar... Warte mal, Martha kommt gerade... Na, Martha, glücklich, daß de deine geliebte Schreibmaschine wiederhast...?»

«... daß ich *dich* wiederhabe!» Mutter Kaminski umarmte ihn.

Alltägliche Fälle I

Die Bühne Büro, das ist nicht bloßes Boulevardtheater, da läuft tagtäglich auch viel Tragisches, und was hier so locker und ausführlich ausgebreitet wird, ist natürlich nicht der ganze Alltag unseres Amtes, das ist nur das Besondere, das Einmalige, jenes Außergewöhnliche, von dem sich die Mitarbeiter großer Organisationen immer wieder erzählen, unzählige Male wieder von vorn, bis in ihre Pensionärs- und Rentnertage hinein, ja, noch im Krankenhaus, wenn es die letzte Rolle zu spielen gilt. Menschen leben von ihren Geschichten. Sie bleiben haften; das Alltägliche zerfällt im Gedächtnis, auch wenn es im Achtstundenalltag absolut dominiert.

Um nun die Chronik des ABS nicht allzusehr zu verfälschen, sei deshalb immer wieder auf kleinere Vorfälle verwiesen, ärgerlich stets für die Betroffenen, die anderen zumeist aber tragikomisch anmutend. Die Stellenzeichen sind dabei: Voppmann ABS 1, Verena ABS 12, Zietz ABS 121 und Meyer ABS 122.

Name: Max K. *Zeichen:* ABS 121 *Vorgang:* 123/85

Herr K. betreibt am Havelufer an Wochenenden und bei schönem Wetter einen kleinen Imbißstand, das heißt, er fährt mit einem umgebauten Wohnwagen zum Wasser hinunter. Verkauft wird aus einem breiten Fenster heraus. Herr K. weist mich auf folgenden Umstand hin: Wenn er dabei ein resopalbeschichtetes längliches Brett herunterklappe, so habe er 14 % Umsatzsteuer zu zahlen, weil es sich dann um eine «Küche» handele, lasse er das Abstellbrett dagegen «unausgefahren», also oben, so fielen nur 7 % an Steuern an. Was man gegen diesen «Irrsinn» tun könne? Ein «Inspektor» sehe ihm ständig auf die Finger. Ich kann im Gewerbeamt niemanden erreichen, der mir den tieferen Sinn dieser Anordnung erklären kann, verspreche aber Herrn K., mich in den nächsten Tagen noch einmal intensiver um die Sache zu kümmern und ihn dann anzurufen. Wiedervorlage...

Name: Käthe Z. *Zeichen:* ABS 12 *Vorgang:* 146/85

Völlig aufgelöst erscheint Frau Z. im ABS, und ich muß ihr ein Beruhigungsmittel geben. Sie ist 81 Jahre alt und Rentnerin aus Ost-Berlin. Sie will ihre Tochter in West-Berlin besuchen, hat aber hier vor dem Rathaus beim Umsteigen in den Bus einen Schwächeanfall erlitten. Der Grund dafür: Auf dem Bahnhof Friedrichstraße hat sie im Intershop für ihre Tochter eine Stange Zigaretten und eine Flasche Whisky im Werte von DM 32,– gekauft – und diese Geschenke sind ihr dann hier auf dem U-Bahnhof von einem westlichen Zöllner abgenommen worden. Das soll mit den Worten «Sie sind doch von Ihrer Tochter bloß zum Intershop geschickt worden, um da im Osten billig einzukaufen!» geschehen sein. Einen «Verwahrschein» hat Frau Z. bei sich. Ein Anruf beim Zoll ergibt, daß das alles durchaus seine Richtigkeit habe, denn die Einfuhr der genannten Waren sei DDR-Bürgern nur bei einer «unmittelbaren Einreise» gestattet, Frau Z. sei aber zwei Stunden und vierzehn Minuten nach ihrer Ankunft in Berlin-West mit den genannten Waren angetroffen worden. Auf meine Einlassung, sie habe in der Zwischenzeit das Sozialamt aufgesucht, um sich dort das ihr zustehende «Begrüßungsgeld» von DM 30,– abzuholen, wird mir erwidert, das sei doch das übliche Ammenmärchen. Ob sie Zeugen habe? Nein. Auf die Frage, was Frau Z. nun tun solle, wird mir geantwortet, sie solle es lassen, weiterhin «Schmuggelware nach West-Berlin einzuführen». Ich habe mir daraufhin den Vorgesetzten, Herrn ..., geben lassen. «Frau Z. hätte gleich nach ihrer Ankunft in West-Berlin auf dem ersten westlichen U-Bahnhof aussteigen und dort einem Zollbeamten die im östlichen Intershop verbilligt eingekauften Waren zeigen sollen. Dies reicht dann bei späteren Kontrollen für den Nachweis einer ‹unmittelbaren Einreise› vollkommen aus.» Und was könne Frau Z. nun tun? Ich erfahre, daß ihr jetzt wahrscheinlich nur noch zwei Möglichkeiten blieben: Entweder schicke sie die Sachen – unter Aufsicht eines Beamten – in die DDR zurück oder sie versteuere sie hier: 22,– DM für die Zigaretten und 7,60 DM für den Whisky.

Wir schenken ihr eine Flasche Whisky aus den Vorräten des Amtsleiters und setzen sie – uns vielmals für alles entschuldigend – in die nächste U-Bahn.

Name: Christoph R. *Zeichen:* ABS 121 *Vorgang:* 151/85

Herr R. ist Eigentümer eines Einfamilienhauses in Südende. Er ist ins ABS gekommen, weil man ihn beschuldigt, er habe den Außenanstrich seines Hauses in «Schwarzarbeit» ausführen lassen. Ein mißgünstiger Nachbar habe ihn angezeigt, das Verfahren sei wohl schon eröffnet. Ein Anruf bei der Gewerbepolizei ergibt, daß dem in der Tat so ist. Der Nachbar habe folgendes zu Protokoll gegeben: «Ich habe ganz deutlich gehört, wie Herr Z. zu dem Maler gesagt hat: ‹Und alles übrige machen wir dann schwarz!›» Als ich Herrn R. davon berichte, bricht er in schallendes Gelächter aus. Ja, natürlich habe er das zu seinem Maler gesagt, damit aber lediglich gemeint, daß der die Fenstergitter, die Kellertür, die diversen Geländer und vor allem seinen eisernen Gartenzaun schwarz streichen, also mit schwarzer Farbe verschönern solle.

Da Herr R. die entsprechenden Rechnungen vorlegen kann, erreichen wir, daß die Sache sofort in der Ablage verschwindet.

Name: Stephanie B. *Zeichen:* ABS 122 *Vorgang:* 158/85

Frau B. ist Eigentümerin einer Baufirma und wohnt z. Zt. im Dachgeschoß eines kleinen Bürogebäudes, das sich im hinteren Teil des Firmengeländes befindet. Da sie im Augenblick alleinstehend ist, hält sie sich einen dreijährigen Collie-Rüden mit Namen Mac. Anfang August hat Mac nun einen neunjährigen Schüler, der zum Bus laufen wollte, angesprungen, zu Boden gerissen und ihm die Hose beschmutzt. «Nur weil er mit ihm spielen wollte!» behauptet Frau B., während die Mutter bei der Polizei Anzeige wegen Körperverletzung gestellt hat. Frau B. hat daraufhin einen Bescheid der Abt. Gesundheitswesen – Veterinär- und Lebensmittelaufsichtsamt – bekommen, in dem angeordnet wird, daß Mac in der Öffentlichkeit fortan an einer kurzen, reißsicheren Leine zu führen und mit einem festsitzenden, beißsicheren Maulkorb zu versehen sei, da er eine Gefahr für die öffentliche Sicherheit darstelle. Für den Fall der Nichtbefolgung wird ihr die Festsetzung eines Zwangsgeldes von DM 1000,– angedroht.

Frau B. bezeichnet das nun als eine «Überreaktion» der Behörde. Ihr Hund sei «ein unheimlich lieber Kerl» und habe mit dem besagten Schüler wirklich nur ein wenig spielen wollen. Außerdem sei er ja auch als Wachhund gedacht und müsse also frei herumlaufen können, um seiner Aufgabe gewachsen zu sein. Schließlich bestreitet sie die Zuständigkeit der angegebenen Behörde.

Ich belehre sie dahingehend, daß sie sich in diesem Punkte im Irrtum befinde, denn: § 3 Abs. 1 Ziff 3 VwVfG, was die örtliche, und § 11 Nr. 4 DVO-ASOG, was die sachliche Zuständigkeit betrifft.

Sie könne gerne Widerspruch gegen den ergangenen Bescheid einlegen, aber viele Chancen habe sie nicht, denn die zuständige Behörde sei nun mal verpflichtet, die notwendigen Maßnahmen zu treffen, um eine im einzelnen Falle bestehende Gefahr für die öffentliche Sicherheit und Ordnung abzuwehren. Sie könne nicht abwarten, bis es wirklich einmal zu Bißverletzungen kommt. Das alles sei doch auch in ihrem eigenen Interesse (um möglichen Schadensersatzansprüchen aus dem Wege zu gehen). Frau B. zeigt sich uneinsichtig und will sich einen Rechtsanwalt nehmen, um Widerspruch einzulegen.

Sanft wie ein Lamm

Mögen ihn auch viele, wenn nicht gar die meisten als Inhaber von Pfründen und Privilegien, ihm allesamt unverdient und ohne große Leistung in den Schoß gefallen, mehr oder minder neidvoll betrachten, der deutsche Beamte selber fühlt sich indessen als jemand, den der Herrgott auf einen Lebensweg geschickt hat, wie er schlimmer nicht gedacht werden kann: vierzig lange Dienstjahre immer durch dieselbe Wüste trotten, noch ärmer dran als Sisyphos, am Leben gehalten einzig und allein durch die Hoffnung auf das Grün und die Euphorie der nächsten Oase, Beförderung mit Namen. Auch die aber oft genug nur Fata Morgana, und stets auch nur ein ambivalenter Orgasmus, denn auf einen Beförderten kommen stets viele Nichtbeförderte, ganze Heerscharen manchmal, und deren Mißgunst und Rache läßt einen schon im Moment des Triumphes innerlich zusammenzucken. Dennoch: Von A 5 nach A 6, von BAT Vc nach BAT Vb, das ist die Traumwelt des öffentlich Bediensteten, ist die größte und schönste Streicheleinheit, die Vater Staat einem der Seinen zu geben vermag: Siehe da, meine Tochter, mein Sohn, ihr übereignet, weihet mir Jahr für Jahr jeweils immer vierzig Stunden eurer knappen Lebenswochen, und alles ist vergebens und sinnlos für euch, ins Leere fallet ihr, wenn ich euch keine Anerkennung schenke, euch nicht aufrücken lasse näher hin zur Sonne.

Eine neue Liebe ist wie ein neues Leben, so singt man, sicher auch, aber vielmehr noch jede neue Stufe hin nach oben. *Ja*, du lebst nicht ganz umsonst, *ja*, die Götter lieben dich, *ja*, du wirst, immer strebend, auch erlöst.

Man feiert diese Stunden wie im Rausch, feiert sie auch, auf daß sich viele andere ärgern, denn die Bürokratie ist ein großes Nullsummen-Spiel, das heißt, der Gewinn der einen ist immer auch der Verlust der anderen; kollektive Freude gibt es nur sehr selten in diesem Programm.

Timon Zietz nun sollte heute befördert werden, von A 9 nach A 10, und gleichzeitig zum Beamten auf Lebenszeit ernannt werden, ein StOI dann (ein Stadtoberinspektor), und Verena war am

Nachmittag seines großen Tages mit fraulichem Eifer dabei, den runden Tisch in der Besucherecke des großen ABS-Büros für eine kleine Feier herzurichten. Man sah schon ganze Batterien von Bier-, Wein-, Sekt- und Seltersflaschen aufgebaut und daneben gut drei Dutzend Gläser (vom feingeschliffenen Kelch bis zum umfunktionierten Zahnputzbecher).

Keine zwei Meter von ihren Alkoholvorräten entfernt, hing die erste *Rundverfügung*, die Preuß in seiner Eigenschaft als Verwaltungsleiter kürzlich erlassen hatte (Gesch.-Z.: 1 a–P 1042–1/85):

Betr.: Genuß alkoholischer Getränke im Dienst

Alle Kolleginnen und Kollegen haben sich beim Genuß alkoholischer Getränke während des Dienstes größte Mäßigung aufzuerlegen. Während der Dienstzeit müssen sie – auch bei Anlässen wie Geburtstagen und Beförderungen! – zur uneingeschränkten Wahrnehmung der Dienstgeschäfte imstande sein.

Sollte der Alkoholgenuß zur Trunkenheit führen und eine Vernachlässigung der dienstlichen Pflichten zu beobachten sein, so wird diese Pflichtverletzung disziplinarisch geahndet werden.

Hatte ein Kollege mit Bleistift druntergeschrieben «Muß er ganz schön besoffen gewesen sein, als er das verfügt hat!», und ein anderer war zu der Erkenntnis gelangt, daß sich dieses Rathaus doch nur im Suff ertragen lasse.

Wie auch immer: Mutter Kaminski kam mit einigen Platten voller belegter Brötchen und leckerer Salate herein, denn: Man muß nur die richtige Grundlage haben. Sie verschwand aber schnell wieder, das obligatorische Knabberzeug zu beschaffen.

Timon Zietz stand währenddessen am Fenster, die Ankunft des Bürgermeisters erwartend, der jede Minute, von einer Dienstreise nach New York kommend, eintreffen mußte. «... immer noch keiner zu sehen...»

Verena naschte von der Käseplatte. «Mutter Kaminski hat doch berichtet, daß er schon gelandet sei...»

«Fragt sich bloß wo. Vielleicht not auf'm Atlantik...»

«Keine Angst, der hält sich immer über Wasser!»

Zietz sah auf die Armbanduhr. «. . . schon zehn nach drei . . .»

«Du kannst es wohl gar nicht erwarten: Beamter auf Lebenszeit . . . !?»

«Nee, aber ich hätt's nur gerne so schnell wie möglich hinter mir.»

«Die ganze Lebenszeit . . . ?»

«Quatsch, die Rituale hier!»

«Und so was will nun auch noch heiraten!»

Zietz überging diesen Ausruf und bemerkte, nicht ohne Schadenfreude, daß wieder mal ein Bus kaputtgegangen war. «Diese überzüchteten Kästen! Um die Fahrgäste zu beruhigen, lassen sie jetzt vorne andauernd ein Schild aufleuchten: WAGEN HÄLT!»

Verena stöhnte auf. «O Gott! Und das soll ich nun 'n Leben lang aushalten!»

Timon ging daraufhin zu ihr hinüber, küßte und umarmte sie. «Lebenslänglich als Beamter, lebenslänglich als Ehepaar – ein Hoch auf die goldenen Käfige!» Seine Umarmung geriet allmählich zum halben Petting.

Verena hatte Mühe, ihn zu bremsen. «Komm, beherrsch dich! . . . 's kann jeden Moment einer reinkommen!»

«Mehr will ich ja auch gar nicht hören. Dank dir für die Einladung!»

«Ein Bürger, du Ferkel!»

«Ich bitt dich: Das geht nun doch zu weit, was der auch immer für Sorgen haben sollte!»

«Deine Phantasie . . . !»

«Tempelprostitution soll's ja gegeben haben, aber Rathaus . . .»

«Timon, bitte!»

«Ja, gerne!» Er wagte einen neuen Angriff, hatte aber keine Chance gegen sie: Als Volleyballspielerin hatte sie zu viele Stunden mit Hanteln und Gewichten verbracht.

«Vorsicht . . . !» rief sie, als er gegen einen Schrank krachte. «Wenn du jetzt abkratzt, dann noch nicht als Beamter auf Lebenszeit; das gilt erst mit Überreichung der Urkunde . . . !»

Zietz rieb sich Rücken und Gesäß. «Das weiß ich auch! Da liest man immer wieder, wie sich Vorgesetzte ihren Untergebenen sexuell nähern – und was macht meine Vorgesetzte, die . . .»

«. . . ist lediglich scharf auf dieses Lachsbrötchen hier!» Verena biß hinein.

«Wenn's wenigstens die Gewürzgurke hier gewesen wäre...» murmelte Zietz. «Dann könnte Mann ja noch immer Hoffnung haben...»

«Wie...!?»

«Ich meine nur: Man gut, daß du keine Gottesanbeterin bist...»

«Bin ich doch, ich zahl jedenfalls laufend meine Kirchensteuern!»

«Süß bist du!» Ein geschnipster Kuß zu ihr hinüber. «Nee, aber...» Er ging dabei in Richtung des Sideboards hinter Verenas Schreibtisch, auf dem alle Bände von *Grzimeks Tierleben* standen. «Nein, ich mein die richtige Gottesanbeterin, das Insekt da, weißt du doch...» Er zog Band 2 heraus. «...hab ich gestern bei dir hier entdeckt... auf Seite 123...» Da er ein Lesezeichen eingelegt hatte, war die bewußte Stelle schnell gefunden; und er zitierte, Grzimek dabei parodierend: «Selbst während der Paarung beginnt die Gottesanbeterin oft, den Mann vom Kopfe her zu verzehren, während dessen Hinterende die Begattung unentwegt fortsetzt...» Vor Lachen konnte er kaum weiter. «Wenn ich mir das bei uns so vorstelle...» Ein Lachanfall folgte, der ihn wie einen Asthmakranken husten und nach Luft schnappen ließ.

Während er noch lachte und keuchte, wurde die Tür aufgestoßen, und wie bei einer Polonaise kamen die ersten Gratulanten ins ABS-Büro. Auf seinen ausgestreckten Händen und mit feierlich-pathetischem Gesicht trug der erste Kollege ein großes weißes Kissen vor sich her, auf dem mit hohen gotischen Lettern rot der schöne Spruch *Ruhe sanft* eingestickt worden war. Folgte eine Femme-fatale-schöne Kollegin (der Meyer 13 schon einundzwanzig Striche in seiner Rubrik «...» verdankte) mit einer herrlich blühenden Bougainvillea in einem Kupfergefäß, und am Schluß schließlich marschierte Hans-Heinrich Hecht, mit seinem Monteurkasten in der einen und einem prall gefüllten Cognacglas in der anderen Hand.

«Wir gratulieren zum Beamten auf Lebenszeit! Viel Glück und Erfolg bis zur Pensionierung!»

Zietz wehrte ab. «Danke, danke, aber ich bin ja noch gar nicht ernannt worden; der Bürgermeister muß irgendwo in der Luft hängengeblieben sein...!»

«Macht nichts: Trotzdem kriegste deine Geschenke!» Man drückte Timon das Kissen an die Brust. «Hier... Damit du beim

Einschlafen nich immer mit'm Kopf auf die Schreibtischplatte knallst...!»

«...und hier die Blume, damit sich der Preuß immer ärgert, wenn er hier auftaucht...» Ihre Miß Rathaus drückte ihm den Kupfertopf in die ausgestreckten Hände.

«Danke sehr...! Aber warum denn das...?»

«Der hat das doch verboten, weil Blumen in Schlafräumen so ungesund sind...»

Zu lachen, Kameraden, war Pflicht, und alle taten es auch, doch von ganzem Herzen kam es erst, als Ha-Ha Hecht am Gratulieren war. Seinen Monteurkasten absetzend, hielt er das gefüllte Cognacglas so in der Hand, wie er's im Fernsehen bei den großen Stehparties immer sah.

«...und ich wünsche Ihnen für den Rest Ihrer Dienstzeit stets ein gefülltes Cognacglas... Damit Sie jederzeit eine Waffe in der Hand haben, wenn mal 'n Bürger böse wird und Sie erschlagen will...!»

Bei diesen Worten machte er mit dem Glas eine kurze ausholende Bewegung nach hinten und riß dann Arm und Hand nach vorne, wie um Zietz den Cognac ins Gesicht zu schütten.

Der wich ihm aufschreiend aus...

...und dann wieherten die Gäste los, denn das Glas war nichts weiter als ein Scherzartikel, war doppelt geblasen und gegossen, die Flüssigkeit fest eingeschweißt.

Tolle Stimmung!

Karl Voppmann hörte es bis drüben, durch die Verbindungstür hindurch, so dick sie auch gepolstert war. Er saß hinter seinem Schreibtisch, Kurt Tucholsky recht gebend, der einmal gesagt hatte, daß es der Traum eines jeden Deutschen sei, hinter einem Schalter zu sitzen (und sein Alptraum, davor zu stehen), hockte also da und hielt einen runden Rasierspiegel in der Hand, um sich damit Mundhöhle und Rachen zu begucken, sich dabei gleichzeitig mit der freien Hand Hals und Hinterkopf abtastend.

Wie immer in solch idyllischen Augenblicken: das Telefon zerfetzte alles.

«Amt für Bürgersorgen...!» nuschelte er. «Voppmann... Nein: Amt für Bürgersorgen – nicht die Amtsfürsorge! ... Wie bitte...? Ja, wir sind dafür da, daß Sie Schwierigkeiten mit anderen Behörden haben... Nein, ich meine: wenn Sie...! Wenn Sie welche haben, ein besonderes Anliegen... Ja, ich verstehe: Sie haben kein Anliegen, Sie haben Angina, ja: Angina pectoris – schwere... Wie...?... und da möchten Sie den Herrgott sprechen...» War das eine schlechte Verbindung! «Den Herrgott – tut mir leid, Herr... aber so weit reichen unsere Kompetenzen nun auch wieder nicht... Wie...!? Ach so, den Doktor Herget wollen Sie sprechen! Ja, ich verstehe, na klar! Das ist aber nicht der Amtsarzt, sondern der Amts*tier*arzt! Da soll ich Ochse mal selber hingehen... Ja, danke! Auf Wiedersehen dort!»

Er knallte den Hörer auf die Gabel, gerade in dem Augenblick, als vom Flur her gegen seine Tür gepocht wurde. Sein «Herein!» geriet relativ mürrisch, doch er mußte ihm im nachhinein recht geben dafür, denn ein trat nun kein anderer als sein alter intimer Feind, nun auch noch sein vorgesetzter Kontrolleur, der Verwaltungsleiter Preuß.

«Oh, ist das plötzlich hell geworden hier!» Voppmann stand auf und strahlte.

Mit allem hatte Preuß gerechnet, damit nicht. «Wieso...?»

«Na, kennen Sie doch: Ein immer helles Licht beleuchte deinen Weg, die Pflicht! Und das muß doch schon ein wahnsinnig großes Pflichtgefühl bei Ihnen sein, wenn Sie hier zu mir...»

Preuß blieb hölzern. «Es heißt, Sie hätten Mumps...?»

«Nein, ist wohl eher die Schilddrüse, sagt mein Medizinmann. Die Schildbürgerstreiche meiner Kollegen seien mir auf die diesbezügliche Drüse geschlagen...»

«Gute Besserung dann...» Preuß sah sich nach etwas Sitzbarem um. «Ich darf doch...?»

Voppmann rückte ihm den Besucherstuhl zurecht.

«Ich bin in einer sehr ernsten Angelegenheit hier...!»

Das klang so unheilvoll, daß sich Voppmann schnellstens hinter seinem Schreibtisch verschanzte. «Worum geht's denn?»

«Um Herrn Zietz geht es.»

Voppmann zuckte zusammen, denn eine Attacke gegen Timon war ja längst fällig gewesen. Der Bürgermeister hatte es nie verwunden, daß sie ihm den ungeliebten Bürgerliebling doch noch aufs Auge gedrückt hatten; klar, daß er auf Rache sann. Zumal ja auch gemunkelt wurde, daß das überall kursierende Anti-Domisch-Pamphlet von Zietz mitverfaßt worden sei. Und Preuß selber, der, so war jedenfalls anzunehmen, hätte sich mit diesem «widerlich stinkenden Grünschnabel» am liebsten mal in einem mittelalterlichen Folterkeller getroffen.

Es war also angebracht, erschrocken zu sein, und so wagte er auch erst nach einigem Zögern die Frage: «Aber doch nicht in Zusammenhang mit dem heutigen Tag; seiner Ernennung, seiner Beförderung...?»

«Doch. Und der Bürgermeister wird nicht umhinkönnen, die Verbeamtung auf Lebenszeit zurückzustellen beziehungsweise gänzlich zu verhindern.»

«Warum denn das?» Am liebsten hätte Voppmann an einen schlechten Scherz geglaubt, aber bei Reinhard Preuß, da ging das nicht. So wiederholte er nur tonlos seine Frage.

«Weil der Mann schwer krank ist!»

«Wer!? Der Bürgermeister?» Das war nicht mal gewollt witzig, das entsprang eher seiner momentanen Verwirrung.

«Nein, der Kollege Zietz!»

«Wieso'n das, der war doch vor 'n paar Minuten noch kerngesund...?»

«Das täuscht wohl...» Preuß zog ein paar maschinenbetippte DIN-A4-Bögen aus seiner ständig mitgeführten roten Umlaufmappe («Eilt») hervor. «Ich habe hier ein psychiatrisches Gutachten, das überaus erschreckend ist.»

«Wie...!?» Voppmanns Entsetzen wuchs. «*Sie* haben so was in Auftrag gegeben...!?»

«Nein, nein, das ist sozusagen frei Haus gekommen, und ich wollte Sie nur schnell noch informieren, da ja Ihre dienstliche Beurteilung des Kollegen Zietz all diese Krankheitssymptome schamhaft verschweigt...»

«Was für Symptome!? Nicht mal Mundgeruch oder Schweißfüße hat der!»

Preuß zeigte auf das Schreiben. «Die Fachleute hier, die sehn das leider etwas anders...»

«Welche Fachleute?»

«Frau Block, das ist eine anerkannte Graphologin, und ihr Mann, Herr Dr. Block, ist Psychiater... Den kennen Sie sicher von seinen Gerichtsgutachten her...?»

«Ja, klar, aber was hat'n das mit unserm Zietz zu tun?»

«Der hat denen einen Brief geschrieben», erklärte Preuß, «den

Blocks also ... Daß gegen die Ablehnung eines von ihnen gestellten Bauantrages, wegen dessen sie im ABS um Rat nachgefragt hatten, ein Widerspruch wohl aussichtslos sei. Und zwar hat Herr Zietz das handschriftlich getan. Hier ist eine Fotokopie dieses Briefes an die Blocks ...»

Preuß zog einen weiteren Bogen aus der ominösen Umlaufmappe und reichte ihn Voppmann, so maliziös lächelnd, wie es sein preußisches Beamtenethos («sine ira et studio») gerade noch zuließ. «Sie als mein Nachfolger ...»

«Und Vorgänger ...» Voppmann sah sich das Zietzsche Elaborat mit gezückter Brille an, und soviel begriff er auch als mehr oder minder Legastheniker: Das war nun wirklich eine sehr gestört wirkende Schrift, und er konnte nicht anders, als «... der hat ja wirklich 'n Sockenschuß ...!» zu murmeln und seine Rückkehr ins ABS schon wieder zu verfluchen. Erst der Verdacht, Preuß sei ein verkappter Kleptomane, und nun der nächste Tiefschlag: «Neuer Skandal im ABS – Mitarbeiter geisteskrank!»

Preuß konnte sich eines klammheimlichen Frohlockens nicht enthalten, ganz in Plisch-und-Plum-Manier: Das ist freilich ärgerlich, hehe! Aber nicht für mich!! «Schöne Hieroglyphen, nicht wahr ...?»

«... läßt sich leider nicht leugnen ...»

«Das hat die beiden Fachleute natürlich zu einem Gutachten geradezu herausgefordert. Ich darf einmal kurz zitieren ...» Dann las er vor, den Text der Blocks dabei ein wenig verdichtend:

«Der allgemein absteigende Schrifttonus läßt auf ein Magenleiden schließen ... Die Unterlängen der Buchstaben f und p schlagen plötzlich nach rückwärts, das heißt nach links aus, was auf Störungen in der Lendenzone, der Nieren und der Blase schließen läßt. Nervöse Störungen und fixe Ideen zeigen sich bei Zietz vielfach in Form verschlungener Buchstaben, die wie Krapfen geformt sind, und in Schriftzeichen, die wie Kometenschweife ausklingen; insbesondere verweisen wir hier auf die i-Punkte, die manchmal *bis zu fünf Zentimeter* lang werden!»

Preuß machte eine Pause, spannungssteigernd.

«... abschließend möchten wir noch einmal darauf hinweisen, daß es einfach nicht angeht, derart kranke Beamte über das Schicksal gesunder Menschen entscheiden zu lassen! Allein die vielbeschworene Fürsorgepflicht des Dienstherrn gebietet hier ...»

Voppmann konnte nur dasitzen und nicken und war nun heilfroh, als es plötzlich vor dem Rathaus draußen laut und lauter wurde: Türenknallen, Rufe, Lachen.

Preuß sprang auf. «Der Bürgermeister! Der muß die Ernennung unbedingt verhindern!»

Schon hatte er die Flurtür aufgerissen und war hinausgestürzt.

«Um Gottes willen: nein! Warten Sie...!» Schlagartig aus seiner Lethargie erwacht, jagte nun der Vopp- dem Saubermann hinterher.

Während dieses Dialogs hatte es im großen ABS-Büro das gegeben, was sich am ehesten mit dem Begriff *administratives Stilleben* kennzeichnen ließ: Zietz und Verena an ihren Schreibtischen, Vorgänge studierend. Mutter Kaminski am Fenster, wortlos auf den Vorplatz blickend. H.-H. Hecht mit einem Zollstock in der ABS-Besucherecke, genaue Messungen vornehmend. Meyer 13 am Telefon (Rubrik «Anrufe, entgegengenommene»: 𝍸 II).

«... sicherlich können Sie das anfechten, ja...» Der geborene Rechtsauskunftsautomat. «... wie Sie wissen: Wenn ein Teil eines Verwaltungsakts anfechtbar oder nichtig ist und der Teil nicht gesondert beurteilt werden kann beziehungsweise werden muß, dann ist auch der gesamte Verwaltungsakt anfechtbar oder nichtig...»

Da unterbrach ihn ein Aufschrei Mutter Kaminskis: «Jetzt ist der Bürgermeister aber wirklich da!»

Zietz und Verena sprangen auf und liefen zum Fenster. In der Tat, Konrad Domisch war wieder im Lande und schon dabei, seinen Hofberichterstattungsjournalisten wortreich etwas von seinen «Erkenntnissen» vorzuschwärmen, die er in den USA gewonnen habe: «Die U-Bahn in New York...! In so einen U-Bahn-Wagen gehen immer noch wesentlich mehr Menschen rein als in einen Pkw!»

Zietz, am offenen Fenster, überwältigt von diesem Dienstreiseergebnis, klatschte Beifall.

«Hör auf!» Verena benutzte ihre Hände als Handschellen, um ihn an weiteren Aktionen zu hindern. «Sonst kommt der nicht, dir die Urkunde auszuhändigen!»

«Ja, ja...» Timon stöhnte auf. «Eigentlich ist man ja bekloppt, daß man darauf so wartet, als wär's 'ne zweite Geburt...!»

Verena öffnete ihr imaginäres Poesie-Album für den gehobenen Dienst: «Hat Vater Staat dich erst mal adoptiert, dich niemals wieder hungert noch auch friert!»

«Bravo!» Er küßte sie. «Der Timon Zietz sich nun entpuppt – im Endeffekt: auch er korrupt! Das hat man nun von seinem langen Marsch durch die Institutionen... Umarmet die, die wider euch sind!»

Weiter kam er nicht, denn inzwischen hatte H.-H. Hecht zur Waffe gegriffen, zur Bohrmaschine, und ließ sie nun im zweiten Schlagbohrgang aufheulen. Der Bohrer ging zunächst auch rein wie Butter, saß dann aber plötzlich fest, fingerlang im Stahlbeton.

«Scheiße verdammte!»

Da sein wertvolles Elektrogerät nun zu qualmen begann, hieß es für Hecht: Finger weg vom Abzug, keinen Saft mehr hinein! Eine kleine Explosion fürchtend, prallte er ein paar Schritte zurück, und die Bohrmaschine hing nun, vom Gesteinsbohrer und dessen Kruppstahlhärte abhängig, bedienerlos an der ABS-lichen Wand.

Zietz fand das sehr vergnüglich. «Wenn wir jetzt die Wand raussägen und das Ganze in die Nationalgalerie schaffen, dann kriegen wir 'ne glatte Million dafür. Fragt sich nur noch, wie dies große Kunstwerk heißen soll.»

«Ende des technischen Fortschritts», schlug Verena vor.

«Prima: Welche tiefe Symbolik. Meine Damen und Herren: Hier sehen Sie den tiefsinnigsten Analytiker dieses Jahrhunderts: Hans-Heinrich Hecht!»

«Ha-ha-ha! Ihr könnt ma mal alle!» Hecht wandte sich zur Tür. «Laßt det allet so hängen! Ick hol ma Hamma und Meißel!»

So schnell wie geplant konnte er seinen Abgang dann doch nicht vollziehen, denn in der Tür zum Flur prallte er mit zwei Herren zusammen, die ihn, und nicht nur ihn, doch schon ein wenig verblüfften. Der eine war ein Klotz von Mann, Marke «tapsiger Bär, gefährlich aussehend, aber eher etwas einfältig und vor allem gutmütig bis hin zum Gehtnichtmehr». Der andere, auch so um die Dreißig, war das genaue Gegenteil: immer clever, immer cool, vom Habitus her eine Synthese von Mafia-Boß und Autochefverkäufer (Autohaus Schwitzke, Klein Kneten-Nord), trotz seines Goldkettchens um die Seriosität eines Londoner Bankers bemüht; und dies nicht ohne Erfolg.

Hecht («Mann, die Ringer-Bundesliga!») war an dem Schwergewichtler förmlich festgeklebt und kreischte dann schlimmer als ein neapolitanisches Fischweib, als der ihn, mühelos wie einen Besenstiel, schnell mal anhob und auf den Flur hinaus beförderte.

«Danke sehr, der Herr!» Hecht, glücklich darüber, dies überlebt zu haben, flitzte davon.

Die beiden Besucher bewegten sich nun, nachdem die Tür hinter Hecht geschlossen war, artig bis hin zur Mitte des Raumes, und der Wortführer – klar, wer das war – wandte sich mit einer kleinen Verbeugung zum Doppelschreibtisch Zietz / Verena hinüber: «... mein Name ist Niemitz, Werner Niemitz... Mir gehört die große Discothek da in der Hauptstraße – der *Supersound* –, kennen Sie sicher... Und ich hab jetzt gewaltigen Ärger mit der Wirtschaftsverwaltung wegen dem Benno hier...» Damit schob er den vermeintlichen Ringer nach vorn. «Erst mit dem Lärmschutz und jetzt mit dem Benno...»

Zietz stand auf und ging auf das Duo zu, ihm die Hände zu reichen. «Ja, ja, da hab ich damals von gelesen... Na, mal sehen, was wir da machen können... Zietz mein Name.»

«Podzuweit!» sagte das Ringerbaby mit dünner Knabenstimme. «Wegen mir soll dem Werner seine Disco zugemacht werden, wissense!»

Zietz staunte über den weich-schlaffen Händedruck des Bürgers Podzuweit, hatte nach der Szene mit Hecht eher gebrochene Handwurzelknochen befürchtet.

«Die Disco geschlossen, warum denn das?»

Da Benno das nicht so genau artikulieren konnte, mußte Niemitz wieder an die Front: «Der Benno, der is jetzt sanft wie 'n Lamm, aber die haben nun rausbekommen, daß er...»

Indes, er konnte seinen Satz nicht vollenden, denn in dieser Sekunde kam Karl Voppmann durch die Verbindungstür ins ABS gestürzt und hielt auf Timon zu.

«Das ist ja Wahnsinn! Jetzt hat der Bürgermeister auch noch 'ne Macke gekriegt und will Sie nicht ernennen!»

Crash!

Timon konnte nur noch stammeln. «... was...!? Mich nicht ernennen...?»

«Ja, aufgrund eines handschriftlichen Briefes, den Sie an eine Graphologin geschickt haben... eine gewisse Daniela Block...» Damit hielt er ihm die Fotokopie des Briefes hin.

Da machte es klick bei Timon Zietz, und er schlug sich mit der flachen Hand gegen die Stirn. «Ach Gott, diese hysterische Zicke!»

«Haben Sie den Brief nun geschrieben oder nicht...?»

«Sicher hab ich. Und zwar, als die Schreibmaschine hier im Eimer war, ewig kaputt. Da ist das wohl alles liegengeblieben – und dann haben wir wohl nachher aus Versehen den Entwurf rausgeschickt.»

Eine Erklärung, die Voppmann noch bestürzter werden ließ. «... dann, dann haben Sie das hier also wirklich so geschrieben...?» Er zeigte auf das schizophrene Gekrakel.

«Ja, sicher...»

Karl Voppmann war am Ende; also doch...!

«Ja, sicher», wiederholte Timon, nach Luft ringend. «Mach ich doch immer so: oben im Bus. Obwohl das da mächtig schaukelt...»

Voppmanns kopfeigener Computer brauchte lange Sekunden, um mit dieser Information ins reine zu kommen, den Tatbestand also zu schnallen, dann aber riß er Timon mit sich fort in Richtung Tür. «Mensch, Timon, das ist die Rettung!»

Als die beiden draußen waren, herrschte im ABS-Büro einen Augenblick lang absolute Stille, dann wandte sich Verena mit einer kleinen Entschuldigung an die alleingelassenen Herren N. und P.

«Tut mir leid, aber Sie werden jetzt mit mir vorlieb nehmen müssen... ersatzweise...»

«Was heißt hier: ersatzweise!?» Niemitz aktivierte seinen ganzen Macho-Charme (*Musk Men Pur* – fesselnd männlich). «Ich hätt ja nie gedacht, daß es hier so tolle Frauen inner Verwaltung gibt! Wolln Sie nicht als Go-go-Girl bei mir anfangen?»

Verena machte eine knappe Geste, das *Supersound*-Duo zum Platznehmen auffordernd. «Würde ich schon gerne, herzlichen Dank, aber das ist ja 'ne genehmigungspflichtige Nebentätigkeit, und ich glaube nicht, daß ich da 'ne Erlaubnis für kriege. Aber setzen wir uns erst mal...!»

Sie taten es.

«Danke...» sagte Niemitz, und er meinte damit nicht nur die Gelegenheit, fortan sitzen zu können, sondern auch den kostenlosen Genuß, den ihm Verenas Anblick zweifellos bot.

Die merkte das natürlich und hatte Mühe, zwischen Prickeln und Abscheu hin- und hergerissen, sachlich zu bleiben. «Sie haben also Ärger mit dem Gaststättengesetz...?»

Niemitz, nachdem er vorher um Erlaubnis gefragt und sie erhalten hatte, steckte sich ein Zigarillo an. «Ja: Der Benno hier, der Podzuweit, das ist der beste Rausschmeißer, also: der beste Türsteher, wie das offiziell heißt, den's in ganz Deutschland gibt.»

«Ja, aber...?» Verena verstand noch immer nicht, worum's hier ging.

Daraufhin zog Niemitz eine Reihe von Schriftstücken aus dem mitgebrachten Aktenkoffer. «Ja... Leider hat Benno neun Monate im Knast sitzen müssen, wegen schwerer Körperverletzung. Aber jetzt ist er 'n ganz anderer Mensch geworden, das schwör ich Ihnen, so richtig sanft...» Damit gab er Podzuweit ein Zeichen, nun seinerseits das Wort zu ergreifen; und der tat das auch, unheimlich lieb dabei guckend.

«Ja, seit ich in der ‹Gemeinschaft der Friedfertigen› bin und meinen Weg zu Gott gefunden habe.»

Das klang echt, ächt echt, und Verena war durchaus beeindruckt davon. «Sehr schön, ja...»

Niemitz nickte. «Sein Bewährungshelfer kann das bestätigen... Benno rührt auch keinen Alkohol mehr an. So was muß man doch berücksichtigen! Wir sollen uns doch alle um die Resozialisierung von Haftentlassenen bemühen, oder!? Und mir werfen sie jetzt solche Knüppel zwischen die Beine: Schließung meiner Discothek! Hier...» Er reichte Verena den ihm zugegangenen Bescheid hinüber.

«Danke...» Sie überflog ihn und holte dann aus dem Schrank hinter ihr den entsprechenden Gesetzestext hervor. «Hier... § 21 des Gaststättengesetzes... Das ist der, auf den die Kollegen hier ihre Entscheidung stützen...» Sie begann zu zitieren. «‹Die Beschäftigung einer Person in einem Gaststättenbetrieb kann dem Gewerbetreibenden untersagt werden, wenn Tatsachen die Annahme rechtfertigen, daß die Person die für ihre Tätigkeit erforderliche Zuverlässigkeit nicht besitzt.› Hm...» Sie nahm den ablehnenden Bescheid wieder zur Hand. «... mal genauer sehen, was die Ihnen da geschrieben haben. Ach, ja...

Herr Podzuweit ist nun doch wieder als Türsteher bei Ihnen beschäftigt.

Damit ist erwiesen, daß Sie nicht die notwendige Zuverlässigkeit für den Betrieb einer Gaststätte besitzen.

Um drohende Gefahren von Ihren Gästen abzuwenden, wird diese Verfügung für sofort vollziehbar erklärt. Sie haben also den Betrieb der Discothek sofort einzustellen.

... Hochachtungsvoll, im Auftrage...» schloß Verena, die Verfügung auf den Tisch werfend. «Da wird guter Rat teuer sein...»

Niemitz sah sie an. «Wenn Sie *das* meinen... Ich kann mir das schon 'n paar Mark kosten lassen...»

«So meine ich das nicht!» Entsetztes Abwehren. «Nein, nein! Aber... Haben Sie denn schon Widerspruch eingelegt, formgerecht und fristgemäß...?»

«Nein, deswegen sind wir ja hier! Mein Rechtsanwalt ist nämlich gerade in der Karibik, und da dachte ich...»

«Na schön. Wir können es natürlich ganz direkt versuchen und den Kollegen Breitbart gleich mal anrufen... Bloß ich weiß nicht, ob das sehr viel Sinn hat...» Sie griff noch einmal zum Gesetzestext. «§ 15 Gaststättengesetz sagt nämlich ganz eindeutig, daß die Erlaubnis zum Betrieb einer Gaststätte widerrufen werden kann, wenn der Gewerbetreibende Personen entgegen einem nach § 21 ergangenen Verbot beschäftigt. Und das haben Sie ja nun zugegebenermaßen getan...!»

«Ja, aber der Benno ist doch nun mal 'n ganz neuer Mensch geworden!» beschwor sie Niemitz. «Vor allem, seit er da bei den ‹Friedfertigen› Mitglied ist.»

Verena stand auf. «Ja, ja, das ist in der Tat auch unsere einzige Chance. Da hat die Wirtschaftsverwaltung ihr eigenes Ermessen eingesetzt, obwohl ihr die konkrete Sachkenntnis des Einzelfalls fehlt, wie es so schön heißt... Sie hätte sich meiner Meinung nach auf alle Fälle vorher mit Bennos Bewährungshelfer in Verbindung setzen müssen. Aber mal sehen, was mein Chef dazu sagt; der kennt den Breitbart außerdem persönlich ganz gut...»

Voppmann war gerade dabei, seinen Joghurt zu löffeln. «...jedenfalls ist unser lieber Timon nun doch noch ernannt worden...! War ja 'ne schwere Geburt!»

«Kann man wohl sagen...» Verena sah sich um im Amtsleiterzimmer und stellte fest, daß Karl Voppmanns Eisenbahn-Poster wieder an den Wänden hingen. «Aber warum essen Sie eigentlich noch 'n Joghurt – draußen steht doch alles voll von Timons Feier...?»

«Anweisung von Martha Kaminski! Nicht vorher anfangen! Kein Widerspruch statthaft... Oh!» Er hatte sich bekleckert und versuchte nun, das klebrige Zeugs mit Hilfe eines Taschentuchs aus der dunkelblauen Hose herauszureiben, von Verena dabei sichtlich in Verlegenheit gebracht, denn dies alles spielte sich auf einer strategisch nicht unerheblichen Stelle seines Beinkleides ab; wenn er da an das Jahr '53 dachte, wo er mit Martha mal eben schnell im Erste-Hilfe-Raum... Karrrllll!

Verena drehte ihr Gesicht zum Großbüro hin. «Was machen wir denn nun mit den beiden schrägen Vögeln da...?»

«Das fragst du mich: Das Tierreich ist doch dein Metier!»

«Ich trau diesem Benno nicht so recht; sieht mir doch alles sehr nach Wolf im Schafspelz aus...»

«Niemitz, Niemitz...?» Voppmann dachte nach. «Hab ich doch irgendwo schon mal gehört den Namen... Irgendwie hat's doch da schon mal Theater gegeben mit seiner Discothek...»

«Ja, ja...» Verena hielt ihm die diesbezüglichen Vorgänge hin. «Die Verfügung ist von einem Menschen namens Breitbart unterschrieben worden... Ist das derselbe, mit dem Sie immer kegeln gehen?»

«Schon, aber ich kann den doch nicht zu was überreden, wenn ich mir nicht sicher bin, ob dieser Benno da nun wirklich koscher ist...» Er zeigte zur Verbindungstür hinüber.

«Ich hab 'ne Freundin, die ist Psychologin – im Knast zur Zeit...»

«Na, meinst du denn, die werden sie unsretwegen vorzeitig entlassen...!?»

«Die sitzt doch da nicht, die arbeitet da!»

«Ach so...»

«Und schreibt gerade 'ne Doktorarbeit über moderne Testverfahren: Wechsler, Murray und Szondi, Rorschach...»

Voppmann dachte nach. «Das ist doch alles Kappes – wir machen Voppmann.»

«Wie...?»

«Ja, den Voppmannschen Selbstbeherrschungstest. Wenn Benno den besteht, dann soll er in Gottes Namen wieder Türsteher werden.»

«Was soll'n das für ein Test sein?»

«Das wirste gleich sehen, wir müssen unsere Truppe nur noch ein wenig schulen. Hol doch bitte mal alle ganz unauffällig herein: Zietz, Martha, Meyer 13...»

Eine halbe Stunde später, immer mehr Rathausinsassen strömten herbei, war die Ernennungsparty schon in vollem Gange.

Mutter Kaminski war gerade dabei, kunstgerecht die Cognacschwenker zu füllen, als Karl Voppmann zu ihr kam, um ihr das Scherzartikelglas zu zeigen, das Hecht vorhin bei Timon ausprobiert hatte. Dabei tat er so, als wolle er den Cognac in die Flasche zurückschütten, aus der sie gerade eingoß.

«Zurück damit! Alkoholverbot im Dienst!»

Mutter Kaminski verjagte sich derart, daß sie etliche Tropfen vergoß. «Karl, du bist doch wirklich noch 'n Kind!»

«Wo Kinder sind, da ist ein goldenes Zeitalter...! Wie schon der Herr Novalis sagte.»

«Novalis...?» fragte Mutter Kaminski, sich dabei die bekleckerten Hände abtrocknend. «Ist das der neue Gartenbaudirektor?»

«Nee, der heißt Nowara. Der Novalis hatte zwar auch was mit Blumen zu tun, aber wohl mit blauen nur; gedichtet hat er.»

Martha Kaminski stellte die Cognacflasche ins Regal zurück. «Wie haste dir das bloß alles eingeprägt, wo du doch nicht...»

«Pst! Schließlich war ich zwanzig Jahre lang verheiratet, wenn auch leider nicht mit dir... Und statt meine Socken zu stopfen, hat mir Trudchen immer was vorlesen müssen. Vom Radio mal ganz abgesehen...»

Sie sah ihn prüfend an. «Manchmal glaub ich fast, du nimmst uns alle auf'n Arm mit deiner Leseschwäche...»

«Wenn ich was auf den Arm nehme, dann höchstens dich.» Er tat es, und sie kreischte auf.

«Karl, doch nicht im Dienst! Beherrsch dich bitte!» Sie machte sich los und griff nach dem Tablett mit den gefüllten Gläsern. «... wenn Domisch jetzt reinkommt...!»

«Dann kriegt er das Verhütungsglas hier!» Wieder nahm er den Hechtschen Scherzartikel vom Tisch.

«Karl, bitte!»

«Martha, danke! Außerdem gehört das hier zum großen Karl-Voppmann-Selbstbeherrschungstest – Nobelpreis für Psychologie!» Er schob sie in Richtung der feiernden Gruppe. «Dann mal: Auf in den Kampf...!»

Sie blieben vor Benno Podzuweit stehen, der mit halber Pobacke auf Verenas Schreibtisch hockte.

Voppmann nahm ein Cognacglas von Marthas Tablett und hielt

es Benno hin. «Als bürgernahe Verwaltung kennen wir die Bedürfnisse unserer Bürger bestens... Bitte sehr, Herr Podzuweit...!»

Doch Benno machte nur das gleiche ekelerfüllt-entsetzte Gesicht wie die Kinder vor fünfzig Jahren beim Lebertran-Anblick. «Nein, danke, bloß nicht! Bitte keinen Alkohol für mich, höchstens eine Flasche Selterswasser...»

«Mensch, Benno, was ist denn los mit dir, früher haste doch immer alle untern Tisch gesoffen...!?»

«Die ‹Gemeinschaft der Friedfertigen› verabscheut den Alkohol, weil durch ihn soviel Unheil über die Menschen kommt.»

Verena war herübergekommen, um sich Tempotaschentücher aus einem ihrer Schubfächer zu holen, und hakte gleich mal nach. «Und beim Abendmahl?»

«Da wird uns nur unvergorener Rebensaft gereicht.»

«Stimmt», sagte Niemitz, «denn die haben 'ne Menge *Anonyme Alkoholiker* bei sich aufgenommen.»

Voppmann versuchte es noch einmal, indem er Benno das verlockend duftende Glas direkt unter seine Riesennase hielt. «Na, Benno, komm: einmal ist keinmal!»

Da sprang Benno Podzuweit vom Schreibtisch herunter, um dem Amtsleiter besser ausweichen zu können. «... das Reich Gottes ist nicht Essen und Trinken, sondern Gerechtigkeit und Friede und Freude in dem Heiligen Geist.»

Auch dem von Voppmann nun ersatzweise angebotenen Wein mochte Benno Podzuweit nicht zusprechen, so sehr sie sich auch mühten. «Nein, denn der Wein macht lose Leute, und starkes Getränk macht wild; wer dazu Lust hat, wird nimmer weise...»

Timon Zietz war zu sehr Assoziationsakrobatiker, als daß er darauf nicht angesprungen wäre. «Ich kenne einen unheimlich lasterhaften Menschen – alle sieben Todsünden mehrmals täglich – und trotzdem ist er bei uns der Weise...»

«Das kann nicht angehen!»

«Doch – das ist mein alter Schulfreund Siegfried Weise...»

Schallendes Gelächter des ganzen Saales.

Nur Benno Podzuweit blieb ernst und unberührt von allem. «... ich aber sage euch: Alle Sünde und Lästerung wird den Menschen vergeben; aber die Lästerung wider den Heiligen Geist wird den Menschen nicht vergeben!»

«Okay, okay!» Zietz war nun doch ein wenig erschrocken.

Voller Mitleid sah Benno ihn an. «Der Spötter sucht Weisheit und findet sie nie...»

«Nun ja...» brummte Timon und begann den Karl-Voppmann-Selbstbeherrschungstest allmählich zu verfluchen. Schnapsidee!

Doch Verena befreite ihn aus seiner argumentativen Notlage, indem sie schnell das Kofferradio einschaltete, das auf Marcel Meyers Schreibtisch stand, ihm einen argentinischen Tango entlockend. So aufreizend wie eben möglich ging sie dann auf Podzuweit zu. «Damenwahl! Darf ich bitten...»

Benno machte aber nur eine schnelle Ausweichbewegung, bekam ihren Drehstuhl zu fassen und schob ihn, dabei im Rückwärtsgang, wie einen Schutzschild vor sich her. «Ich tanze nicht!»

Da griff sich Voppmann seine Martha. «Mensch, Junge, guck mal her...! Ich alter Knochen, ich zeig dir mal, wie man's macht...!»

Es wurde eine von allen stark beklatschte Darbietung, doch Benno Podzuweit zeigte sich weiterhin desinteressiert. «Ich bin ein anderer Mensch geworden, seit ich...»

«...ach, Unsinn, ich kenn doch Ihre Akte: was Sie mal für 'n toller Hecht gewesen sind, als Mann und Tänzer!» Verena packte ihn, umschlang ihn wie ein Ringer seine Übungspuppe.

«Los, Benno!» Voppmann ließ es an Anfeuerungsschreien nicht fehlen. «Nu nimm se doch endlich schon in'n Arm! Da würden andere 'n paar hundert Mark für bezahlen, und du hast das heute alles umsonst!»

«Nein!» Benno stieß das sündige Weib voller Abscheu von sich. «Wißt ihr denn nicht: Die Lippen der Hure sind süß wie Honigseim, und ihre Kehle ist glatter als Öl, aber hernach bitter wie Wermut und scharf wie ein zweischneidiges Schwert. Ihre Füße laufen zum Tod hinunter. Meidet die Weiber im Hurenschmuck!»

Da stürzte Zietz auf Benno los. «Was hast du da zu meiner Braut gesagt: daß sie eine Nutte ist...!» Mit diesem Ausruf versetzte er Podzuweit einen recht kraftvollen Hieb auf den linken Oberarm. «Sag das noch mal, du... du...!»

Vergeblich, auch damit schafften sie es nicht, Podzuweit zu provozieren. Wieder wich er zurück, blieb er sanftmütig. «In der ‹Gemeinschaft der Friedfertigen› gibt es keine Gewalt mehr... Kennst du die Bergpredigt nicht: Selig sind die Friedfertigen, denn sie werden Gottes Kinder heißen...»

«Das sagst du ja bloß, weil du zu feige dazu bist, dich hier mit mir zu...!»

«... wir sind gehalten, auch die rechte Backe hinzuhalten, wenn uns jemand... Matthäus 5, Vers 39...»

Nun war es, so Voppmanns Regie, an Meyer 13, seinen großen Auftritt zu haben; als öffentlicher Ankläger: «Lassen Sie sich doch mit diesem heruntergekommenen Menschen nicht ein, Herr Kollege! Beschimpft hier eine unserer Kolleginnen als Prostituierte! Das ist zumindest üble Nachrede – § 186 StGB. Und wenn Sie, Herr Podzuweit, nicht sofort dieses Büro hier verlassen, dann ist das Hausfriedensbruch nach § 123 StGB... Wer sich aus Räumen, welche zum öffentlichen Dienst oder Verkehr bestimmt sind, auf die Aufforderung des dazu Berechtigten nicht entfernt, wird mit Freiheitsstrafe bis zu einem Jahr oder mit Geldstrafe bestraft.»

Benno machte eine demutsvolle Handbewegung. «Ich wollte doch die Dame hier nicht kränken. Warum haßt du mich, Bruder, warum beleidigst du mich...!?»

Meyer 13 fiel nun im wahrsten Sinne des Wortes aus der Rolle, indem er echt aggressiv wurde. «Weil man die Menschheit schützen muß vor Männern wie Ihnen!»

Podzuweit sah ihn mitleidsvoll an. «... segnet, die euch fluchen; bittet für die, so euch beleidigen...»

Nun aber begann sich bei Voppmann das zu regen, was umgangssprachlich als schlechtes Gewissen firmierte und mit Freud als Sieg des Über-Ichs zu deuten war: ein Durchbruch der verinnerlichten Werte (irgendwie war es ja doch ein schändliches Spiel...).

«Schluß jetzt, Kinder!» rief er, um sich dann bei Benno zu entschuldigen und ihm seinen ad hoc entwickelten Eignungstest für Disco-Türsteher ausführlich zu erklären. «Wir wollten nur mal sehen, ob unser Benno wirklich 'n ganz neuer Mensch geworden ist und ob man ihn wirklich ohne Bedenken wieder als Rausschmeißer auf die Menschheit loslassen kann.»

«Na und?» fragte Niemitz. «Kann man?»

«Ich glaube schon...» Er ging auf Benno zu, ihm die Hand zu schütteln. «Nichts für ungut, Herr Podzuweit, und herzlichen Glückwunsch auch...»

Ende gut, alles gut, so dachten sie alle; doch wieder einmal hatten sie nicht mit H.-H. Hecht gerechnet. Der, reichlich angetrunken schon, wollte nun beim Gratulieren nicht länger zurückstehen und griff sich zu diesem Zweck ein Cognacglas, dabei der Meinung, daß es sich um sein Scherzartikelglas handele.

«Komm her, Kumpel...» Leicht lallend ging er auf Podzuweit zu. «Ich schließe mich den verehrten Worten meines vollen Vorredners an und...» Dabei hob er das Glas, um seinen Standardscherz zu starten. «... und gratulier dir von ganzem Herzen...!»

Ein Aufschrei, alle sprangen zurück, als müßte in der nächsten Sekunde mitten im Raum ein Sprengkörper hochgehen.

... denn Hecht hatte die Gläser verwechselt und Podzuweit tatsächlich eine volle Ladung Cognac ins Gesicht geschüttet.

Alle waren sie sicher, daß Benno nun auf Hecht wie auf alle anderen losstürzen würde; ein wütender Stier inmitten wehrloser Menschen.

Doch Benno sagte nur, sich den Cognac mit einem Taschentuch aus dem Gesicht wischend: «Lassen wir's! Vergeltet niemals Böses mit Bösem. Rächet auch selber nicht, meine Lieben, und laßt euch nicht vom Bösen überwinden, sondern überwindet das Böse mit Gutem!»

Nun, da Benno Podzuweit den Karl-Voppmann-Test so glanzvoll be- und überstanden hatte, war es für den ABS-Chef ein leichtes, beim Kollegen Breitbart ein gutes Wort für unser Disco-Duo einzulegen; und noch am selben Abend konnte das *Supersound* wiedereröffnet werden.

Eine knappe Woche später standen dann Timon und Verena, neugierig geworden, vor den Schaukästen der Niemitzschen Disco. Noch war aber nichts los, halb neun, 20 Uhr 30, nur ein paar Jugendliche schlichen wortlos und walkmanversunken an ihnen vorbei. Sie trauten sich nicht recht hinein, obwohl sie von ihrer Kleidung her durchaus «discomäßig» wirkten.

«Sieht ja recht ansprechend aus hier», sagte Verena.

Timon spuckte gegen die Wand. «Mann, sülz doch nich so blöd rum hier, sonst such ick ma 'ne andre Tussi!»

«Du hast ja den Jargon schon ganz schön drauf...»

«Allet heute abend erst rinjezogn – oberaffengeil, ächt, äih, wa...!?»

«Pst, nicht so laut! § 12 Bundesbeamtengesetz: Deine Ernennung zum Beamten auf Lebenszeit kann wieder zurückgenommen werden, wenn du was tust, was unwürdig ist...»

«Schon jut, ick pinkle ja nich her hier!»

Während dieser Worte, nicht eben leise gesprochen, erschien der Türsteher, wollte schnell mal nach dem Rechten sehen.

«Da kommt ja unser Benno!» rief Verena.

«Hallo, Herr General Podzuweit!» tönte Timon, dies auf die Uniform beziehend.

Doch der Türsteher des *Supersound* sah nur erhaben über sie hinweg.

«Na, erkennen Sie uns denn nicht wieder?» fragte Verena.

Fortsetzung des Schweigens.

Zietz lachte. «Nu komm: wenigstens ja oder nein könntste ja mal sagen! Weißte doch: Matthäus 5... Eure Rede aber sei: Ja, ja; nein, nein...»

Der Türsteher aber sagte noch immer kein Wort, breitete nur die Arme aus, den beiden den Weg in die Disco damit völlig versperrend.

«Dürfen wir denn wenigstens rein...?»

«Nein...» kam es lakonisch zurück. «Für Oma und Opa ham wa schöne Altersheime...!»

Nun wurde Timon doch ein wenig ärgerlich. «Na, hör mal, General, wir sind sozusagen dienstlich hier; und das kennste doch aus'm Römerbrief: Jedermann sei untertan der Obrigkeit, die Gewalt über ihn hat... Wer sich nun der Obrigkeit widersetzt, der widerstrebt Gottes Ordnung; die aber widerstreben, werden über sich ein Urteil empfangen...» Dabei spielte er mit den vergoldeten Knöpfen an der Uniform des Herrn Podzuweit.

Der reagierte ausgesprochen sauer und schlug Zietz' Hand zur Seite. «Hör auf, hier dumm rumzulabern! Und: Pfoten weg!»

«Nu hör doch mal auf, dich so zu verstellen! Komm, sei lieb...!»

Damit versetzte er Podzuweit in aller Freundschaft einen kleinen Rippenstoß...

...und bekam dafür einen mächtigen Schwinger zurück, voll an die rechte Schläfe.

Aufschrei Verena, Timon bewußtlos am Boden; ein Blaulicht-Ende.

Warum das alles so gekommen war, ließ sich am nächsten Tage der örtlichen Presse entnehmen: Es gab da zwei Podzuweits, die Brüder Benno und Werner, Zwillinge, eineiig. Benno voller Aggressionen und mit vielen Vorstrafen gesegnet, Werner wirklich sanft wie ein Lamm, eine Zierde seiner real existierenden Sekte. Und Niemitz hatte die beiden Brüder ausgetauscht, um seine Konzession zurückzubekommen...

Verenas Verehrer

Keine dreihundert Meter vom Rathaus entfernt, an der Kreuzung zweier Nebenstraßen, prangte über einer amerikanisch aufgemotzten Ladentür weithin sichtbar – rote Buchstaben, breit und schwarz schattiert, auf lindgrünem Glas – ein wahres Trumm von Firmentransparent, nachts von etlichen Neonröhren zum Strahlen gebracht:

Drogerie Doktor Diether

Und genau unter diesem kostbaren Kasten standen nun an diesem Morgen, heftigst aufeinander einredend, der Geschäftsinhaber, der Drogist Diether Doktor (DDD), 54, und ein Beamter des Gewerbeaußendienstes, ein sehr engagiertes Männlein mit dreißig Dienstjahren auf dem Buckel und so unbeirrbar wie ein weltmeisterschaftserfahrener Bundesligaschiedsrichter.

«... den Widerspruchsbescheid», so sprach er gerade, «den werden Sie in etwa vierzehn Tagen von uns zugestellt bekommen, aber ich kann Ihnen jetzt schon sagen, wie er ausfallen wird: *Ihr Schild muß weg!* Denn das ‹Doktor› in der Mitte täuscht nun eben mal einen akademischen Titel vor, den Sie nicht haben, Herr Doktor...»

«Gott, Sie sagen ja nun selbst Herr Doktor zu mir!»

«Aber nicht: Herr Doktor Doktor, Herr Doktor!»

DDD war ein sehr impulsiv-theatralisch veranlagter Mensch, und so preßte er sich jetzt mit großer Geste beide Hände auf die Ohren.

«Waaaahnsinnnn!!!»

«Nicht von uns aus. Ihre Konkurrenz ist schuld daran, die hat Sie angezeigt.»

«Wieso'n das...!?»

«Unlauterer Wettbewerb: Die Leute sollen glauben, diese Drogerie hier werde von einem promovierten Menschen betrieben oder gar von einem Arzt...»

«Das ist doch lachhaft!»

«Nein, das ist § 4 des Gesetzes gegen unlauteren Wettbewerb – Kundenfang und Irreführung...» Der entsprechende Text war schnell aus der Tasche gezogen und in Richtung DDD verlesen: «‹...Irreführt, wer sich wahrheitswidrig Fähigkeiten und Eigenschaften (namentlich Titel, Berufsbezeichnungen, Prüfungszeugnisse) beilegt, die das Vertrauen des Publikums gewinnen und die Kauflust anregen sollen, z. B. Vortäuschung, geprüfter Handwerksmeister zu sein oder staatliche Prüfungen abgelegt zu haben...›»

«Jeder vernünftige Mensch weiß doch, daß Doktor mein Nachname ist!»

«Aber ist das etwa kein Ärztekittel, den Sie sich da übergestreift haben, um den Eindruck noch zu verstärken, den Ihr Firmenschild beim Publikum erwecken will, den Eindruck nämlich, es hier mit einem medizinisch ausgebildeten...»

«Den tragen wir nun mal! Und außerdem: Ich hab doch nicht D-r-Punkt geschrieben, sondern richtig Doktor; ich heiß doch nu mal so! Im Telefonbuch stehen noch zehn andere dieses Namens – Doktor mit'm Nachnamen...!»

«Aber lieber Herr... Drogist, Sie wollen mir doch nicht im Ernste einreden, daß Sie das nicht mit Absicht getan hätten, das mit dem Firmenschild und seiner Werbewirkung, sonst hätten Sie doch ganz einfach ‹Drogerie Diether Doktor› raufschreiben lassen können...!»

«In Bayern machen sie's doch alle so: erst der Nach-, dann der Vorname!»

«Wir sind aber nicht in Bayern hier! Und Ihre Konkurrenz beharrt nun mal auf dieser Abmahnung...»

«Die können mich mal alle!»

«Ja, dann nichts für ungut, Herr Doktor...» Der Außendienstbeamte hielt es für klüger, seine wohlverdiente Pensionärszeit nicht länger aufs Spiel zu setzen. «Sie werden auf alle Fälle von uns hören... Guten Tag!» Weg war er.

DDD schaffte es nicht mehr, sich zu einem Gegengruß zu überwinden, wütend wollte er in seinen Laden zurückeilen, stieß aber dabei mit Verena zusammen, ihr fast die Plastiktüte mit ihren Einkäufen aus der Hand schlagend.

«O Pardon, meine Gnädigste!» Schlagartig wurde er vom Wüterich zum Süßholzraspler. «Hallo, mein liebes Fräulein Naase...!

Bonjour, mein kleines Schnuppernäschen, wie geht's uns denn heute...? Ich hätt Sie so gerne selber bedient, aber dieser ekelhafte Kollege von Ihnen...! Ich weiß doch, daß Sie meinetwegen immer den Umweg...»

«...nur weil Sie so billig sind!» sagte Verena, um Doppeldeutigkeit bemüht, und wollte ihre Schritte schnell in Richtung Rathaus wenden.

Doch DDD gelang es noch, ihr Handgelenk zu packen. «Ein kleines Momentchen noch, mein Engelchen...! Ich hab auch noch was sehr Schönes für Sie...» Er tat geheimnisvoll-erotisch: «Was sehr Anregendes direkt aus Paris...»

Verena machte sich los. «Hören Sie doch auf mit Ihren ewigen Sauereien!»

«Ich bitte Sie...!» DDD tat empört. «...die Wärmflasche, die Sie letzte Woche bestellt haben, ist gestern gekommen: Made in France! Moment bitte...!» Schon war er im Ladeninnern verschwunden und im Handumdrehen wieder zurück, das unförmige Ding fröhlich schwenkend. «So... Da hätten wir das süße kleine Gummigebilde!»

Verena war weniger begeistert darüber. «Vielen Dank, ja...»

«Nichts zu danken, meine Süße...» Er wischte sich mit dem Ärmel des weißen Kittels den Schweiß von der Stirn. «Für Sie bin ich immer bereit, mein Letztes zu geben...!» Das alles war so geschwollen-ölig, wie es nur einer draufhaben konnte, der in einer Umwelt groß geworden war, in der sich alle an nichts anderem orientiert hatten als an den alten Schmachtfetzen von Ufa und Tobis. «Soll ich das kleine Wärmfläschchen noch extra einwikkeln...?»

«Nein, ich muß schnell ins Büro!»

Jetzt wurde er noch eine Spur neckischer. «Aha, ein kleines Utensil für den Büroschlaf also...?»

«Quatsch, die ist für meine Mutter!»

«Dacht ich's mir doch, daß Sie selber lebende Wärmflaschen bevorzugen...!»

Verena versuchte, das Ding in die Plastiktüte zu stopfen, den Spießrutenlauf durchs Dienstgebäude scheuend (die meisten Kollegen waren auch nicht besser als Doktor Diether). Ihr Versuch mißlang; die Tüte riß aus, und erhebliche Teile des Inhalts ergossen sich aufs Trottoir. «...verdammter Mist...!»

Schon lag DDD, ganz ein Kavalier der alten Schule, vor ihr, ihr zu Füßen, auf dem Pflaster, ihr beim Aufsammeln helfend, dabei aber in keinem Augenblick sein eigentliches Ziel vergessend, nämlich den einmalig günstigen Blickwinkel zu nutzen und... «Hier, Ihr Intimspray...!»

Sie riß ihm das Zeugs aus der Hand. «Sie haben mich zum letztenmal als Kundin gesehen, Sie...» Geiler Bock, hatte sie sagen wollen, aber doch nicht geschafft.

DDD federte wieder in die Vertikale zurück, fühlte sich von ihrer Reaktion durchaus geschmeichelt (fast immer hatte es ja so begonnen, um dann später bei ihm im Hinterzimmer ganz anders zu enden). «Sie nicht mehr wiedersehen, das wäre mein Ende...!»

«Wie schön für alle!»

«Na, wenn nicht als Kundin, dann eben als Amtsperson.» Er zeigte nach oben. «Sie wollten doch noch mit mir über mein Firmenschild sprechen... Ich laß das nicht entfernen!»

Verena hatte ihre Sachen endlich wieder alle beisammen, und schon im Davonstürzen rief sie: «Da kommen Sie mal selber ins ABS!»

«Ja, herzlichen Dank für Ihre nette Einladung. Und bitte schon den Schreibtisch abräumen...!»

Timon Zietz war allein im ABS-Büro und froh darüber, daß das sehr verehrte Publikum erst in zwanzig Minuten, Punkt neun, mit ihm verkehren durfte. Nach der leichten Gehirnerschütterung, die er bei der Aufdeckung des Podzuweit-Schwindels («Heldentum im Dienst») davongetragen hatte, zum ersten Male wieder dienstbereit, nutzte er die Chance, seinen Leib zu üben und in Verenas Lieblingsdisziplin, dem Volleyball, ein wenig zu ihr aufzuschließen. Zu diesem Zwecke hatte er ihren alten Trainingsball vom Schrank genommen und probierte nun mit restloser Hingabe das sogenannte «Baggern», das heißt die Annahme eines Balles mit ausgestreckt-gesenkten Armen, die Fäuste aneinandergelegt, Daumen auf die angezogenen Zeigefinger gepreßt.

So konzentriert war er, daß ihm gar nicht auffiel, wie die Tür zu Voppmanns Zimmer langsam aufgedrückt wurde und Preuß erschien, eine Aktenmappe in der Hand.

«Balla! Balla!» machte Preuß, nachdem er angemessen gestaunt hatte, sagte es nicht nur, machte es wirklich, denn entscheidend war die Geste, das ruckartige Kreisen der rechten Hand vor Augen und Gesicht, und nicht der zugleich auch ausgestoßene Babylaut.

Timon fing den Ball und war nun seinerseits erstaunt, und zwar über Preußens Regression, das heißt seinen Rückfall in kindliche Verhaltensweisen. Was mußte da bei dem nicht alles unterdrückt worden sein...!

Obwohl er Preuß nicht gerade fürchtete: die Klugheit gebot es, ein paar begründende Worte zu murmeln.

«Wissen Sie noch nicht: der SV Rathaus will sich jetzt auch 'ne Volleyballmannschaft zulegen, und da will ich...»

Preuß steigerte den Grad seiner Mißbilligung um weitere 33,67%, denn Volleyball war für ihn ein «Spiel der Kommunisten drüben» und damit an sich eine stete Gefährdung der freiheitlich-demokratischen Grundordnung, die aktiv zu verteidigen ja auch ein Timon Zietz geschworen hatte. Baseball hatte man zu spielen oder American Football.

«Sie sind beobachtet worden», sagte Preuß.

«Na sicher...» erwiderte Timon, dies auf sein Baggertraining beziehend.

«Nein, nicht hier, sondern in der Nacht vom Freitag auf Sonnabend...»

«Und nun will Beate Uhse mich für ihren nächsten Pornofilm verpflichten...!?» lachte Timon. «Voyeure an die Gewehre!»

«Nicht bei, sondern... Also: Zwei Polizeibeamte haben Sie dabei gesehen, wie Sie am Seitenflügel des Rathauses ausdauernd uriniert haben, in die Blumenbeete hinein...»

«Ach, da war das! Tut mir leid, aber ich wußte gar nicht mehr, wo... bei soviel Bier intus... Das war 'ne echte Notlandung; Erste Hilfe, Erste Selbst-Hilfe sozusagen...»

«Wir haben inzwischen die Kosten vom Gartenbauamt durchgesagt bekommen: für Nachpflanzungen, Reinigung des Gehweges und der Rathauswand insgesamt DM achtundvierzig...»

«Ich bitte um mildernde Umstände: die Bedürfnisanstalt nebenan war wegen baulicher Maßnahmen gerade geschlossen!»

«Das sollten Sie dem zuständigen Amtsrichter sagen, denn es wird ganz sicher auch noch ein Strafbefehl gegen Sie erlassen werden, § 304 Abs. 1 StGB... Wer rechtswidrig Gegenstände, welche zum öffentlichen Nutzen oder zur Verschönerung öffentlicher Wege, Plätze oder Anlagen dienen, beschädigt oder zerstört, wird mit Freiheitsstrafe bis zu drei Jahren oder mit Geldstrafe bestraft. Der Versuch ist strafbar.»

Nun war Timon Zietz doch ein wenig erschrocken, denn wenn das wirklich so kam, dann würde ihr Korinthenkackerduo (Preuß und Domisch) sicherlich keine Sekunde zögern, auch disziplinarrechtlich gegen ihn vorzugehen.

«Eine schöne Scheiße...!» brummte er, obwohl er sich das ja zum Glück noch verkniffen hatte.

So stolz und siegreich wie weiland der große Preuße Hans Joachim von Ziethen das Schlachtfeld von Leuthen, so verließ jetzt Reinhard Preuß das Amt für Bürgersorgen.

Verdammte Morgenstunde, hatte alles andere als Gold im Munde! Und während Timon Zietz Verenas Ball in schönstem Gleichmaß gegen Wand und Schränke pritschte, sah es in seinem Innern alles andere als harmonisch aus: Stunden würde das dauern, ehe die Urin-Affäre wieder aus der Welt geschaffen war, reden und verhandeln mußte er, wenn die das wirklich so hoch hängen sollten, wie es Preuß zufolge schien, mit seinem Gewerkschaftsvertreter, dem Personalrat, dem örtlichen, einem Freund, der arbeitsloser Anwalt war, und last not least natürlich mit Voppmann, vielleicht auch mit Domisch, wenn der dies spontan-kreatürliche Wasserabschlagen als politischen Anschlag werten sollte, von langer Hand geplant...

«Guten Morgen!»

Hinter ihm räusperte sich ein ihm bis dato unbekannter Mann, und er fuhr herum, zu Tode erschrocken. Der von der Wand zurückkommende Ball fegte Meyers Schreibtisch leer und rollte durch den ganzen Raum, um schließlich da liegen zu bleiben, wo er auch hingehörte, an Verenas Tisch.

Timon starrte dem frühen Besucher ins markige Intellektuellengesicht, und zwar recht dümmlich.

«Sie sind hier sicher falsch...!» stieß er schließlich hervor.

«... Doktor Alt mein Name, ich bin Nervenarzt und...»

«O Gott...!» sagte Timon, eine neue Attacke des Duos Domisch-Preuß vermutend. «Aber man wird doch hier noch 'n bißchen Volleyball spielen dürfen, vor Dienstbeginn; das ist doch ganz normal!»

«Ich bin nicht Ihretwegen hier...» lachte der Arzt. «Sonst hätt ich ja meine Couch mitgebracht... Machen wir doch immer bei Hausbesuchen...»

«Ach so...» brummte Timon, dabei schnell wieder etwas Ordnung auf Meyers Schreibtisch schaffend. «Ein Scherz vom Altmeister selber...?»

«Wie...?»

«Wien, ja! *Der Witz und seine Beziehung zum Unbewußten.* Von Freud selber?»

«Nein, aus Rudi Carrells *Tagesshow*...»

«Ah ja.» Timon sah auf von seiner ordnenden Tätigkeit und sagte: «Zietz...»

«Nein, aber ich kann ja die Tür trotzdem schließen...»

«Das ist nicht nur alt, das ist sogar uralt...» brummte Timon, sich an das Graphologiegutachten und andere Merkwürdigkeiten erinnernd. «Wollen Sie mich hier ‹austesten›?»

«Na, hören Sie mal: Ich bin wegen meiner Praxis hier!»

«Ah ja!» Timon freute sich. «Prima! Herr Voppmann, das ist unser Chef hier, der hat sich ja schon lange um einen Psychologen bemüht, der uns ein bißchen unterstützt bei der Bürgerberatung... Ist ja 'n schwieriges Feld, wie Sie bald selber sehen werden... Wollen Sie das denn auch mal wissenschaftlich ausschlachten, was Sie hier so für Fälle erleben, für Typen...?»

Dr. Alt fuhr sich mit den Fingern durch sein langes graues Haar, stolzes Mantelpavianmännchen. «Nein, nein, da mißverstehen wir uns gründlich: Ich will doch hier selber 'ne Praxis aufmachen...!»

«Wie – hier bei uns im ABS...?»

Das war ziemlich rotzig, sicher, aber Timon verspürte einen unwahrscheinlich starken Drang, diesen Therapeutenguru so zu verdreschen, daß der nicht mal mehr...

Auch Dr. Alt mußte sich beherrschen, um weder verbal noch sonstwie aus der Rolle zu fallen.

«...meine Praxis im Erlengrund draußen. Aber sagen Sie mal, Herr...!?» Mit gewaltiger Drohgebärde kam er auf Timon zugeschritten, um dann urplötzlich zu stoppen, fast versteinert...

Und dies, weil eben Verena das ABS betrat, ihre Plastiktüte und DDDs Pariser Wärmflasche fest in der Hand.

Dann war Timon einem Herzschlag nahe, denn kaum hatte sie den Psychiater erblickt, da brach sie auch schon in einen wahren Jubelschrei aus, ließ alles fallen, was sie in den Händen hielt, und stürzte auf ihn zu.

«Alfred, Alfie – du... wieder zurück...!?» Eine lange Umarmung, fast ekstatisch zu nennen, Küsse auf die Paviansmähne.

«Du – hier – Mensch – Kind...!? Verena!» Dr. Alt warf seine Aktenmappe auf Timons Tisch und baute die Dame ABS 12, wie ein Maler sein Modell, mit beiden Händen vor sich auf, sie sorgsam betrachtend.

Timon sah direkt, wie sich der Arsch dieses Pavians unter seiner blankgesessenen Hose vor Erregung immer stärker rötete, und holte schon aus, im Geiste zumindest, um diesem blöden Schwein von Mann in diesen seinen roten Affenarsch zu treten.

So der Mensch Timon Z., nicht aber der Beamte; der trug auch das mit Fassung, so wie das Gesetz es befahl, und schlug nicht etwa zu, sondern nur vor, und zwar, ob nicht doch vielleicht noch schnell das Fernsehen...?

Verena sah ihn an. «Ach, ich bin ganz weg vor Freude...! Wir haben schließlich zehn Jahre lang miteinander trainiert...»

«... das kann ich mir lebhaft vorstellen...»

«Quatsch! Unser Trainer war das...! Beim Volleyball...»

«Ah ja, die Harem-Globetrotters!»

Obwohl Psychiater, hatte Dr. Alt sehr schnell begriffen, warum der junge «Rathausinsasse» (so sein gedankliches Pendant zu Timons Affenarsch) so überaus gereizt... «Ihr seid liiert miteinander...?»

Verena nickte. «Noch nicht verheiratet, aber... Und du...?»

«Ich...?» Dr. Alt putzte seine Nickelbrille. «Ich hab mir aus den USA 'ne tüchtige Kollegin mitgebracht... Und mit der will ich jetzt neben unsern beiden ehelichen Kindern auch noch 'ne eigene Praxis aufziehen...»

Verena schwieg, Opfer ihrer stets verdrängten Träume, Hollywood-kitschig, aber dennoch, und wurde dann, ihr Alles-aus-Gefühl zu überwinden, ziemlich aggressiv: «Na bitte...! Aber ab Anfang Vierzig, da wird's ja auch so 'n bißchen Zeit mit allem...

Dr. Alt lächelte. «Ich bleib natürlich immer einer deiner heißesten Verehrer...»

Zietz hatte inzwischen aus Mutter Kaminskis immer gut gefüllter Vase eine gelbe Rose entnommen und war damit auf den Nervendoktor zugegangen.

«Unbekannterweise, aber voller Dankbarkeit gegenüber Ihrer alten Frau, Herr Jung... äh: Ihrer jungen Frau, Herr Alt...!»

«Danke sehr...»

«Ist aber auch alles sehr kompliziert...» Timon grinste. «Ein Psychiater, der Alt heißt und nicht Jung – wie C. G. Jung – und nicht Alfred wie Alfred Adler, sondern Alfred Alt...» Wäre doch gelacht, wenn er Verena nicht beweisen konnte, wer von ihnen beiden mehr Esprit hatte...! Auch ohne Titel und Ehrenzeichen. «Darf man denn als Psychiater so heißen: Alfred Alt gleich Aa wie anale Fixierung...? Ja, ja, da kommt schon Freud auf!»

«Bei mir auch, wenn Sie meine Blumen verschenken...!» Das war Mutter Kaminski, inzwischen auch hereingekommen, Hecht im Schlepp. «Ich hab 'ne freudige Botschaft für euch...» Damit war die übrige ABS-Truppe gemeint. «Karl hat gestern abend noch zugestimmt, daß wir uns hier ins Büro 'n paar ausgestopfte Tiere hinstellen können; Hecht hat das Brett schon mit...»

«Gott zum Gruße, jung und alt! Für die Zoologie is ja wohl das Fräulein Verena zuständig, oda...? Wo soll'n Ihr Bett, äh... Ihr Brett nun hin...?»

«Gleich rechts neben die Tür zum Flur...»

«Machen wir! Und in welcher Höhe so etwa...?»

Verena ging mit der flachen Hand rauf und runter. «Na, so in Brusthöhe etwa...»

«Sehr wohl, meine Süße...!» Hecht zog den Zollstock aus der blauen Latzhose, klappte ihn auf und machte ein paar Schritte zu Verena hin. «Brusthöhe, sagen Sie... Wenn ich da mal genau Maß nehmen dürfte...?»

«Gott, der nun auch noch!» rief Verena. «Bei uns in der Tierklinik, da hat man solche Probleme mit ein, zwei kleinen Schnitten gelöst; und fertig war der Wallach!»

«Iiii!» Hecht preßte seine Hände unwillkürlich dahin, wo sie Fußballspieler bei gegnerischen Freistößen auch immer haben.

Dr. Alt, mit Seitenblick auf Zietz, begann nun zu dozieren, sich ein wenig zu spreizen. «...ich selbst hab mal ein kleines Büchlein über unsere Kastrationsängste geschrieben... Sehr viel bei Hypochondern anzutreffen, eine typische phobische Angstneurose, die...»

Hecht fiel ihm respektlos ins Wort. «Ob nun Ihre Rose oder meine Rose, det is mir schnurzpiepejal, ick hab's eilich, und ick will jetz endlich wissen, wie hoch det Brett nu soll...!?»

Verena nahm einen Kugelschreiber vom Besuchertisch und zog

damit in etwa 1,30 m Höhe einen Strich die gelbe Wand entlang. «So in etwa. Wenn man sich jetzt 'n bißchen bückt, hat man die Füchse, Hasen, Biber und so direkt vor Augen...»

«Momentchen mal...» Hecht nahm den Zollstock, um genauestens nachzumessen. «... das sind, das sind... genau einszweiundneunzig...!»

«Das ist doch unmöglich!» Verena deutete an, daß das etwa fünfzehn Zentimeter über ihrem Kopf wäre. «Ein Meter zweiundneunzig – da müßte man ja jedesmal mit der Leiter raufsteigen, wenn man unseren Füchsen gute Nacht sagen will...»

Hecht fühlte sich gekränkt und wurde richtig grantig. «... dann lesen Sie's doch selber ab!»

«Bitte...» Verena trat näher und fixierte den Zollstock. «Tatsächlich...» Kleinlaut mußte sie zugeben, daß ihr Kugelschreiberstrich wirklich bei der Marke 192 den Zollstock kreuzte.

Wie das...?

Erst als Timon überaus höhnisch loslachte, fand dies Wunder seine naturwissenschaftlich exakte Erklärung.

«Klar: einszweiundneunzig... Aber sein Zollstock ist unten abgebrochen, da fehlt ja mehr als 'n halber Meter!»

Die genaue Inaugenscheinnahme des Meßinstruments bestätigte das, und Hecht hatte Mühe, mit diesem K. o. fertig zu werden. «Den habt ihr mir doch mit Absicht abgebrochen...! Das ganze ABS, ihr gehört doch alle in 'ne Klapsmühle, ihr, ihr...!» Damit rauschte er hinaus, die Tür hinter sich zuknallend.

Dr. Alt hatte sich den Volleyball unter Verenas Schreibtisch vorgeangelt und ließ ihn nun genüßlich auf dem Zeigefinger kreisen. «Alle in die Psychiatrie, na bitte...! Fangen wir gleich mal an mit 'ner schönen Therapie. Das Spiel heilt alles...» Damit ging er zur Verbindungstür hinüber, hatte nun den ganzen Raum vor sich und schlug eine Aufgabe in Richtung Verena. «Na, noch das alte Ballgefühl...!?»

Verena pritschte den Ball lässig zurück. «Für die erste Bundesliga reicht's wohl nicht mehr, aber so für'n Hausgebrauch.»

Sie spielten sich nun den Ball minutenlang zu, während die anderen in Deckung gingen. Mutter Kaminski zog sich zu ihrer Schreibmaschine zurück, diese mit ihrem Körper beschützend, während Timon Zietz aufstöhnend auf seinen Bürosessel sank.

«Na bestens!» lobte Dr. Alt Verena.

«... und warum bist du eigentlich im ABS hier...?» fragte sie.

«... a) hab ich gehört, daß du jetzt hier bist, und b) ist es auch sozusagen dienstlich...»

«Wie'n das?»

«Ich hab doch draußen im Erlengrund 'n altes Haus gekauft und muß da wegen der Praxisräume noch was ranbauen...»

«Ah, Ärger mit dem Bauamt?»

«... eher mit meinem Nachbarn zur Rechten. Um dreizehn Zentimeter geht es da...! Die muß ich mit meiner Giebelwand zu dicht an seinen Zaun ran, sonst schaffen das die Architekten nicht, wegen der Statik... Und für diese dreizehn Zentimeter brauch ich seine Zustimmung. Krieg ich sie nicht, kann ich alles vergessen...»

«Und...?»

«Der Schwachkopf will natürlich nicht... Achtung: Schmetterball! Block bilden!»

Verena sprang mit ausgestreckten Armen hoch, so hoch es ging, doch immer noch nicht hoch genug. Der Ball strich über ihre Fingerspitzen hinweg, flog in Richtung Tür und klatschte dort – da diese gerade sehr temperamentvoll aufgestoßen worden war – dem hereinstürzenden Drogisten Diether Doktor mitten ins kunstgebräunte Gesicht.

Der schrie auf und begann sofort zu schimpfen. «Das ist ja eine Unverschämtheit! Richtige Körperverletzung ist das!» Er rieb sich den Kopf. «Und ausgerechnet Sie, Herr Doktor Alt! Als Racheakt, wie, oder um mich weichzukriegen!? Anzeigen werd ich Sie! Und Ihre dreizehn Zentimeter, die können Sie nun endgültig vergessen...!»

Verena sollte noch viel Mühe mit ihren beiden Großverehrern haben, doch schließlich gelang es ihr, beide glücklich zu machen und dem ebenfalls beglückten Voppmann folgende Aktennotiz auf den Schreibtisch zu legen:

«Nach mehreren Gesprächen mit dem Gewerbeamt konnten wir erreichen, daß Herr Doktor sein inkriminiertes Firmenschild so belassen darf, wie es ist, wenn er dafür auf seinen regelmäßig in die Briefkästen geworfenen Werbezetteln deutlich macht, daß er kein Akademiker ist (also Drogerie D. Doktor schreibt). Als informelle Gegenleistung dafür hat er Dr. Alt die Erlaubnis erteilt, seinen Neu- bzw. Anbau dreizehn Zentimeter über den amtlich festgesetzten

Mindestabstand hinaus, also bis auf 3,87 m an seine Grundstücksgrenze heran, wie vorgesehen zu errichten (der Grenzabstand muß nach § 7 Landesbauordnung vom 1. Juli 1979 bei mehrgeschossigen Gebäuden im zweiten Vollgeschoß mindestens 4 m betragen).»

Zweite Aktennotiz (nur für Leser dieses Buches): Aus Gründen, die weiter bis ganz unten dargelegt werden, ist es dann allerdings nicht zur Auf- und Ausstellung ausgestopfter Tiere im ABS-Büro gekommen; schade, denn so mancher mumifizierte Staatsdiener wäre gleich dazuzustellen gewesen.

Alltägliche Fälle II

Es gibt da den ebenso richtigen wie falschen «Dreisatz bürokratischen Arbeitens», der von Horst Bosetzky nach längeren Forschungsarbeiten einmal (vielleicht aber auch zwei- bis dreimal) wie folgt entwickelt worden ist (hier in der Fassung für ein Büro mit zwei sich gegenüberstehenden Schreibtischen):

1 Beamter schafft an 1 Tag 4 Bescheide.

2 Beamte schaffen an 1 Tag ? Bescheide.

Falsch wäre die Antwort: natürlich 8.

Noch falscher wäre es aber, wenn man unter Hinweis auf die Marxsche Kategorie der «Produktivkraft Kooperation» und allgemein-psychologische Überlegungen zum sogenannten «Leistungsvorteil der Gruppe» nun behauptete: wahrscheinlich 9–13, da sich ja die beiden gegenseitig mit Rat und Tat zur Seite stünden und arbeitsmäßig motivierten.

Richtig hingegen ist die Antwort: höchstens 3 (bewiesen ist dies unwiderlegbar durch die beiden Bände *Ich glaub, mich tritt ein Schimmel!* und *Dich reitet wohl der Schimmel!*

Trotz der ewigen Gültigkeit des *Bosetzkyschen Dreisatzes* wird natürlich in den Amtsstuben fleißig, kompetent, effizient und bürgernah gearbeitet. So soll nach zwei längeren Stücken auf der Bühne ABS, lebensvollen Höhepunkten im Einerlei des öffentlichen Dienstes, um ein korrektes Bild zu zeichnen, sofort wieder auf das ganz Normale abgehoben werden, auf die Fälle 171–178/85; genau jene, mit denen Bürger unterschiedlichster Berufe und Schichten das ABS an einem Freitag in der ersten Stunde nach seiner Eröffnung (von 9–10 Uhr also) auf- und heimgesucht haben.

Für Verena kann diese Protokollierung allerdings – ganz genau genommen – erst gegen 9 Uhr 05 beginnen, denn bis dahin war sie noch voll und ganz mit dem Preußschen Rundschreiben 14/85 befaßt, in dem es u. a. hieß: «... wie ich zu meinem Leidwesen wiederholt feststellen mußte, kommt es bei uns im Rathaus immer wieder zu folgenschweren Fehlern bei der Übermittlung mehrstelliger Zahlen am Fernsprecher, und erlaube ich mir daher, Sie noch einmal auf die korrekte Zahlenaussprache hinzuweisen, wie sie im Buch *Organisations- und Bürokunde* von Curt Kreuser und Kurt Friedrich vorgegeben ist:

4 76	=	fiärr-sechsundsiebännzich
34 76	=	fiärrunddreißich-sechsundsiebännzich
40 76	=	fiärrnuhl-sechsundsiebännzich
2 34 76	=	zwoh-fiärrunddreißich-sechsundsiebännzich
2 50 76	=	zwoh-füneffnuhl-sechsundsiebännzich
92 60 80	=	zwohundnoihnzich-sechsnuhl-achtnuhl...»

Verena zögerte keinen Augenblick, dieses denkwürdige Merkblatt an Timon weiterzugeben; und zwar mit dem auf der nächsten Seite abgebildeten Begleitzettel beklebt, ungewiß in seiner literarischen Herkunft, höchstwahrscheinlich aber entworfen von Büroinsassen, sich und ihrer Arbeit total entfremdet:

Dies nur nebenbei; ansonsten gab es in den Minuten von 9 Uhr 05 bis 10 Uhr 05 für Verena, Zietz und Meyer 13 mächtig viel zu tun...

Name: Krystina G. *Zeichen:* ABS 12 *Vorgang:* 171/85

Frau G. ist als Deutschstämmige 1960 in Polen geboren worden, und zwar in Boleslawiec (bis 1945 Bunzlau). Mit ihren Eltern übergesiedelt, lebt sie seit 1974 in der Bundesrepublik bzw. Berlin (West). In ihren ersten hiesigen Personalausweis wurde *Bunzlau* eingetragen, weil die Geburtsorte grundsätzlich in deutscher Schreibweise erscheinen sollen. Nun wollte Frau G. mit ihrem Mann besuchsweise nach Boleslawiec reisen, bekam aber von der polnischen Militärmission mit Hinweis auf den falsch eingetragenen Geburtsort kein Visum. Ich verweise sie auf die Möglichkeit eines «Austauschpapiers» für ihren Reisezweck («Polenausweis»), d. h. eines Ausweises mit polnischen Ortsbezeichnungen.

Name: Werner M. *Zeichen:* ABS 122 *Vorgang:* 172/85

Herr M. ist Vertreter für elektrische Hausgeräte (nicht fest angestellt) und hat am 29. Juni einen Mann verfolgt, der nach einem Überfall auf eine Rentnerin im Flur des Hauses Koblenzer Straße 17 (Raub der Handtasche nach Geldabhebung bei der Post) flüchtig war. Dabei hat sich Herr M. den Knöchel derart verstaucht, daß er

K U R Z I N F O R M A T I O N   A B S

Ohne weiteres Begleitschreiben

an: Timon

Betr.: fiärrzehn/85

o Zu dem Unsinn von neulich!
o Hier haben Sie Ihren Scheiß wieder!
X Damit Sie etwas auf dem Schreibtisch haben!
X Den Mist bin ich erstmal los!
X Bitte keinen dummen Rückfragen!
X Sehen Sie zu, wie Sie das wieder los werden!
X Unterschreiben - Widerspruch zwecklos!
o Können wir nicht ändern, war immer so!
X Hoffentlich begreifen Sie das, Sie Trottel!
o Kann ohne Umweg direkt in den Papierkorb!
X Vor dem Wegwerfen bitte fotokopieren!

Nicht vergessen: Goldene Arbeitsregel Nr. 1:
Wenn ich nicht will, daß ich was tu' -
dann leit' ich's einem anderen zu!

2.7.85   Verena

Datum   Unterschrift

fünf Tage lang nicht beruflich tätig werden konnte («keine Klinken mehr putzen», wie er das ausdrückt). Er will wissen, ob ihm da nicht eine Entschädigung zustünde. Ich zeige ihm die entsprechenden §§ im OEG (Opferentschädigungsgesetz) vom 16. Mai 1976, wonach ein Anspruch auch dann entsteht, wenn jemand bei der

Abwehr einer auf einen anderen gerichteten Straftat verletzt wird (sofern diese ordnungsgemäß zur Anzeige gebracht worden ist, was hier der Fall sein soll). Herr M. hat Anspruch auf Berufsschadensausfall, geltend zu machen beim Versorgungsamt.

Name: Johannes C. *Zeichen:* ABS 12 *Vorgang:* 173/85

C. ist Punker (Lederkleidung, Ketten, bunte und mit Zucker steif gemachte Haare). Er will wissen, ob er Anzeige gegen den Halter der Taxe 15711 erstatten könnte; «dieser Typ» habe ihn gestern abend, obwohl es stark geregnet und gewittert hat, nicht von der Innenstadt zum Schäfersee fahren wollen, weil er – so soll er sich wörtlich ausgelassen haben – «keine Ratten in seinem Wagen» dulde. Verschiedene Anrufe ergeben, daß zu einem ähnlichen Fall ein Urteil des Kammergerichts vorliegt (AZ 3 Ws (B) 180/83): Wenn ein Taxifahrer einen Beförderungsauftrag ohne Vorliegen gesetzlicher Gründe ablehne, verstoße er gegen die Beförderungspflicht. – Ich ermutige C. zu seinem Schritt.

Name: B. Sy *Zeichen:* ABS 121 *Vorgang:* 174/85

Frau Sy beschwert sich, sie bekomme von der Hauptkasse den ihr zustehenden Betrag von DM 422,13 nicht ausgezahlt, weil – so die Begründung der sie abweisenden Kollegin – das entsprechende Auszahlungsformular von ihr nicht ordnungsgemäß unterschrieben worden sei: Bei einer Unterschrift müßten mindestens drei Buchstaben erkennbar sein. Was solle sie da nun machen? – Ich rufe bei der genannten Kollegin an, und es stellt sich heraus, daß man Frau Sy mit einer Frau Symanczik verwechselt hat. Die habe die Hauptkasse mit ihrem renitent-unverschämten Verhalten schon so oft genervt, daß man nun auch mal «angemessen» reagieren wollte.

Name: Erich u. Martha O. *Zeichen:* ABS12 *Vorgang:* 175/85

Die Eheleute O. bewohnen ein Einfamilienhaus in H. und haben einen Bescheid bekommen, der ihnen nach § 49 Abs. 1 Bauordnung und § 22 Bundes-Immissionsschutzgesetz den Betrieb ihres 17 Jahre alten Ölbrenners (aufgrund von Beschwerden ihrer Nachbarn) verbietet. Als sie die Heizungsanlage dennoch nicht stillegen wollten, ist die Schaltung plombiert und ein Zwangsgeld in Höhe von DM 500,- festgesetzt worden. Da sie im September sowieso eine neue Anlage bekommen, aber dieser Sommer so furchtbar kühl ist, fragen sie, ob ein Widerspruch Aussicht auf Erfolg hätte. Verschiedene Telefonate ergeben aber, daß dies aller Wahrscheinlichkeit nicht der Fall sein würde.

§ 49 BauO: (1) Feuerstätten für feste und flüssige Brennstoffe müssen so eingerichtet und betrieben werden, daß die Brennstoffe möglichst vollständig verbrannt werden und Gefahren oder unzumutbare Belästigungen nicht entstehen.

§ 22 BImSchG: (1) Nicht genehmigungsbedürftige Anlagen sind so zu errichten und zu betreiben, daß

1. schädliche Umwelteinwirkungen verhindert werden, die nach dem Stand der Technik vermeidbar sind,
2. nach dem Stand der Technik unvermeidbare schädliche Umwelteinwirkungen auf ein Mindestmaß beschränkt werden...

Name: Melanie B. *Zeichen:* ABS 122 *Vorgang:* 176/85

Frau B. hat in der Kastanienallee vor der Toreinfahrt der Familie Dr. Z. drei Stunden lang ihren Kleinwagen geparkt und soll dafür nun ein Bußgeld bezahlen, sieht das aber nicht ein, denn da sie mit den Z.s eng befreundet sei, wisse sie doch hundertprozentig, daß die gesamte(!) Familie für drei Wochen auf Gran Canaria weile, da könne unmöglich jemand die Toreinfahrt benutzen wollen. Wir haben Mühe, ihr klarzumachen, daß sie dennoch zahlen müsse, denn im Zweifelsfall gelte stets § 14 ASOG (Allgemeines Gesetz zum Schutz der öffentlichen Sicherheit und Ordnung): Die zuständige Behörde kann die notwendigen Maßnahmen treffen, um eine im einzelnen Falle bestehende Gefahr für die öffentliche Sicherheit oder Ordnung (Gefahr) abzuwehren...

Bestimmte Normen müßten eben, soll die staatliche und gesellschaftliche Ordnung aufrechterhalten werden, generelle Geltung haben: Bei Rot hat man eben an der Ampel zu halten, auch wenn weit und breit kein kreuzendes Fahrzeug zu erkennen ist; ebenso sei es bei den Toreinfahrten. Wenn auf einer Wasserstraße das Baden wegen einer möglichen Gefährdung der Schiffahrt verboten sei, dann sind Personen, die dennoch dort baden, auch dann negativ zu sanktionieren, wenn – z. B. wegen einer Schleusenreparatur – überhaupt kein Schiffsverkehr stattfinden kann.

Obwohl solchermaßen belehrt, läßt Frau B. die nötige Einsicht vermissen.

Name: Dennis N. *Zeichen:* ABS 121 *Vorgang:* 177/85

Herr N. möchte mit fünfzehn Freunden zusammen einen Fußballverein gründen und ihn, weil dies doch «ein gewaltiger Gag» sei, Dynamo Altstadt nennen, der Fußballverband habe dies aber – aus ideologischen Gründen offenbar – abgelehnt, ebenso wolle die zuständige Behörde ihn nicht ins Vereinsregister eintragen.

Erste Telefongespräche haben nichts weiter ergeben.

Wiedervorlage: 15. Juli.

Name: Erna M. *Zeichen:* ABS 12 *Vorgang:* 178/85

Frau M. hat vom Gesundheitsamt einen Bescheid erhalten (offenbar als Folge einer Beschwerde ihrer Nachbarin), in dem es u. a. heißt:

Nach § 14 des Allgemeinen Gesetzes zum Schutz der öffentlichen Sicherheit und Ordnung (ASOG) in Verbindung mit den §§ 10 und 13 Bundesseuchengesetz (BSeuchenG) sind wir verpflichtet, Sie zur Abwehr der oben bezeichneten Gefahren hiermit aufzufordern, das Füttern von Tauben am Kirchplatz unverzüglich einzustellen. Sollten Sie unserer Aufforderung nicht Folge leisten, müßten wir die Anordnung mit Zwangsmitteln nach dem Verwaltungs-Vollstreckungsgesetz (VwVG) durchsetzen, dies z. B. gemäß § 11 VwVG mit der Festsetzung eines Zwangsgeldes in Höhe von DM 150,–.

Wir werden die Befolgung unserer Aufforderung regelmäßig kontrollieren ...

Frau M. sieht darin eine Einschränkung ihres Rechts auf freie Selbstentfaltung. Das Gesundheitsamt beruft sich, wie mein Anruf ergibt, auf das BSeuchenG:

§ 10 (1) Wenn Tatsachen festgestellt werden, die zum Auftreten einer übertragbaren Krankheit führen können, so hat die zuständige Behörde die notwendigen Maßnahmen zur Abwendung der dem einzelnen oder der Allgemeinheit hierdurch drohenden Gefahren zu treffen.

§ 13 (1) Wenn tierische Schädlinge festgestellt werden und die Gefahr begründet ist, daß durch sie Krankheitserreger verbreitet werden können, so hat die zuständige Behörde zu ihrer Bekämpfung die erforderlichen Maßnahmen anzuordnen.

Die Kollegen argumentieren, daß bei einer kürzlich erfolgten Untersuchung von verwilderten Haustauben festgestellt wurde, daß 50 Prozent von ihnen Viren der Ornithose und zwei Drittel Salmonellen aufgewiesen hätten. Neben der Verschmutzung der Straßen durch gefährlichen Taubendreck sei aber auch das sich durch die Fütterung ergebende Rattenproblem ins Kalkül zu ziehen.

Frau M. weist das alles mit Nachdruck zurück. Da mir bekannt ist, daß man sich in dieser Sache so oder so entscheiden kann, helfen wir ihr bei der Formulierung eines Widerspruchs gegen die vorgenannte Verfügung.

Ein Bücherwurm mit drei Tonnen Übergewicht

Es begann alles an einem Montagmorgen in einer Villenetage, das heißt in einem untervermieteten Zimmer, das mit seinen 25 m² Grundfläche nicht eben sonderlich riesig, dafür aber relativ schmal und von so außerordentlicher Höhe war, daß es einem Cañon glich; in diesem Charakter noch dadurch verstärkt, daß die beiden Längswände von oben bis unten mit Büchern, mit Wälzern vollgestellt waren: Papier- und Pappsedimente, so weit das Auge reichte, staubbedeckt in weiten Teilen. Der Vergleich mit einer altertümlich-vollgestopften Bücherei lag nahe, war indes insofern falsch, da hier die dorten zumeist anzutreffende strikte Durchordnung der Materie totale Fehlanzeige war: Alles quoll über auf diesen Regalen, es waren oben auf den vertikal gestellten Bänden waagerecht noch dicke Schwarten hingestapelt, Fachzeitschriften auch; und so manch großformatiges Werk ragte gefährlich weit in den freien Luftraum hinein.

Die einzigen Möbelstücke waren Schreibtisch und Sessel, wilhelminischen Geburtsjahres sie beide, vor einem handtuchschmalen Fenster aufgestellt.

Und mit dem Rücken zu diesem Schreibtisch stand nun der 30jährige Ethnologe Siegfried Goyatz, ein Gelehrter alten Stils, leptosom und ausgetrocknet, voll sublimierend im Freudschen Sinne, also alle Kraft, auch die der Lenden, in die Wissenschaft gepumpt, zur Völkerkunde nicht zuletzt auch wegen seines in sich höchst widerspruchsvollen Namens gekommen, hatten doch seine volksbewußten Eltern das arg wendisch-slawische Goyatz mit dem deutschesten aller deutschen Vornamen gehörig aufzunorden versucht.

Goyatz hatte sich gerade der Angriffe zweier Männer zu erwehren, beide wesentlich kompakter als er, Siegfried, das Hämeken, wie seine Großmutter immer gemeint hatte. Da war einmal sein Hauswirt, Mitte Fünfzig etwa, und ferner ein Beamter der Bauaufsicht, vom Alter her wohl zwischen ihnen, ein Herr namens Hortwinkler.

Der nun besah sich zum wiederholten Male kopfschüttelnd die Büchergebirge. «...so geht das wirklich nicht mehr, Herr Goyatz...! Bei aller Großzügigkeit der Bauaufsicht, aber die Tragfähigkeit dieser Zwischendecke hier ist ja nun sage und schreibe um vierzig Prozent überschritten worden!» Zum Beweis dafür stampfte er noch kräftig auf den Teppichboden, sowohl mit beiden Füßen als auch mit der ihm amtseigenen Logik. «Das sind sicher neun Tonnen Bücher und Zeitschriften, die Sie hier gestapelt haben... Über drei Tonnen zuviel!»

«Ja, Papier hat sein Gewicht...» sagte Goyatz, selber sofort fühlend, daß das auch nicht gerade nach IQ 150 klang.

«Meine Rede!» warf der Hauswirt ein.

Goyatz begann nun zu fighten wie ein Kopfjäger auf Neu-Guinea (hatte er zwei lobüberhäufte Artikel drüber geschrieben, wovon der eine sogar ins Dänische übersetzt werden sollte).

«Das hat doch jahrelang gehalten hier! Das wird doch auch noch halten, bis ich fertig bin! In vier Wochen muß ich ja meine Arbeit sowieso beim Prüfungsamt abgegeben haben. Vier Wochen noch!» Das war schon flehentlich bittend beinahe.

Doch Hortwinkler fuhr weiter seinen harten Kurs. «Völlig unmöglich, mein Lieber! Ja, wenn unter Ihnen keine Gaststätte wäre, aber so...! Stellen Sie sich vor, da unten sitzen dreißig, vierzig Gäste – und plötzlich...! Dafür will ich dann keine Verantwortung tragen!»

«Ja, die Bücher müssen raus hier!» Der Hauswirt fühlte sich bestätigt. «Nachher steht dann meine Villa als Ruine da!»

«Na hören Sie mal!» Goyatz reckte sich. «Ich hab 'n Kündigungsschutz von mindestens zwei Jahren!»

«Sie selbst können ja auch hier bleiben, bis an Ihr Lebensende meinetwegen – aber Ihre Bücher, die müssen weg!»

«Ohne meine Bücher kann ich gleich Selbstmord begehen!»

Hortwinkler wurde nun, obwohl in zwei wunderschönen Fortbildungsveranstaltungen auf *bürgernahes Verhalten* eingeschworen, doch langsam aggressiv: Dieser Intellektuelle ging ihm furchtbar auf die Nerven («Ethnologen, wozu brauchen wir so was eigentlich? Kann der nicht was Nützliches machen?»).

«Nun bleiben Sie mal bitte sachlich! a) sind das hier keine Nahrungsmittel, ohne die Sie verhungern müßten, und b) werden Sie ja wohl kaum mehr als fünfzig Bücher auf einmal lesen können?»

Der Hauswirt zögerte keinen Augenblick, in dieselbe Kerbe zu schlagen. «Das ist ja sowieso pervers, daß einer so viel liest. Schaffen Sie sich lieber mal 'ne richtige Freundin an und legen Sie bei der Ihr Lesezeichen rein!»

Goyatz mußte ein wenig warten, bis die beiden sich und ihn fertig ausgelacht hatten. «Gott, ich hab Ihnen doch schon x-mal erklärt, daß da meine Existenz von abhängt, von der ganzen Affäre hier! Mein Doktorvater ist ein todkranker Mann, und wenn er innerhalb der nächsten vierzehn Tage das Ende meiner Arbeit nicht hat, dann... dann ist alles aus für mich...! Eh ich 'n anderen Prof, Professor finde, der das Thema übernimmt, bin ich selber siebzig geworden! Die Zeit hab ich nicht, mit den ganzen Büchern hier umzuziehen...! Und wohin soll ich denn damit? Und wo soll ich denn dann arbeiten...?»

Der Hauswirt schlug, damit seinen Worten den nötigen Nachdruck verleihend, gegen die offenstehende Tür. «Aber hier bleiben, das könn Se doch auch nich, das hörn Se doch andauernd: *Einsturzgefahr!*»

«Ach, Unsinn!» rief Goyatz und sprang mehrmals in die Höhe, die Stabilität der Decke damit unterstreichend.

Hortwinkler war noch um einen letzten Schlichtungsversuch bemüht. «Nehmen Sie doch die Bücher, die Sie brauchen, mit in Ihre Institutsbibliothek, und lassen Sie den Rest...»

Wie um seinen Vorschlag zu demonstrieren, zog er einen dicken Bildband, der horizontal eingestellt war (*«Indianerkinder am Orinoko»*), mit einem Ruck aus einem der oberen Regale...

...und löste damit eine solche Papierlawine aus, daß es durchbrechende Bretter gab und die drei Männer geradezu verschüttet wurden.

Ein letzter Aufschrei des Beamten.

«Mensch, wenn das jetzt...!»

Routine im ABS: Mutter Kaminski war emsig am Tippen, und ihre drei sachbearbeitenden Kollegen saßen hinter ihren Tischen, lasen Bürgerbriefe und schrieben den Armen zurück, telefonierten hin und wieder und blätterten in den diversen Gesetzestexten suchend herum; vom immerhellen Licht der Pflicht erfüllt.

Die ersten mentalen Lockerungsübungen gab es für Zietz, als er einen fotokopierten Aufruf eines ebenso makabren wie anonymen Scherzbolds in seiner Umlaufmappe fand:

INTERSUFF '85

Größter Europäischer Trinkerkongreß im ICC Berlin
Lieber Herr ________,
weil wir wissen, daß Sie zu dem kleinen, aber exklusiven Kreis derjenigen gehören, die sich aus dem Heer namenloser Trunkenbolde zu einem anerkannten Spitzentrinker emporgesoffen haben, laden wir Sie herzlich ein zum

Europäischen Trinkerkongreß
am 7. Dezember 1985
in Berlin, ICC, Großer Festsaal

Das Motto der diesjährigen Veranstaltung lautet:
«Lieber in der finstersten Kneipe als am hellsten Arbeitsplatz»

Timon las das durch und warf es in den Abfallkorb; als Förderer der Selbsthilfegruppe «Kampf dem Alkohol am Arbeitsplatz» (viele Alkoholkranke gab es hier unter den Kolleginnen und Kollegen) fehlte ihm ein wenig der tiefere Humor dafür.

Meyer 13 lief schon wieder zur Toilette («Harnlassen im Dienst» IIII), obwohl er dies wegen einer von Verenas Hüften herrührenden Erektion («E. im Dienst» 卌 II) nur leicht nach vorn gebeugt vollbringen konnte («Händewaschen im Rathaus» 卌, «Latrinengespräche mit Kollegen» II), und als er heimkehrte ins Reich, erfreute ihn Timon mit einem Bericht aus dem Leben eines höchst skurrilen Onkels...

«Stellen Sie sich vor, der vermerkt sogar das Datum auf 'ner Glühbirne, wenn er die neu einschraubt. Das nenn ich Ordnungsliebe!»

Meyer 13 sah sehr verschlafen aus, und von Timon auf seine Leidensmiene angesprochen, brummte er nur, er habe, um besser ruhen zu können, vor dem Zubettgehen zwei große Tassen Einschlaftee getrunken, nun aber überhaupt kein Auge mehr zutun können. «Dauernd hab ich rausgemußt, die Blase voll und...»

Das erinnerte Zietz an seinen eigenen «Pinkelfall»: Er mußte sich ja noch mit einer Flasche Whisky und einem Krimi (*Stör die feinen Leute nicht*) beim Vorsitzenden seines Personalrats bedanken («Ich kenn doch Ihren Geschmack: *Whisky with -ky*»), hatte der ihn doch prächtig rausgepaukt aus allem. Grundsätzlich sei es nicht mehr gerechtfertigt, so seine Einwendungen, den Beamten im Gegensatz zu anderen Staatsbürgern im Privatleben, was ihr außerdienstliches Verhalten anging, eine Sonderstellung zuzuerkennen. Jedenfalls rechtfertigten Bagatellhandlungen wie das Verrichten der Notdurft an der Rathauswand auf keinen Fall eine Kategorisierung als Dienstvergehen... Keine Chance für Domisch und Preuß, prima!

Verena war damit befaßt, für Voppmann respektive Bürgermeister Domisch eine Erfolgsstatistik des ersten halben Jahres «zu erstellen»; die TV-Leute wollten wohl wieder mal was übers ABS machen, und so 'n öffentliches Echo war ja immer wie 'ne kleine Preisverleihung. Eigentlich was, das sie gerne machte, doch heute fiel ihr alles schwer; der Streit, den sie gestern abend wieder mal mit ihrem Vater gehabt hatte... («Ich hatte mir ja mal einen Schwiegersohn erträumt, der sich irgendwann mal einen Namen in der großen Politik gemacht hätte... Und du dann an seiner Seite...»)

Das Konzeptpapier blieb leer. «Ich weiß nicht so recht, was ich machen soll...»

«Langeweile, was...?» Timon gab sich alle Mühe, sie absichtlich mißzuverstehen, denn das Thema Schwiegervater paßte ihm nun gar nicht («Total tote Hose, degenerierter Geistesadel!»). «Wenn du nicht weißt, was du machen sollst, dann zieh doch deine Sachen aus, setz dich daneben und paß auf, daß sie dir nicht geklaut werden...»

«Das könnte dir so passen...»

«Allerdings...»

Ihr Dialog war so einschläfernd wie eine Rede des... (Verena, qua Amtsträgerschaft zu politischer Mäßigung verpflichtet, verbat sich diese unsere Assoziation).

Timon gab sich alle Mühe, sie aus ihrer depressiven Phase schnell herauszuholen.

«Warum kommt denn Domisch nicht und singt uns was vor...?» fragte er. «Oder legt hier einen Steptanz hin...?»

«Wie kommste denn darauf...?»

«Na, weil hier steht, daß der Dienstherr seine Beamten angemessen zu unterhalten habe...!»

«Ha-ha-ha!» machte Verena höhnisch-gelangweilt, immerhin

schaffte sie es aber, nun wenigstens die Überschriften ihrer Statistik zu Papier zu bringen:

Aktivitäten im ersten Halbjahr 1985

1. Hilfeleistung bei Schwierigkeiten der Klienten beim Formulieren von Widersprüchen, Reklamationen, Kündigungen und Mahnschreiben...
2. Ausgabe von Informationsschriften...
3. Entgegennahme von Anregungen und Beschwerden...
4. Amtliche Beglaubigungen...

«Hilfst du mir mal, das jetzt alles auszuzählen und die Prozente auszurechnen...»

«Ist das eine Bitte oder ist das eine Weisung...?»

«Wieso?»

«Weil ich mal gespannt bin, was meine Vorgesetzte mit mir macht, wenn ich auf eine Bitte von ihr ganz cool antworte: Tut mir leid, ich hab jetzt was anderes zu tun.»

Verena schluckte und flüchtete sich in eine Floskel ihres Vaters. «Gott, bist du wieder musikalisch heute!»

«Wieso...?»

«Weil du offenbar Händel suchst...»

Timon war perplex; so mit den eigenen Waffen bekämpft zu werden, das war doch wirklich...! «Nein, aber was würde ich bloß machen, wenn ich 'ne weibliche Vorgesetzte hätte, die man nicht mal küssen dürfte...!?»

Sie wehrte ihn ab. «Du, ich geh zu Voppmann!»

Er lachte. «Der hat die Verbindungstür abgeschlossen, der is wieder mal auf'm Trip...!»

Voppmann war mit Martha das Wochenende über in Nürnberg gewesen, hatte sich ergötzt an der großen Ausstellung «150 Jahre Eisenbahn – Zug der Zeit – Zeit der Züge» und eine Reihe von Souvenirs nach Hause geschleppt, aber auch ins Büro mitgebracht, so ein Stück abgesägter Schiene, das ihm jetzt als Briefbeschwerer diente, ein verrostetes Segment vom Fahrkartendrucker des mal gewesenen Lehrter Bahnhofs in Berlin (Personenzug 2. Kl. Berlin Lehrter Bf od Stadtb nach Seehausen (Altm) über Wittenberge 141 km Mark 8.20), eine original-verschwitzte Eisenbahnermütze, die nun an seiner Schreibtischlampe hing, und eine Ho-Miniatur des «Adlers». Und mit diesem Züglein fuhr er nun um seine Federschale herum, dabei leise vor sich hintutend.

Natürlich erschrak er da, als es jetzt an der Flurtür klopfte und schon im selben Augenblick ein junger Mann in seinem Zimmer stand, der, das sah man sofort, weder zur Geld- noch zur Geisteselite dieses Landes gezählt werden konnte, aber ein lieber Mensch sein mochte. Schüchtern in der Tür stehenbleibend, in der Hand eine Plastiktüte mit diversen Schnellheftern, fragte er mit sanfter Stimme, ob er wohl richtig sei.

Voppmann hatte seinen unterhaltsamen Morgen heute morgen.

«Ob Sie richtig sind...? Ja, Sie kennen doch den Witz vom Pförtner in der Psychiatrie, wie der immer antwortet, wenn er das gefragt wird: ‹Wenn Sie richtig sind, dann sind Sie hier nicht richtig. Aber wenn Sie nicht richtig sind, dann...»

Der junge Mann prallte zurück und verfärbte sich rot, bekam vor Erregung eine Art Erstickungsanfall.

«Ich... Ich... Mein Name ist Jochen Schmittkowski... Woher wissen Sie denn, daß ich... Ich bin doch gar nicht... Ich bin doch bloß... bloß Legastheniker...!»

Karl Voppmann fuhr hoch, nun seinerseits erstarrend. O Gott, wieder mal voll ins volle Fettnäpfchen rein! Es war ihm wahnsinnig peinlich, und er schaffte es kaum, seine Contenance zurückzugewinnen.

Andererseits... Nein, kein Mitgefühl; der Mann war doch sicher ein Agent provocateur, von Domisch geschickt, ihn endlich zu entlarven!

Unmöglich, harmlos wie er war. Mal abwarten...

«Nehmen Sie doch bitte Platz, Herr Schmidt...»

«Schmittkowski...! Mit Doppel-t und hinten ka-i und nicht ka-ypsilon, ki...»

«Ah ja... Und Sie wollen wirklich ins Amt für Bürgersorgen oder...? Wegen der 001 an der Tür, da denken manche auch nur, daß das hier die Toilette...?»

«Nein, nein, ich will schon zu Ihnen...» Schmittkowski setzte sich auf Voppmanns Besucherstuhl.

«Ah ja...» Karl Voppmann schob seinen Zug zur Seite. «Sie sind also Legastheniker, einer mit angeborener Schreib- und Leseschwäche, das muß ja fürchterlich sein...?»

Schmittkowski zog die Schnellhefter aus seiner Plastiktüte und packte sie Voppmann allesamt auf den Schreibtisch. «Alles Gutachten, Gerichtsakten, Eingaben, Formulare, Briefe... Mein Sozialarbeiter schreibt das alles für mich... Wenigstens hat er jetzt meine Wiederbemündigung durchgesetzt.»

Voppmann war schon wieder irritiert, mußte nachfragen. «Wiederbemündigung...? Dann waren Sie also...?»

«Ja, die ganze Zeit über entmündigt. Die denken doch alle, ich hätte 'ne Macke, nur weil ich nicht perfekt schreiben und lesen kann.»

Voppmann stöhnte auf.

«Da zählt man automatisch zu den Bekloppten. Keine richtige Arbeit; immer nur was für geistig Behinderte. Dabei hab ich wirklich alle Tassen im Schrank! Aber überall, wo ich hinkomme, da bin ich gleich der Betriebstrottel...»

«Das sind bei uns zwei, die in keinem Diktat 'n Fehler machen würden...» murmelte der ABS-Leiter.

«Bitte...?»

«Ach, nichts weiter...» Karl Voppmann bremste sich, ohnehin ständig mit Martha Kaminskis kategorischem Imperativ im Ohr («Karrrllll!»). «Und keine Behörde kann und will Ihnen helfen?»

Schmittkowski verneinte dies. «... weil ich nirgendwo so richtig reinfalle. Ich bin immer in der Lücke – zwischen behindert und nicht behindert, zwischen Pflegschaft und Nichtpflegschaft...!»

«Ja, ja, ich weiß: mindestens eine Million Analphabeten haben wir bei uns in der Bundesrepublik – Deutsche, keine Ausländer! –, aber keiner, der dafür zuständig ist...!»

«Nur weil ich in der Schule 'n Spätentwickler gewesen bin. Aber das hab ich denen in Bonn ja auch schon mitteilen lassen!»

«Und die Antwort?»

«Hier...!» Schmittkowski schlug einen seiner vielen abgegriffenen Schnellhefter auf und schob ihn Voppmann über den Tisch. «... lesen Sie mal...!»

Voppmann verfluchte sich wegen des Selbsttors, das er eben – hurra! – so unbedacht geschossen hatte. Diesmal konnte er ja seinen Gesprächspartner nur schwerlich bitten, es ihm doch selber vorzulesen...

Doch der Fauxpas war schnell wieder ausgebügelt; Kriegslist 17-1.

Grinsend nahm er den Schnellhefter hoch und warf ihn dann mit einem kleinen Schißlaweng Schmittkowski wieder zu. «Ich möchte wetten, daß Sie das schon auswendig können...!?»

«Ja, klar!» Stolz fiel Jochen Schmittkowski auf Voppmanns Trick herein. «Ich krieg das ja immer vorgelesen von meinem Sozialarbeiter; das sind alles so Sätze wie: Die Schilderung Ihrer Lebensumstände hat mich beeindruckt. Ihr Lebensschicksal hat im Bundesministerium für Jugend, Familie und Gesundheit Interesse gefunden. Eine konkrete Hilfe kann Ihnen das Bundesministerium leider nicht geben.»

«Typisch Bonn!»

«Ja, wenn man mal so abgestempelt ist! So richtig eingemauert... Wenn ich bloß erst mal 'ne vernünftige Arbeit hätte...»

Voppmann dachte nach. «Ich kenn da 'n paar Journalisten: Vielleicht hilft Ihnen einer, wenn wir Ihre Geschichte als gut gemachte Story bringen...? Ich meine: ein Bürger...»

Schmittkowski wehrte ab. «Hören Sie mir bloß mit den Zeitungen auf! Die letzte, der wir was hingeschrieben haben, die hat das verwechselt. Die haben gedacht, ich hätt 'n neuen Abonnenten für sie geworben – und da haben sie mir als Prämie 'n Buch geschenkt...!» Er fischte es aus seiner Plastiktüte.

Es klopfte an der Tür zum Flur, und als Voppmann sein kraftvolles «Herein bitte!» herausgestoßen hatte, erschien ein leicht erhitzter Bücherwurm im ABS.

«Guten Tag! Mein Name ist Siegfried Goyatz. Ich komme wegen meiner Bücher...»

Voppmann lachte, nahm das Schmittkowskische Beweisstück und hielt es hoch. «Bücher...? Sie kennen doch den alten Scherz: Nein, danke, ich hab schon eins...!»

Goyatz wischte sich den Schweiß von der hoch-höher-am-höchsten-Stirn. «Es geht hier nicht um *ein* Buch, um ein einziges, sondern um nahezu fünftausend Bücher!»

«Tut mir leid, aber Sie wissen doch, daß die Werbung für Buchclubs hier bei uns verboten ist.»

«Ich bin von keinem Buchclub!» protestierte Goyatz. «Seh ich denn so aus wie 'n Vertreter!? Nein, ich bin lediglich hier, weil ich drei Tonnen Bücher zuviel zu Hause habe!»

Karl Voppmann, den Kerl irgendwie nun gar nicht mögend, hatte Mühe, nicht laut «Papier-Recycling» zu rufen, aber auch sonst große Schwierigkeiten, dessen Anliegen zu begreifen; wie denn auch? Also: Delegation von Verantwortung. Er zeigte zum ABS-Büro hinüber. «Wenn Sie so nett sein würden... Da sitzt ein Mitarbeiter von mir, der Herr Meyer, mit dem Sie das alles mal in Ruhe besprechen können...»

«Ich hätt das aber gerne mit dem Amtsleiter selber besprochen!»

Voppmann wurde immer gereizter, erzitterte fast beim Anblick dieses Würmchens, dieses Bücherwurms, verspürte den dunkel archaischen Drang, ihn zu zertreten, zu zermalmen, schaffte es aber, mit scheinbar unbewegter Stimme seine Bitte zu wiederholen. Goyatz möge doch angesichts des anderen Klienten von der Möglichkeit Gebrauch machen, nebenan kompetent beraten zu werden.

«Na schön!»

Goyatz wollte, sich und seine Wut damit abzureagieren, die Verbindungstür zum ABS nebenan kraftvoll aufreißen...

...doch die war noch immer abgeschlossen, und er zog sich eine Art Zerrung am rechten Unterarm zu, aufschreiend und dunkle Verwünschungen murmelnd.

«Bei den *Arapesh* sieht man das Problem nicht in der Bewahrung der Potenz, sondern im Widerstand gegen die Verführung durch stark positiv sexuelle Frauen. ‹Sie wird deine Wangen halten, du hältst ihre Brüste, deine Haut wird zittern, ihr schlaft miteinander, sie stiehlt einen Teil deiner Körpersäfte, gibt sie später einem Zauberer, und dann wirst du sterben.»

Dies las der Ethnologe Goyatz beim Warten in der Besucherecke des ABS (Margaret Mead, *Mann und Weib*, Reinbek 1958, S. 166f.), dabei unablässig Verena Naase im Auge. Wenn er es Meyer 13 vorgelesen hätte, wären sie alsbald, bedingt durch ihre kongruenten Ängste (und Gelüste), sehr kordial miteinander geworden, und die Geschichte (nicht die große, diese hier) hätte wohl einen ganz anderen Verlauf genommen als so, wo er nur für sich alleine las und schaudernd genoß.

Etwa eine halbe Stunde später hatte Meyer 13 die Bauaufsicht, das heißt den Kollegen Hortwinkler, endlich herbeigetrommelt, und dann saßen sie zu dritt beieinander, eine Bauzeichnung, eine im Archiv vergilbte Blaupause, vor sich ausgebreitet.

Hortwinkler war schon wieder dabei, Goyatz anzunehmen.

«Wenn Sie die statische Berechnung hier mal freundlicherweise voll zur Kenntnis nehmen würden!»

Goyatz, in Mathe stets zwischen Vier und Fünf schwankend, war fast allergisch gegen solche Zahlen und Symbole. «Da versteh ich nichts von; als wenn Sie das nicht wüßten! Das sind doch alles nur magische Zeichen, mit denen Sie mich niederhalten wollen! Der gesunde Menschenverstand sagt mir: die Decke beziehungsweise der Boden hat fünfzig Jahre lang gehalten – und darum wird er beziehungsweise sie auch noch weitere fünfzig Jahre lang halten!»

Meyer 13 mochte Goyatz nicht, weil er so überaus sichtbar ein Intellektueller war, ein Staatsbedroher also. «Bei der Kongreßhalle und so mancher Brücke ist es auch wesentlich schneller gegangen, daß sie...»

«Ebent!» rief Hortwinkler, mit der flachen Hand auf seine Blaupause schlagend. «Sie sehen doch, daß wir hier Zweifeldträger haben... Und die Belastung und die Bemessung wie folgt angegeben sind...»

Goyatz sah angestrengter aus als der große Champollion beim Entziffern der Hieroglyphen anhand des Dreisprachensteins von Rosette, nur wesentlich erfolgloser als dieser.

$$\frac{\begin{gathered} g/q = 1{,}31/2{,}31\ \mathrm{KN/m^2} \\ \text{gew.}\ \square\ 10/20\ \mathrm{cm}\ a \leq 0{,}80\ \mathrm{m} \end{gathered}}{G = 0{,}67\ \mathrm{KN/m^2} < 1{,}0}$$

«Das ist doch nun wirklich deutlich genug!» sagte Hortwinkler.

«Ja – und im Himmel ist Jahrmarkt!» schimpfte Goyatz.

Meyer 13 stöhnte auf. «So kommen wir doch nicht weiter, Herr Goyatz! Bleiben Sie doch bitte sachlich!»

Blieb Goyatz seiner Meinung nach auch. «Das ist doch alles nur technokratisches Herrschaftswissen, mit dem Sie mich da einschüchtern wollen!» Hier nahm er wahr, daß einer der anderen ABS-Leute ihm – zu überhören war er ja nicht – aufmunternd zunickte (Zietz natürlich), und so setzte er schnell noch einen drauf: «In Wahrheit geht's Ihnen doch nur darum, daß meine Doktorarbeit nicht fertiggestellt und nicht veröffentlicht wird! Aber ich kann mir schon denken, wer dahintersteckt...!»

Ach, wie fühlte sich Meyer 13 da in seiner Beamtenehre gekränkt. «Das möchte ich aber nicht gehört haben! § 186 Strafgesetzbuch: Wer in Beziehung auf einen anderen eine Tatsache behauptet oder verbreitet, welche denselben verächtlich zu machen oder in der öffentlichen Meinung herabzuwürdigen geeignet ist, wird... mit Freiheitsstrafe bis zu einem Jahr oder mit Geldstrafe... bestraft.»

Hortwinkler war dagegen reiner Technokrat, also frei von solchem fossilen Luxus, wie ihn Aufwallungen heutzutage darstellten. «Was sollte ich denn für ein Interesse daran haben, Ihre Dissertation zu unterdrücken...!? Ich kenne ja nicht mal Ihr Thema...!»

«Die Jenseitsverheißung als institutionalisiertes Element expandierender Hochkulturen.»

«Sie verstehen meine Formeln nicht, ich Ihre aber noch viel weniger...»

Zum ersten Male nun lächelte Herr Goyatz. «Ist doch klar: Wie bringen die Herrschenden – die Könige, Kaiser und so weiter – ihre Untertanen dahin, daß sie in ihren Eroberungskriegen freudig aufs Schlachtfeld eilen und dort krepieren? Ganz einfach: indem sie ihnen ein Weiterleben nach dem Tode verheißen, ein Leben in Saus und Braus. Nehmen Sie als Beispiel nur mal den Koran, vierte Sure, Vers sechsundsiebzig: Und so soll kämpfen in Allahs Weg, wer das irdische Leben verkauft für das Jenseits. Und wer da kämpft in Allahs Weg, falle er oder siege er, wahrlich, dem geben wir gewaltigen Lohn.»

Meyers Kommentar geriet etwas dürrer als im gleichnamigen Konversationslexikon, Stichwort *Heiliger Krieg*.

«Nun ja, aber...»

«Und denken Sie mal an die Kreuzzüge!» rief Goyatz voller Emphase.

«Ich denke eher an die herabstürzende Decke, wenn sie in der Gaststätte unter Ihnen fünfzig Menschen erschlägt. Ohne Jenseitsverheißung aber!»

Eine krachende Rechte an des Gegners Kopf, und Goyatz war für Sekunden groggy. Anerkennende Blicke von Timon Zietz, obwohl er den Kollegen Bauaufsichtler nun wahrlich nicht liebte.

Während also unser wackrer Ethnologe von Hortwinkler wie auch Meyer 13 genüßlich an- bis ausgezählt wurde, kam Gerda Gänsicke ins ABS gejachtert, in mexikanischem Folklorelook und mit einem irren Hut auf dem Kopf, noch ein paar Spuren überdrehter als damals bei ihrem ersten Auftritt hier, als sie zur Demonstration ihrer künstlerischen Berufung eine Reihe hiesiger Schranktüren mit Bauernmalerei bedeckt hatte (vgl. Band 1, 1. Kapitel).

«Hallo, ihr Süßen!» schmetterte sie in Diva-Manier. «Alle noch im selben Büro – und alle noch gesund und munter!?»

Zietz erkannte sie als erster, stand auf und machte ansatzweise einen Schritt auf sie zu, Hofknicks und Handkuß pantomimisch einwandfrei andeutend. «Mich laust die Gans, Frau Afficke...! Nee, Pardon: Mich laust der Affe – Frau Gänsicke!»

Da umarmte sie den hilflosen ABSler lang und innig und drückte ihm einen dicken Schmatz auf Stirn und Wange.

«Huuuch! Du bist ein Schatz! Laß dich küssen!»

Ihr schrilles Geschnatter ließ den Amtsleiter in der Verbindungstür auftauchen. Wieder mal ein Amokläufer? Oder ein Feuer im Foyer unten?

Als Gerda Gänsicke seiner ansichtig wurde, ließ sie von Timon ab, um sich dafür mit noch libidinöserer Energie auf Karl Voppmann zu stürzen. «Nein, der alte Chef ist nun auch wieder da, toll! Mein großer Freund und Gönner! Und meine Schranktüren...?» Sie ließ Voppmann wieder los, sich auf dem rechten Stiefelhacken im Kreise zu drehen. «Hurra, die habt ihr auch noch da! Diese wunderbaren kleinen Kunstwerke! Ihr seid wirklich Engel, ihr!»

Voppmann fragte nach, wie es denn um ihre «Schule für kreative Selbstverwirklichung» stehe.

«Bestens! Das ist der absolute Renner geworden!»

«Na wunderbar...»

Gerda Gänsicke holte nun etwas aus ihrer beutelartigen Tasche, das wie ein Vertragsformular, wie eine Urkunde aussah.

«Wissen Sie, was ich hier habe?»

«Nein, woher...?» Voppmann runzelte die Stirn.

«Nächste Woche beginnt bei mir der neue Kurs ‹Selber schreiben›. Sich alles von der Seele schreiben, das ABC der Schriftstellerei... Und hier, lieber Karl Voppmann, als Zeichen meines Dankes eine Gratisteilnahme für Sie...!»

Voppmann erbleichte.

«...: danke sehr... danke!» Mehrmals schluckend, hatte er endlich die Sprache wiedergefunden. «Aber...»

Gerda Gänsicke hätte nie gedacht, daß ein so kleines Geschenk wie das ihre einen Mann wie «Voppi», eher bullig doch, derart verwirren und beschämen konnte.

Voppmann ging fieberhaft die Checkliste seiner Ausflüchte durch, fand aber nichts im Einprogrammierten, mußte improvisieren, kam, als partout nichts kommen wollte, anfallsartig ins Schwitzen, um schließlich doch noch was Passendes zu finden: «Das war doch wirklich nicht nötig, Frau Gänsicke: Sie haben mir doch derart geholfen, hier wieder ins ABS zurückzukommen, daß wir... Also, wir doch jetzt quitt sind, und ich kann Ihr Geschenk nicht annehmen...» Hurra, das war die Rettung! «Sehen Sie, ja, ich darf ja überhaupt kein Geschenk annehmen: § 43 Beamtenrechtsrahmengesetz. Der Beamte darf Belohnungen oder andere Geschenke in bezug auf sein Amt nur mit Zustimmung der obersten Dienstbehörde annehmen...!»

«Die werden Sie gleich einholen, kommen Sie!» Sie machte Anstalten, Voppmann auf den Flur zu ziehen.

«Bloß nicht, nein!» Unvorstellbar, daß sie ihn jetzt zu Preuß oder gar zu Domisch schleppte! Er wehrte sich fast wie ein französischer Adliger, den sie zur Guillotine zerren wollten; welche Überreaktion, aber... «Bitte, Frau Gänsicke, das ist zwar sehr lieb von Ihnen...»

«Keine Widerrede! Ich weiß doch, was gut für Sie ist!»

Kein Zweifel, sie mußte ihn durchschaut haben, seine Schreib- und Leseschwäche voll... Er bog ihre Arme zur Seite, riß sich los.

«Tut mir leid, aber ich hab doch nun mal ganz und gar keine Voraussetzungen dafür...»

«Ach was: Schreiben kann jeder!»

«Ja, schon, aber...»

Da kam die Rettung, und sie kam, wie schon so oft, von Martha Kaminski.

«Wir gehen doch nächsten Montag in Urlaub, Karl und ich. Und wenn man beim Schreibenlernen erst einmal den Anfang verpaßt hat, dann...»

«Macht doch nichts, das geht doch erst am ersten Dienstag im September los bei mir...!»

«Dienstags...?» Mutter Kaminski hörte auf zu tippen. «...das ist aber schade, dienstags haben wir doch immer unseren Tanzabend... Im Verein, Training für die deutsche Seniorenmeisterschaft...»

Zwar war das völlig neu für Karl, doch er nickte so eindrucksvoll-betroffen, daß Gerda Gänsicke nicht anders konnte, als ihm zu etlichen Prozent zu glauben.

Vielleicht hätte sie ihn aber weiter attackiert, wenn nicht in dieser

Sekunde das Gemeinschaftstelefon von Timon und Verena in Aktion getreten wäre. Voppmann riß, glücklich über diese Chance, den Hörer hoch, eine Handbreit schneller als Timon Zietz.

«Amt für Bürgersorgen, Voppmann... Bitte...!?» Obwohl er konzentriert lauschte, verstand er nicht, was der Mann am andern Ende von ihm wollte. «Wie...? Pardon, das rauscht hier derart in der Leitung... Ja, ich verstehe: Der Würger ist Ihnen entwischt und nun...» Um den lauschenden Kollegen zu signalisieren, daß er hier einen Geisteskranken als Gesprächspartner hatte, was gar nicht mal so selten war, machte er mit der freien Hand kreisende Bewegungen vor Stirn und Augen. «Der Würger ist also weg, und Sie... Wie...? Der sogenannte Kahlkopfwürger...» Er strich sich unwillkürlich über seine wenn auch schon reichlich angegrauten, so doch vergleichsweise noch eher üppigen Haare. «Na, vor dem bin ich ja so einigermaßen sicher... Auch davor, daß Sie mich als Täter betrachten... Wie...? Der Rotbauchwürger auch...? Gott... Bitte...!? Was hat denn das mit Verena zu tun? Ach so, ob sie hier ist... Natürlich ist sie das!» Mit zugehaltener Sprechmuschel sagte er den Kollegen, daß er nur herausfinden müsse, aus welcher psychiatrischen Klinik der Anruf komme. «Von woher rufen Sie denn an...? Aus'm Zoo... Ach du grüne neune! Ja, werd ich ihr sagen: der Karl-Friedrich aus'm Zoo. Dann ruft sie nachher zurück bei Ihnen... Ja, Sie sind jetzt für immer da, ja...! Und schön viel Besucher noch...» Mit einem Wahnsinnsseufzer ließ er den Hörer auf die Gabel fallen. «Kind, der verfolgt dich aber wirklich bis zum...»

«Ach, Karl-Friedrich, das ist doch nur mein Studienkollege... Der hat jetzt 'nen Job beim Zoo...»

«Und das mit dem Würger...?»

Verena lachte. «Die Würger – lateinisch Laniidae – gehören zur Ordnung der Sperlingsvögel... Afrika, südlich der Sahara...»

«Ah ja...! Wohl dem, der seinen Vogel hat...» Schneller Seitenblick auf Gerda Gänsicke.

«So ist es!» Für die war so was nicht beleidigend, sondern eher wie eine Ordensverleihung. «Davon lebe ich ja, und zwar ganz gut. Aber ich bin ja nicht hier, um für mein Institut Reklame zu machen, sondern um dem Chef hier...» Wieder unternahm sie einen Anlauf, den ABS-Leiter zu seinem Glück zu verhelfen, zum Schriftstellerlehrgang I.

Doch diesmal war es Goyatz, der Voppmann das Schlimmste ersparte. Schon die ganze Zeit über hatte er sich innerlich erregt darüber, daß hier einzig und allein die Gänsicke was galt, während man ihn, den Akademiker...

«Wenn Sie mir freundlicherweise Ihre Aufmerksamkeit auch einmal...» Er war aufgestanden und hatte Voppmann am Jackettärmel gepackt.

«Ja, bitte sehr... Entschuldigung...!»

«Danke! Also...» Mit wissenschaftlicher Akribie, auch die kleinste Kleinigkeit angemessen betonend, trug er dem ABS-Leiter noch einmal seine Klagelieder vor, damit schließend, daß die Bauaufsicht fest entschlossen sei, sein Zimmer morgen zu räumen, die Bücher also wegzuschaffen.

«Weil es keine andere Möglichkeit mehr gibt!» sagte Hortwinkler.

«Doch!» Goyatz fuhr herum. «Sie können doch die Decke mit Balken von unten her abstützen!»

«Nein, können wir nicht! Dann müßte ja die Gaststätte unter Ihnen geschlossen werden – und das wäre der Ruin für die.»

Goyatz verfärbte sich und war bestrebt, so furchteinflößend auszusehen wie ein mittlerer Mundugumor-Mann auf Neuguinea, wenn es auf zur Kopfjagd ging.

«Die nicht, aber ich, *ich* soll meine Existenz verlieren!?»

«Nicht doch deswegen!» sagte Meyer 13, es sogleich beniesend («N. im Dienst» 卌 I).

«Gesundheit... Doch!» Goyatz wurmte es, daß er als Bücherwurm so wenig galt bei Techno- wie auch Bürokraten. «Sie geht das ja alles nichts an, Sie haben ja Ihr geregeltes Einkommen und Ihre Pension! Aber ich, ich... Muß ich umziehen, verliere ich drei Wochen und mehr, eh ich wieder ein passendes Zimmer...! Meine Dissertation wird nicht fertig, mein Doktorvater stirbt vorher. Und ohne Abschluß und ohne Titel, da finde ich doch nie eine Anstellung. Zehn Jahre umsonst studiert! Das müssen Sie sich mal klarmachen und...»

Hier stockte er, von H.-H. Hecht übertönt, der vom Flur her ins ABS-Büro gelaufen kam, einen spritzbereiten Feuerlöscher in der Hand.

«Hallo, Leute, Feuerlöschübung! Ich soll euch die neuen Feuerlöscher erklären, die wir ins Treppenhaus kriegen.»

Zietz sprang auf, teils in theatralischer, teils in echter Panik,

Hecht den Weg versperrend und bemüht, ihn wieder auf den Flur hinauszudrängen. «Nein, um Gottes willen, nicht hier...! Das gibt doch wieder 'ne kleine Katastrophe, wenn Sie hier... Unsere Akten...!»

«Ha-ha-ha!» Hecht machte sich steif, so wirksam Widerstand leistend, hatte aber dennoch gegen Timon wenig Chancen, wurde Schritt für Schritt zurückgeschoben.

«Ha-ha-ha!» ahmte Zietz ihn nach. «Darum ja eben! Wo dieser Schreckensruf erschallt, da...»

Schon hatte er den Hausmeister kunstgerecht durch die Tür hinausbugsiert und schloß sie nun wieder.

«Dank für deinen heldenhaften Einsatz, mein Junge!» sagte Voppmann. «Sonst hätten wir schon alle ausgesehen wie die Schneemänner...»

Da erhob sich draußen auf dem Rathausflur ein wirklich gewaltiger Lärm, und durch die von neuem aufgestoßene Tür kam ihr Bürgermeister förmlich ins ABS geflogen, die ganze Vorderfront mit Löschschaum bedeckt, lief damit ins offene Gelächter seiner Leute hinein.

«Mal wieder echt Bürgermeister Komisch!»

«Oh, Herr Bürgermeister – endlich mal wieder 'ne weiße Weste!»

Domisch, von Mutter Kaminski mit einem Handtuch unterstützt, machte den Versuch, das Schaumzeug mit Hilfe zweier Taschentücher vom dunkelblauen Nobelanzug abzuwischen, schien jedoch daran zu scheitern.

«... der Hecht ist aber auch derart debil...!»

«Ihr Protegé, Herr Bürgermeister...» Karl Voppmann war derart süffisant, daß der Bürgermeister nicht anders konnte, als seine Contenance zu verlieren.

«Sie fliegen doch noch mal, mein Lieber...!»

«Ja, sicher...» murmelte Voppmann. «...übermorgen nach Lanzarote...»

Draußen war Domisch, die Tür derart hinter sich zuschmetternd, daß Hecht anschließend eine Schale mit Moltofill anrühren mußte, um die neben dem Rahmen entstandenen Risse wieder zu schließen.

Goyatz hatte nun den höchsten Grad seiner Empörung erreicht. «Das ist ja wirklich 'n Skandal hier, wieviel teuer bezahlte Zeit in Ihrem Büro für all den privaten Kram verplempert wird!! Da steht man nun hier – und keiner kümmert sich um einen! Wozu ist denn das ABS eigentlich da!?»

Obwohl er das in «arroganter Anspruchshaltung» vorbrachte (so die einschlägigen Lehrbücher), blieb Voppmann keine andere Wahl, als einzulenken. «Sie haben ja recht, Herr Doktor, ich bitte um Entschuldigung...» Bei diesen Worten ging er, schöne Geste seines guten Willens, zum Fensterbrett vor Mutter Kaminskis Tisch und nahm eine dort abgelegte grüne Papiertüte hoch. «Darf ich Ihnen zur Versöhnung ein paar Weintrauben anbieten...?»

Goyatz war bereit, diesen Friedensvorschlag alles in allem als positiv zu werten und ließ seine ausgestreckte rechte Hand langsam in Richtung Trauben gleiten. «Danke, ja...»

Doch kaum war die Hand des Gastes tastend im Tüteninnern verschwunden, da stieß er auch schon einen wilden Schmerzensschrei aus.

«... 'ne Wespe!» konstatierte Zietz.

Goyatz lutschte an seinem rechten Zeigefinger herum, suchte schmatzend das Wespengift aus seinem Fleisch zu saugen.

«Trösten Sie sich...» sagte Zietz. «Curare wär schlimmer...!»

Goyatz fühlte sich nun erst recht verscheißert. «Das haben Sie doch mit voller Absicht getan; das ist ja nun das Letzte! Ich werde mich beim Bürgermeister über Sie beschweren, über Sie alle! Das ist zufällig ein Parteifreund von mir...!» Damit war er auch schon auf dem Flur verschwunden.

Zietz sah ihm nach. «Wie war das doch mit seiner Doktorarbeit? Die Jenseitsverheißung... Na, die Engel im Himmel hat er fast schon singen gehört...!»

Voppmann wandte sich an Gerda Gänsicke. «... so ist das also, Frau Gänsicke: die einen mögen uns, und die anderen wünschen uns die Pest an den Hals...»

«... wie dieser Do-misch-ling...» ergänzte Timon.

Gerda Gänsicke sah Voppmann an. «Wenn Sie nun den Schriftstellerkurs partout nicht wollen – ich weiß dann wirklich nicht, wie ich...? So tief, wie ich in Ihrer Schuld noch immer...»

Voppmann faßte sie am Ellenbogen. «Ich wüßte da schon was... Kommen Sie doch mal in mein Zimmer mit rüber...»

«Karl!» rief Mutter Kaminski mit gut gespieltem Entsetzen. «Das geht zu weit...!»

Vor Karl Voppmanns Schreibtisch saß noch immer, orientalisch in seiner Geduld, der Quasi-Analphabet Jochen Schmittkowski, als jetzt durch die Verbindungstür hindurch der Amtsleiter zurückkehrte, Gerda Gänsicke am (nicht *im*) Arm, und auch die Flurtür aufgedrückt wurde, den Blick auf die straffe Staatsdienergestalt des Reinhard Preuß freigebend.

«Ich hätt Sie gerne mal gesprochen, Herr Voppmann...»

«Was willst du mit dem Dolche, sprich!?»

«Wie...?» Leicht irritiert blickte Preuß nach unten, hielt er doch nichts anderes als zwei Briefbögen in den Händen; Voppmann war wieder mal zu schillernd für ihn.

«Ich meine, mit welcher Rüge Sie uns heute...?»

Preuß hielt die beiden Blätter hoch, zwei dünne DIN-A 4-Durchschläge. «Frau Kaminski schreibt immer noch zweizeilig, und auch die Rückseiten ihrer Briefe sind nicht genutzt...!»

«Das ist meiner Ansicht nach sehr wichtig für das ABS: das ist einfach großzügiger, das sieht nicht so kleinkariert aus...»

«Aber die GGO I sagt nun mal ganz eindeutig: In der Regel sind die Seiten beidseitig und engzeilig vollzuschreiben!»

Voppmann grinste. «In Marthas Alter scheint mir diese Voraussetzung nicht mehr gegeben...»

«Ich warne Sie!» Preuß knallte die Tür hinter sich zu, schon auf dem Wege zum Bürgermeister, mit dem mal unter vier Augen darüber nachzudenken, wie man diesem Voppmann...

«So, nun zu uns beiden...» Der ABS-Leiter machte zuerst die Dame Gänsicke und den Herrn Schmittkowski miteinander bekannt und dann die berühmten Nägel mit Köpfen.

«...da wir Frau Gänsicke bei der Errichtung ihrer ‹Schule für kreative Selbstverwirklichung› ein wenig Hilfestellung haben leisten können, hat sie uns versprochen, nun auch mal uns zu helfen, wenn Not am Manne sein sollte... Und da sie nun gerade, so nehme ich an, einen tüchtigen Gehilfen für ihr Unternehmen braucht, brauchen wird, da wird sie den Herrn Schmittkowski als Boten beziehungsweise als Faktotum bei sich einstellen und auch darauf achten, daß er einen Legastheniker-Kurs an der hiesigen Volkshochschule besucht und vor allem auch durchsteht...» Damit drückte er der Gänsicke mit so freudig bewegtem Blick die Hand, daß die gar nicht mehr auf die Idee kommen konnte, nein zu sagen. «Liebe Frau Gänsicke, herzlichen Dank dafür!»

«Ja, selbstverständlich...» sagte Gerda Gänsicke, in ihrer übergroßen Voppmann-Verehrung noch zu ganz anderem bereit als lediglich zu diesem.

Zu weiterreichenden Sympathiekundgebungen kam es indessen nicht mehr, da nun noch einmal Siegfried Goyatz die Voppmannsche Bühne betrat.

«...ich war beim Bürgermeister, und der hat mir sofort Hilfe zugesagt!»

«Na bitte...! Schön für Sie.»

Am nächsten Morgen kamen Karl Voppmann und Martha Kaminski als erste ins Amt für Bürgersorgen, und zwar vom Flur her ins Besucherbüro.

«...morgen früh um diese Zeit sind wir schon hoch in der Luft... Lanzarote...»

«Hoffentlich ist es nicht zu heiß da.»

«Na, heißer als hier wird's da auch nicht zugehen...!» Voppmann dachte an den gestrigen Tag.

«...bin ich müde!» Mutter Kaminski war schon mit dem Anwerfen ihrer Kaffeemaschine beschäftigt, deren Aufstellung Domisch nach dem Malheur mit Preußens Kaffeebecher doch wieder genehmigt hatte. «Ich hab vor Aufregung kaum 'n Auge zugekriegt.»

«Ich ja. a) war ich froh darüber, daß dieser arme Teufel da, dieser Jochen Schmidt... Schmitt-Schmitt...? Na sag mal...!? ...Schmittkowski nun endlich doch 'n Job gefunden hat, bei der Gänsicke, und b) daß mir so 'n Schicksal erspart geblieben ist.»

«Ja, das kannste wirklich...» Mutter Kaminski füllte, keinen Krümel verschüttend, das Kaffeepulver in den Filter.

«Und jetzt den Urlaub noch...!» Voppmann, auf dem Wege ins Amtsleiterzimmer, genoß sein Hochgefühl, diesen *Faust*schen Augenblick: Verweile doch! Du bist so schön!

Tat er aber nicht, denn als Voppmann jetzt an der Verbindungstür stand und sie aufdrücken wollte, da klemmte sie, ging schwerer noch, als wenn sich drüben jemand mit dem Rücken gegen preßte.

«Nanu...!? Was is'n das hier!?» Voppmann, einen kleinen Scherz von Zietz oder H.-H. Hecht vermutend, stemmte sich mit aller Kraft dagegen.

Seinen ganzen Körper gegen das Türblatt werfend, schaffte er es dann, sich einen halben Meter Zimmer zu erkämpfen, einen breiten Spalt...

...um aber sofort wieder, aufschreiend und die Hände instinktiv zum Kopf hochreißend, ins große ABS-Büro zurückzuprallen, denn es kamen ihm nun Bücher über Bücher entgegen, entgegengefallen, entgegengequollen, eine ganze Bücherlawine respektive -flut. Und als die sich dann, von seinen Füßen gebremst, allmählich totgelaufen hatte, da sah er, daß sein ganzes Büro ein einziges Büchermeer war, was den Fußboden anging, aber auch, nahm er die völlig vollgestellten Wände, echte Bücherberge zeigte.

Still-ergriffen stand er da.

Hereingespült worden war aber auch ein DIN-A 4-Bogen, mit hieroglyphenähnlichen Buchstaben bedeckt, per Hand und mit monströsem Füller geschrieben.

Mutter Kaminski hatte sich als erste gebückt.

«...'ne Notiz vom Bürgermeister...»

«Von Domisch...!? Lies mal bitte vor...»

Sie tat es, und dies war der Inhalt der amtlichen Mitteilung:

Sehr geehrter Herr Kollege Voppmann,
in Verfolgung unseres Ziels einer bürgernahen Verwaltung haben wir beschlossen, die Bücher des Herrn Goyatz während der Zeit Ihres Jahresurlaubs erst einmal in Ihrem Dienstzimmer zwischenzulagern, um diesem damit die fristgerechte Fertigstellung seiner anspruchsvollen Dissertation zu ermöglichen.

In der Annahme, daß diese Maßnahme Ihre volle Zustimmung finden wird,
Ihr
Konrad Domisch

Mahlzeit!

Jede Pause war wie ein kleiner Urlaub, war das Eigentliche, auf das man sich freute, und jeden Tag, von halb zwölf bis zwei, schallte es hell und jubilierend, erlösend wie ein Torschrei, fast schon Bachsches Oratorium, durch das ganze große Rathaus, seine Flure, seine Gänge, das unnachahmlich deutsche «Mahlzeit!». Zu dieser Zeit mit «Guten Tag!» zu grüßen war ein grober Normenverstoß, zeigte an, daß derjenige, der dies tat, nicht die Nähe wollte, nicht die Wärme dieses Nestes, auf die Liebe seines Nächsten pfiff, ein stiller Outlaw war, verdächtigt werden mußte, auch sonst im Dienste wie privat... Na ja...! Die aufrechten Gemüter jedenfalls, die gaben sich durch ihr heiter-offenes «Mahlzeit!» auch als solche zu erkennen (auch wenn sie in Wahrheit am liebsten zum Amoklauf angesetzt hätten).

Zietz, der einige von ihnen seit Jahren kannte, hatte von der Gruppe Heinrich / Bosetzky / Kurbjuhn / Müller / Maaß schon vorab etliches von deren groß angelegter Untersuchung über das Leben in den deutschen Büros zu sehen bekommen, zwar in einem anderen Rathaus über die Bühne gezogen, doch auch für seines gültig. Er nahm sich vor, die dort angegebenen Wahrscheinlichkeiten, die Nutzung der Mittagspause betreffend, heute zur Richtschnur seines Handelns zu machen. Und da 90,5 % der Befragten etwas Eßbares zu sich genommen hatten, blieb ihm nichts anderes übrig, als ebenfalls zu essen, obgleich ihn wenig hungerte. Diese Vorgabe, dieser Majoritätsdruck, wie die Gebildeten sagten, der ärgerte ihn noch deswegen besonders, da er viel lieber in der Kantine aß als im Büro, dies aber nur 11,5 % angekreuzt hatten (gegenüber 68,5 % an Am-Arbeitsplatz-Essern). Auch war er wenig begeistert davon, nun mit Kollegen klönen zu müssen, hätte lieber ruhig vor sich hin gedöst, mußte dies aber, da es, das Pausengespräch, 59,0 % seiner Kollegen auf ihrem Fragebogen angegeben hatten. Worauf er nun erst recht keine Lust / keinen Bock mehr hatte, das war das «Lesen von Zeitschriften, Zeitungen, Büchern etc.», das von 43,0 % als Pausentätigkeit benannt worden war (höchstens noch auf das Etcetera, Meyer 13s *lui* oder *Playboy* beispielsweise, aber der nutzte die wohl selber in irgendeinem stillen Abortwinkel). Apropos: Toilette! Er entschied sich, in aller Ruhe seinen Darm zu leeren.

«Mahlzeit!»

Die Toilette war auch hier ihr größtes Centre du Communication. Nebeneinander pinkelnd konnte man sich da wunderbar austauschen; die Damen auch hier wieder von der Struktur her deutlich im Nachteil. Becken an Becken am Becken von keinem Telefon gestört, keiner Vorzimmerdame und keinem Bürger (die hatten extra Besuchertoiletten und längst nicht so schöne). Anregend war es allemal, und munter plätscherten die Gespräche über die Sekunden des seligen Sichlösens hinweg, es sei denn, man war, aus welchem Grunde auch immer, leicht bis schwer gehemmt dabei, litt unter einer psychisch bedingten Striktur, brachte also keinen Tropfen heraus, während es die anderen strahlartig schafften. Ein kleines Drama stets für die Betroffenen.

Forts. folgte dann beim Händewaschen, und großes Gelächter, wenn der Seifenspender seine glibbrig-gelbe Masse wieder mal ins Weite ejakulierte, womöglich einem hohen Würdenträger so gezielt aufs dunkle Beinkleid, daß der sich nicht mehr sehen lassen konnte.

«Mahlzeit!»

Timon ging zu seiner Stammkabine und fand sie unbesetzt, machte sich, ein paar geübte Griffe nur, bereit zum Kreatürlichen, nicht aber ohne vorher noch, Kulturmensch war man schließlich, genügend Lagen an Toilettenpapier auf die schwarze Brille zu legen, jeder Ansteckungsgefahr damit begegnend. Dieses Scheißpapier, so hart, daß man's auf seine Schleifmaschine spannen konnte. Gott, das war nun die berühmte Fürsorgepflicht seines Dienstherrn! Weh dem, der hier die Hämorrhoiden hatte (was man vom Preuß genauestens wissen wollte)!

Dann hockte er da und ließ sich wieder mal beeindrucken von dem, was seine Kreativ-Kollegen dort an die Türen, an die Wände hingepinselt hatten. Vom vielen Schweinkram abgesehen (Selbstzensur!) auch Hintersinniges (siehe: Genius loci):

- Ordnung ist das halbe Leben. Unter-Ordnung ist die andere Hälfte.
- Mit leerem Kopf nickt sich's besser.
- Hier kann jeder machen, was Domisch will.
- Ich find alles scheiße, wo ist das Fundbüro?

Keine Sitzung hier ohne Graffiti, und vieles war den Oberen gewidmet, insbesondere dem Preuß; kantige Beamtenvisage, Monokel im Auge, Sprechblase zwischen den Lippen.

– Preuß: «Wir müssen sparen, wo es geht; koste es, was es wolle!»

Und schließlich:

– Wer kriecht, der kann nicht stolpern.

– Wer hier kein Schwein hat, der wird schnell zur Sau gemacht.

Gez. Konrad Domisch, Bürgermeister

Und während er die ersten der säuisch harten Blätter scheppernd von der Rolle riß, damit den draußen wartenden Kollegen das baldige Ende seiner Verrichtung sehr sensibel anzeigend, fiel ihm prompt jene Anekdote wieder ein, die sie sich hin und wieder von Domischs Vater erzählten, einem alten Kommißkopp, der in langen Jahren bis hin zum Amtmann aufgestiegen war, zum Leiter des hiesigen Bäderamtes sogar, und dort auch über einen ältlichen Untergebenen gebot, der während des Dienstes des öfteren die Zeitung nahm und klammheimlich zum «Knöken», wie er das nannte, auf den «Lokus» zog, alsbald von vielen kopiert. Domisch senior, immer wütender darüber, konnte schließlich nicht anders, als sich beim Hausmeister einen Dreikantschlüssel zu beschaffen. Indianerhaft anschleichend, schloß er dann in wiederholten Blitzaktionen die Kabinentüren auf, seine Mitarbeiter dabei völlig bloßstellend. Der Personalrat hatte lange zu tun, ihn wieder zu entwaffnen.

Gerade war Timon so richtig am Schmunzeln, da hallte ein Schrei durchs untere Rathaus, die dünne Wand zwischen den Damen- und den Herrentoiletten fast ungedämmt durchdringend, und Timon wußte sofort, daß es Verena war, die dort hinter ihm um Hilfe rief. Panischer Schrecken, höchster Alarm, wie aber zu ihr eilen, wenn man überhaupt noch nicht...!? Egal: raus auf den Gang und hinüber zu ihr!

Nichts war ihr geschehen, Gott sei Dank; nur der Voyeur wieder, «ihr» Spanner. Durchbohrte da einer seit Wochen die Wände der Damenkabinen oder sah von oben mit Hilfe von Spiegeln lüstern in diese hinab, war einfach nie zu fassen, schien überraschend ortskundig zu sein, brachte manchen Kollegen gar heftig in Verlegenheit, so Meyer 13 etwa oder Preuß. Man hörte es in jeder Ecke tuscheln; denn besser verbale Aggressionen als gar keine.

Verena galt es also wieder ruhigzustellen; er tat das und auch Mutter Kaminski, die gerade Kaffeewasser holen kam («Pflicht zur kollegialen Zusammenarbeit»). Um nun die Damen wieder etwas aufzuheitern, scherzte er, daß sie sich mit dem Wasserfassen mal beeilen sollten, denn die Wasserwerke hätten eben angerufen, auch Hecht verkünde es schon überall, daß man wegen der Erneuerung eines vom Platzen bedrohten Druckrohrs ab 12 Uhr 15 die Wasserzufuhr ins Rathaus leider stoppen müsse.

«Mahlzeit!»

Auf ging es, nun doch noch zur Kantine in den Keller hinunter («Kaliningrader Klopse» – DM 3,80), und auch dort verhielten sich die Staatsdiener durchweg untersuchungsgerecht, wie er alsbald feststellen konnte:

«Wie war denn deine Reise?» (70,1 % redeten oft über Reise und Urlaub).

«Sag mal, wo krieg ich denn am billigsten 'nen neuen Wohnwagen her?» (53,6 % unterhielten sich oft über günstige Einkaufsmöglichkeiten).

«Meine Magenschmerzen gehen überhaupt nicht mehr weg; mein Internist tippt jetzt auch auf 'n Magengeschwür... (52,7 % sprachen oft über ihre Krankheiten, Kuren und dgl.).

«Das mit dem Baustadtrat ist ja 'n Ding – über 250000 Mark Bestechungsgelder!» (28,6 % kommunizierten oft über die örtlichen Tagesereignisse).

«Kohl weiht einen Tennisplatz ein. Was macht er dabei...? – ... er zerschneidet das Netz!» (21,2 % hatten es oft mit allgemeinen politischen und kulturellen Themen zu tun).

«Ist das nun 'ne überplanmäßige Ausgabe nach § 69 (1) GO oder nicht?» (14,7 % der Mittagspäusler pflegten sich oft über ihre konkrete Aufgabenerledigung zu beraten, sprich: auszutauschen).

Da saßen sie nun alle, seine lieben Kolleginnen und Kollegen: Die *Joborientierten* (23 %), die *Integrierten* (22 %), die *überzeugten Verwalter* (13 %), die *Parasiten* (9 %), die *Engagierten* (8 %), die *Eingefangenen* (6 %), die *Reformer* (5 %), die *Aufsteiger* (4 %), die *Frustrierten* (4 %), die *ambivalenten Spezialisten* (4 %) und die *Karrieristen* (2 %). Who was who?

«Mahlzeit!»

Gelästert wurde über eine Kollegin, die man gestern kräftig reingelegt hatte. Anruf mit verstellter Stimme. Hier sei das Gesundheitsamt, und einer ihrer Besucher gestern im Sozialamt habe Tbc gehabt, offene, und nun möge sie bitte alle Türklinken bei sich im

Büro schleunigst abschrauben und zum Bürgermeister hochbringen. Was sie dann auch prompt getan hatte...

«Mahlzeit!»

Zurück ging's nun, ins Büro hinauf, ins heimatliche. Unterwegs überall ein wildes Gerenne, Dutzende von Gieß- und Kaffeekannen wurden hin- und hergeschleppt zum Wasserholen, auch Teller und Tassen, Löffel und Messer, die noch abzuwaschen waren, und so manch einer eilte, solange die Spülung noch ging.

Mutter Kaminskis fürsorglich-kollegiale Rufe «Beeilt euch mal, das Wasser wird gleich abgestellt!» hatten sich in Windeseile im ganzen Rathaus verbreitet, unbürokratisch und schnell.

«Mahlzeit!»

Der Mann auf der Eiche

Der «Pflanzerverein Erdenglück e. V.» war zwar schon Anno 1912 gegründet worden, hatte aber in den vielen wildbewegten Jahren seiner Existenz nie auch nur halb soviel Aufmerksamkeit beim Publikum gefunden wie in dieser einen Woche im August (abgesehen mal von einem mysteriösen Leichenfund vor etwa zwanzig Jahren; doch der kann uns hier kalt lassen).

Jetzt aber waren die Leute zuhauf hier zusammengeströmt, um einem Waldschrat zuzujubeln, einem unserer letzten «Originale», einem Männlein, das seinen Namen mit Worzalla, Rudi, der Polizei zu Protokoll gegeben hatte.

Doch was war nun Sache?

Da war zuerst einmal 'ne echte deutsche Eiche, hart am Rande der letzten Vereinsparzelle breit und wuchtig aufgewachsen, schönster Baum des «Erdenglücks» und seiner Laubenpieper, mit seinen Zweigen und Ästen weit ins öffentliche Straßenland hinaus- beziehungsweise hineinragend; und auf diesem Musterstück von Laubgehölz, da hatte sich nun der Rudi Worzalla aus diversen Brettern, Blechen und Platten ein einzimmriges Baumhaus errichtet, mit einem «Balkon» davor, auf dem er dann des öfteren saß und malte (naiv).

Und zweitens war da auch, neben den zwanzig bis dreißig Zuschauern natürlich, Menschen aller Altersgruppen und sozialer Schichten, ein Beamter namens Jahro (vgl. Band 1), nach vielen Irrwegen in der Verwaltung (u. a. auch als *Leichen-Jahro* beim Friedhofsamt) nun im Tiefbauamt gelandet und damit beauftragt, den Worzalla – gegen den erklärten Willen der Menge – aus seinem Paradiese zu vertreiben (und das war es ja wohl, obschon die nächste Kreuzung, vielbefahren, keine hundert Meter entfernt dröhnte und stank).

Jahro also, von mediterraner Schönheit, um den Hals ein Goldkettchen gewunden, stand am Fuße der Worzallaschen Eiche und schrie dauernd was nach oben, die Hände zum Megaphon geformt: «Zum letztenmal, Herr Worzalla, kommen Sie bitte runter!»

Als auch das nichts fruchtete, versuchte er, dabei leicht in die Höhe springend, die letzte Sprosse einer Strickleiter zu erhaschen, die von Rudi Worzalla eilends hinaufgezogen wurde.

Spöttisches Beifallsklatschen der Menge, als Jahro immer wieder, von Rudi kräftig vorgeführt, daneben und ins Leere griff, jedesmal ein wenig mehr an unantastbarer Würde verlierend.

Also wurde er amtlich: «... ich habe hier die Verfügung des Tiefbauamtes, mit der Ihnen ab sofort die Benutzung Ihres Baumhauses untersagt wird!»

Seine weiteren Worte (der Hinweis auf § 14 ASOG – Abwehr einer im einzelnen Falle bestehenden Gefahr für die öffentliche Sicherheit oder Ordnung) gingen im Gesang unter, den die Rudi-Fans nun angestimmt hatten:

«Hoch soll leben,
hoch soll er kleben,
drei Jahr' noch!
Ru-di...!! Ru-diii...!!»

Rudi hatte sich über seine wacklige Brüstung gebeugt, schwang seinen Pinsel wie einen Taktstock, den Chor unten dirigierend, und grüßte dann, als die Ovationen kamen, wie ein König zu seinem Volk hinunter.

«Sie sollen runterkommen!» beharrte Jahro.

«Kommen Sie doch rauf!»

«Wenn Sie Ihr Baumhaus nicht sofort verlassen, dann haben Sie ein Zwangsgeld von tausend Mark zu zahlen!»

«Bei mir sind nicht mal tausend Pfennig zu holen!»

Jahro bemühte sich um großinquisitorische Schärfe. «Bei Uneinbringlichkeit des Zwangsgeldes ist Ersatzhaft zulässig, wissen Sie doch!»

«Ach, bist du aber gescheit!» lachte Rudi. «Gescheit, gescheiter, gescheitert!»

Ein Jugendlicher, Marke Fußballrocker, sprang vor und schrie nach oben: «Rudi, pinkle dem doch uff'n Kopp!»

Zustimmendes Gejohle.

«Gute Idee!» rief Rudi und suchte auch schon den Schlitz seiner Latzhose, hatte blitzschnell klargemacht.

Jahro sprang ein Stück zurück, stolperte ein wenig und konnte nicht verhindern, von einigem Spritzwasser getroffen zu werden.

Selig die Menge, aber auch, in ihr weilend, der Verfasser dieser Zeilen, zur Beruhigung seines Über-Ichs (wie seiner vielen Leser aus der bürgerlichen Bildungselite) dabei innerlich Goethe zitierend: *Hier ist des Volkes wahrer Himmel, / Zufrieden jauchzet groß und klein: / Hier bin ich Mensch, hier darf ich's sein!*

Weniger glücklich allerdings war Jahro; der schrie, sich mit einem Taschentuch trocknend, stark Abwertendes nach oben: «Sie sind ja wirklich ein Schandfleck für die ganze Stadt!» Zweifelsohne war dies öffentliche Bepinkeltwerden als die schlimmste Form deutscher Beamtenbeleidigung zu werten, nach § 194 (3) StGB vom Vorgesetzten zur Anzeige zu bringen.

«Sie wandern heute noch in den Knast!»

Eine Drohung, die Rudis Fans zu neuen Gesängen anregte:

«Hoch soll er bleiben,
hoch soll er bleiben,
drei Jahr' hoch!
Hoch – hoch – hoch!
Ruuu-diii!»

Wildes Gehupe nebenan auf der Straße, dann krachte es: ein Auffahrunfall. Während die beteiligten Wagenlenker auf die Straße sprangen, die Sache weiter auszufechten, schrie Jahro triumphierend zu Worzalla hinauf, daß er der Schuldige an diesem Unfall sei und nun wohl auch noch § 118 OWiG in Anwendung zu bringen wäre: Belästigung der Allgemeinheit. (1) Ordnungswidrig handelt, wer eine grob ungehörige Handlung vornimmt, die geeignet ist, die Allgemeinheit zu belästigen oder zu gefährden und die öffentliche Ordnung zu beeinträchtigen.

«Wenn Sie da oben Ihren Harn lassen und es hier unten zu Verkehrsunfällen kommt, dann... Gleich wird die Polizei dasein, dann laß ich Sie vom Baum runterholen!»

«Äih, du, echt geil: der will sich jetzt einen runterholen lassen!» schrie der Fußballrockerjüngling.

«Abhauen!» forderte Worzalla, sich schon zur Tat rüstend. «Sonst spring ick dir uff'n Kopp, und dir könnse vom Pflasta abkratzn!»

In etwa der Sekunde, in der dies geschehen sollte, saßen der ABS-Leiter und sein alter Schulfreund Georg, Spitzenmann bei einer

Wohnungsbaugesellschaft heute, am Konferenztisch beieinander und sahen zu, wie Voppmanns badische IV h, eine blaue Tenderlok, Ho und prächtig anzuschauen, auf einem kleinen Oval mit sattem Schnurren ihre Runden drehte, immer um Cognacflasche und Gläser herum.

«...und so kommst du also hier im ABS bestens über die Runden?» fragte Georg, bankerelegant, sein Glas absetzend.

Karl Voppmann goß nach. «Ja, sowohl als Vopp- wie auch als Ombudsmann, wie mein Mitarbeiter Chaoten-Timmy jetzt sagen würde, Timon Zietz...

Sie hoben noch einmal die Gläser und tranken sich zu.

«Prost!» rief Georg, die Lok mit dem Zeigefinger kurz aufhaltend. «...auf weiterhin soviel Vergnügen bei der Arbeit!»

«Danke, lieber Georg! Der Mensch ist für das Vergnügen gemacht, hat schon Pascal gesagt, wenn auch nicht zu mir, er fühlt es – andere Beweise sind überflüssig! Prost...!»

«...so 'ne Eisenbahn, die haste dir wohl schon damals bei der Einschulung gewünscht... Bloß da gab's ja so was noch nicht... Oder unsere Eltern hatten kein Geld dafür...»

«Das wohl eher... Ja: Wer warten kann, zu dem kommt alles...»

«Mensch...!» staunte Georg. «Bist du gebildet heute. Und vor fünfundvierzig Jahren hast du dich so mächtig mit den Buchstaben abquälen müssen... Schreiben und Lesen immer 'ne Fünf...!»

Voppmann lachte auf. «Na, da müßteste mich heute mal erleben!»

«Das glaub ich dir gerne. Wenn man so hört, auf was für Hochzeiten du überall tanzt: Partei, Gewerkschaft, Sportverein... Hast du eigentlich noch Zeit für 'n geregeltes Privatleben?»

«Was verstehst'n du unter geregelt...?»

«Na, so richtig mit Frau und Kindern...?»

«Martha hat ihre Kinder, ich hab meine Kinder; und gemeinsam kriegen wir ja sicher keine mehr. Weißte, 'ne zweite Ehe is ja ganz gut und schön, aber dann könnten wir auch nicht mehr hier auf derselben Dienststelle arbeiten.»

«...und es macht dir noch immer Spaß hier?»

«Immer nicht, manchmal ja. Aber schließlich werden wir ja auch nicht bezahlt dafür, daß wir beim Arbeiten unsern Spaß bei haben...»

Georg bedankte sich nun noch einmal für Voppmanns Hilfe beim

Ingangbringen seines privaten Bauvorhabens. «Wenn du bei deinen lieben Kollegen im Bauamt nicht 'n bißchen nachgeholfen hättest, dann hätte ich erst im nächsten Frühjahr anfangen können. So allmächtig, wie die Leute immer denken, sind wir von der Neuen Siedlungsgesellschaft nun auch wieder nicht...»

Voppmann grinste. «Ja, ja, gerade die Mächtigsten sind oft am wenigsten glücklich... Schönen Gruß aus Dallas!»

«Danke...» sagte Georg und holte dabei aus seinem Aktenkoffer ein kleines Päckchen hervor: eine bayerische S 3/6-Lok, grün, im Länderbahnlook. «Lieber Karl, damit ich dir meinerseits auch mal eine kleine Freude machen kann...»

Voppmann, obwohl es ihn schmerzte, wies das kleine Präsent ebenso freundlich wie unmißverständlich zurück.

«Nein, danke, Georg! Das ist zwar sehr lieb von dir, und das Dingens ist ja nun wirklich auch ein kleines Schmuckstück, aber dennoch: nein! a) aus Prinzip, und b) weil es da den Abschnitt 28 des Strafgesetzbuches gibt: § 331 Vorteilnahme im Amte, § 332 Bestechlichkeit im Amte...»

«Bei so 'ner Kleinigkeit...!?»

«Das sind zweihundert Mark und mehr – und außerdem hätte Don Corleone so was auch nicht getan...»

«Don Corleone, wer ist denn das? Euer neuer Pizzabäcker?»

«Nein, mein großes Vorbild im kleinen; der Held im ‹Paten›...» Und nun kam Karl Voppmanns große Organisationsphilosophie. «... der sagt, daß man gute Taten horten muß wie ein Bankier die Wertpapiere. Ich helfe dir gerne, und zunächst ist meine Hilfe ein reines Geschenk. Vielleicht bleibt das auch immer so; es kann aber auch sein, daß ich dich eines Tages höflich bitten werde, mir dafür deinerseits einen Gefallen zu tun...»

«... und wenn ich das nicht tu, dann kommen deine Killer und werfen mich in den Hudson, schön in Beton gegossen...!» Georg erhob sich, hatte noch zu tun.

Auch Voppmann war nun aufgestanden, umarmte seinen alten Weggenossen: «Siehst du, Georg, das ist es, was eine echte Freundschaft heutzutage ausmacht...»

Bis jetzt war es im ABS einer jener Tage, die seine Leistungsträger schon vergessen hatten, bevor sie den nächsten Gehaltsnachweis in ihrer Post vorfanden, diese computergedruckte Superstreicheleinheit ihres sehr geehrten Dienstherrn, Belohnung ihrer abermals vierwöchigen Hingabe an ihn, verziert mit neckischen Aufschriften wie: *Hinter jedem Schreibtisch sitzt ein Mensch mit Herz* oder *Schreiben der Verwaltung sollen verständlich sein. Also weg vom «Bürokratenchinesisch»! Versetzen Sie sich immer in die Lage des Empfängers. Danke!*

Tat dies auch Herr Meyer 13, Fragezeichen, als er jetzt Mutter Kaminski einen Briefentwurf zum Tippen gab, in dem es u. a. hieß:

... wie wir gestern in Erfahrung gebracht haben, konnte im Hinblick auf die Ihnen zugleich mit der im Schreiben vom 12. Mai erteilten Genehmigung zur Errichtung einer Garage in Ansatz gebrachten Gebührenerhebung nach Rücksprache mit dem zuständigen Sachbearbeiter im Bauamt eine einvernehmliche Klärung inzwischen herbeigeführt werden ...

Mutter Kaminski tippte dies noch, erstaunt darüber, daß da statt Garage nicht Kraftwagenanlage geschrieben stand, als Meyer 13 schon, heiß bemüht, mit dem Verständnis des § 45 des VwVfG, des Verwaltungsverfahrensgesetzes, beschäftigt war, der *Heilung von Verfahrens- und Formfehlern*, nicht aber, um fürderhin als Heilpraktiker zu gelten, sondern um seiner immerwährenden Pflicht der Fortbildung Genüge zu tun: Die Dienstleistungspflicht (Pflicht zur vollen Berufshingabe) schloß nämlich auch die Fortbildungspflicht ein, das heißt die Verpflichtung, sich das laufend notwendige Fachwissen anzueignen und zu ergänzen (vgl. BayVGH – 8. 1. 1960; ZBR 1960, S. 121). Und so vertiefte er sich denn minutenlang in den § 45 VwVfG (3) ...

... Fehlt einem Verwaltungsakt die erforderliche Begründung oder ist die erforderliche Anhörung eines Beteiligten vor Erlaß des Verwaltungsaktes unterblieben und ist dadurch die rechtzeitige Anfechtung des Verwaltungsaktes versäumt worden, so gilt die Versäumung der Rechtsbehelfsfrist als nicht verschuldet ...

Das war alles so schrecklich öde, daß er beim dauernden Lesen des Wortes Verwaltungsakt alsbald an andere Akte dachte, schließlich statt Rechtsbehelf Rechtsbeischlaf las, stutzte, noch ganz kurz zögerte, dann aber doch leise seinen Schreibtisch aufzog, um in einer alten *Playboy*-Nummer zu blättern, jederzeit bereit nicht nur zur Verteidigung der freiheitlich-demokratischen Grundordnung, sondern auch dazu, die Lade mit dem Vorzucken seines Bauches blitzschnell wieder zu schließen, sollte es eine gefährliche Kollegen- oder Klientenannäherung geben.

Nach der Autonummer rauchen sie eine Zigarette auf dem Rücksitz.

«Wird Zeit, daß wir zurückfahren», meint sie.

«Sicher», meint er. «Aber vielleicht sollten wir's vorher noch einmal machen.»

«Unmöglich, einmal reicht. Meine Eltern sagen, ich sei noch zu jung für einen festen Freund.»

Meyer 13 war völlig weg bei diesem Bild, und was Wunder, daß er da, die werbeposterschöne Minirock-Verena immer vor und neben sich, in greifbarer Nähe, die allergrößte Mühe hatte, ein schlagartiges Abfallen seines Hormonspiegels schon hier im Büro zu verhindern; welch Skandal, wenn dieses ruchbar wurde. Aber wozu hatten sie denn spezielle Toilettenkabinen nur fürs Rathauspersonal, wenn auch in einer Entfernung, die das rechtzeitige Erreichen zum Vabanquespiel werden ließ.

Doch er schaffte es noch, hatte sich mit diesem Nervenkitzel, diesem Lustgewinn wieder jenen Kick gegeben, den er notwendigerweise brauchte, um die tiefen Depressionen seines Hierseinmüssens ohne Suizidsehnsucht verkraften zu können. Mit dem einzigen Berufswunsch im Herzen, Gynäkologe zu werden, Wahnsinn das bei einem Abiturdurchschnitt von 3,7 nur, war er, auch als Betriebswirt gescheitert, durch die politische Potenz seines Onkels in den Verwaltungsdienst geraten, fehl am Platze hier, aber lebenslang in die Pflicht genommen, saß nun hier und spielte das, wofür sie ihn bezahlten, Meyer 13, mit immer schlimmeren Defiziten im Haushalt seiner armen Seele, zusammengehalten nur noch vom Stützkorsett seiner Korrektheit und seiner zwanghaft-lustvollen Sucht, alles zu registrieren, zu quantifizieren, was so geschah.

Ein Morgen im ABS.

Auch Verena tat im Augenblick nicht gerade das, wofür man sie bezahlte. Sie wäre gerne, das wissen wir, Tierärztin, Zoologin oder ähnliches geworden, mit Grzimek in der Serengeti, mit Sielmann auf den Galapagos-Inseln, hatte ja auch die ersten Semester in dieser Richtung studiert, dann aber schnell begriffen, daß sie es niemals schaffen würde, aus ihrer großen Liebe einen Gelderwerb zu machen, und folgerichtig das getan, was außerordentlich logisch war: sich den Beruf herausgepickt, wo sie als Frau a) die größten Aufstiegschancen und b) die meiste Freizeit hatte, human wie alles war, c) aber auch ein Maß an Selbstverwirklichung, mit dem sich leben ließ, ganz zu schweigen mal von jenen Entspannungsübungen während der *Kernzeit* (9–15 Uhr) wie eben jetzt, als sie sich wieder einmal dem Studium von *Grzimeks Tierleben* hingeben konnte.

Ein Morgen im ABS.

Zietz schließlich, noch immer in statu nascendi seiner Mannwerdung begriffen, offen in allem, zwanzig Jahre später vielleicht Stadtstreicher am Hamburger Hauptbahnhof, aber womöglich auch der Umweltminister einer immerhin denkbaren Landesregierung, Zietz reparierte wieder einmal Karl Voppmanns «brennendes Finanzamt», ein Ho-Modellbahnzubehör-Gebäude, echt Plastik, längst gekauft vor Aufkommen des Anarcho-Slogans «Feuer und Flamme für Deutschland» und dennoch von Domisch als staatsgefährdend eingestuft.

«... das Ding will nicht mehr qualmen; irgendwie die Zuleitung zum Rauchentwickler... Herrliche Idee: so 'n Finanzamt brennen zu lassen!»

«... ein Ventil braucht der Mensch», kommentierte Verena.

«Sie kam von den Tieren zum Kommen*tieren*!» sagte Timon.

«Ha-ha-ha!»

Ein Stichwort, das H.-H. Hecht sich nie entgehen ließ; schon kam er vom Flur her angestoben, seinen Werkzeugkasten in der Hand.

«... nicht stören lassen bei der Arbeit: weitermachen! Ich muß euch nur schnell eure beiden Türschlösser hier auswechseln...» Er zeigte auf die Tür zum Flur und dann, sich drehend wie ein ampelersetzender Verkehrspolizist, zur Verbindungstür hinüber. «Neue Schlüssel kriegt ihr nachher auch...»

«Warum denn das...?» fragte Timon.

«Befehl von Preuß. Sicherheitsaspekte. Oder daß keiner eure Vögel hier klaut...!» Er ging zu den beiden Wellensittichen, der eine bläulich-weiß, der andere grünlich-gelb, die im Bauer hinter Verenas Rücken bislang nur friedlich gepickt hatten, und brachte sie, ein wenig an den Gitterstäben rüttelnd, sehr schnell dazu, übel zu kreischen. «Bibo! Klärchen! Sagt mal: Blöde Bürger, blöde Bürger, raus hier!»

Zietz schlug mit der flachen Hand auf den Tisch. «Bitte, Herr Hecht, schwimmen Sie doch mal 'n kleines Stückchen weiter!»

Hecht trollte sich in Richtung Voppmann und Verbindungstür. «Okay, okay, fang ich eben an!»

«Immer diese fürchterlichen Drohungen...!» brummte Zietz.

«Ha-ha-ha!»

An der Verbindungstür angekommen, beugte er sich etwas nach unten, um die Türbeschläge und die dort hineingedrehten Schrauben genauer zu mustern...

...und wurde im nächsten Augenblick vom herausstürzenden Voppmann fast zu Boden gerissen.

Sekundenlang hielten sich beide aneinander fest und eng umschlungen, dann aber fuhren sie fluchend auseinander.

«Kannste nich mal aufpassen, Mann!» schimpfte Voppmann, doppelt böse, weil ihm Hecht auch noch die Anschlußschnur seines mitgeschleppten Bahntrafos abzutreten drohte.

«Entschuldigung... Aber woher soll ich denn wissen, daß da gerade einer am Lauschen ist...!?»

«Nu werd mal nich komisch, Hans-Heinrich!» Voppmann, sich den rechten Fuß reibend, war nun ausgesprochen sauer.

«Ich wollt ja bloß das Schloß hier auswechseln...!»

«Paß ma auf, daß se dich nich auswechseln!» Voppmann raffte sich wieder auf und strebte in Richtung Zietz, die Reparatur seines nicht mehr richtig brennenden Finanzamtes weiter voranzutreiben, kam aber nicht weit mit seinem Trafo, denn Hans-Heinrich stand nun fest auf dessen Zuleitungskabel, dies dem Chef fast aus der Hand fetzend.

«Ooohh...!»

«Mann Gottes!» Voppmann war nun voll am Poltern. «Als sie bei deiner Geburt die Dummheit verteilt haben, hast du aber bestimmt dreimal ‹Hier!› gerufen!»

Hecht guckte wie Stan Laurel: «...alle sind sie immer gegen mich... Dabei tue ich nur meine Pflicht wie jeder andere auch...» Damit begann er, Voppmanns altes Schloß herauszuschrauben.

Voppmann war inzwischen an Timons Schreibtisch angekommen und fragte nach, wie es denn mit seinem Reparaturgut nun stehe.

Zietz zeigte auf die diversen, fein säuberlich auf seiner grünen Plastikunterlage ausgebreiteten Prachtstückeinzelteile.

«Tut mir leid, aber bislang...»

«Ich hab auf alle Fälle mal den Trafo mitgebracht...» Voppmann bückte sich, ihn anzuschließen. «Können wir gleich mal sehen, ob es...»

Timon hob den kleinen Raucherzeuger hoch. «Ich glaube, das is 'ne kalte Lötstelle hier... Verdammt noch mal... Scheiße!»

Sein Ausruf war zwar ein wenig proletarisch, aber dennoch berechtigt, denn ihm war eben eine überaus winzige Schraube zu Boden gefallen.

Sofort kroch er am Boden herum, doch bei der grob gewirkten Auslegeware war es so ziemlich ausgeschlossen, das Ding im Handumdrehen wiederzufinden.

«Wart mal, vielleicht ist sie zu mir rübergerollt...!» Auch Verena tauchte nun, verschwand im dunklen Stollengang ihrer aneinandergestellten Schreibtische.

Mutter Kaminski kam flugs mit ihrer Taschenlampe herbei und kniete sich lichtbringend nieder.

Klar, daß da Karl Voppmann, auch wenn er dreist ihr Amtsleiter war, nicht allein im Abseits stehenbleiben konnte, zumal es ja seine Schraube war, die sich da gelockert hatte.

«Wo alles sucht, kann Karl allein nicht fehlen...» Nun robbte auch er durchs ABS-Büro. «... 'n Magneten hat keiner dabei...?»

«Nee...!» lachte Zietz. «Verena zieht zwar die Männerherzen an wie ein Magnet, aber keine alten Schrauben...»

«Ich muß doch sehr bitten!» sagte Mutter Kaminski.

«Suchet, so werdet ihr finden!»

Nur Meyer 13 blieb an seinem Schreibtisch sitzen und sah ungerührt zu, wie sich die anderen da mühten, hatte alle Hände voll zu tun, in seinen Rubriken «Kindliches Verhalten Voppmann» und «Regression Kollegen» die notwendigen Striche zu machen.

Die Suche dauerte und war so intensiv, daß die vier Bodenakrobaten gar nicht merkten, wie ein Klient in der Flurtür erschien und ihnen, die Klinke aus lauter Verblüffung gar nicht mehr loslassend, bei ihrer Mühsal zusah, ein ganz besonderer Mensch, ein Baummensch, ein echter Worzalla.

Das, was er sah, war natürlich für einen Exoten wie ihn ein gefundenes Fressen: Ohne jedes weitere Zögern ließ er sich lautlos auf den Boden gleiten, um dann auf allen vieren Richtung Zietz zu kriechen, dabei ganz plötzlich losbellend.

«Wuh-wuh!»

Als hätte man ihnen allen in derselben Sekunde eine spitze Nadel in den rausgestreckten Allerwertesten gestochen, so abrupt fuhren die vier ABSler wieder hoch, sich allesamt die Köpfe stoßend, teils aneinander, teils an Schreibtischen, Schränken und Stühlen.

Zietz war es dann, der als erster die Sprache wiederfand, sich an das überaus seltsame Individuum wendend, das vor ihm auf Knien lag und wie ein satter Säugling grinste (erste Assoziation: das ist doch der Sam Hawkins aus'm *Winnetou*...).

«... so kriechend und devot brauchen Sie sich ja eigentlich in deutschen Amtsstuben heutzutage nicht mehr zu bewegen...»

Rudi sprang auf. «Hatte ich auch gar nicht vor... Ich dachte nur, wenn die alle Hund hier spielen, dann mußte wohl auch mitmachen...!»

«So sehr auf'n Hund gekommen ist das ABS ja nun auch wieder nicht», sagte Verena.

«Wolln wir's hoffen!» lachte Voppmann. «Entschuldigung, wir haben nur was gesucht hier... Aber was können wir nun für Sie tun, Herr...?»

Rudi Worzalla machte eine leichte Verbeugung und stellte sich vor. «... ich bin der Mann auf der Eiche, Sie wissen schon...!»

«Ah!» rief Verena. «Sie sind das! Ich wollt gestern schon mal anhalten und 'n Bild bei Ihnen kaufen.»

«Und ick sollte Ihren Baum absäjen!» sagte Hecht, der inzwischen mit dem Schloß in der Verbindungstür fertig geworden war und sich nun, mit dem Werkzeugkasten in der Hand, auf dem Rückzug befand. «Mein Bruder hat nämlich da 'ne Laube, wo Sie Ihre Eiche ham. Und weil die villen Zuschauer den Leuten ihre Beete zertrampeln, da...»

Hier brach er ab und stieß mit der freien Hand raubvogelgleich nach unten.

«... hier, wenn ihr 'ne Schraube sucht, nehmt doch solange die...!»

Triumphierend ließ er sie in Zietz' offenen Handteller fallen. Der war zwar voller Dankbarkeit, konnte sich aber dennoch, angedeutet durch ein lautes «Tuk-tuk-took!», einen ganz bestimmten Hinweis nicht verkneifen.

«Mann, wie geistreich!» brummte Hecht, echt gekränkt seinen Weg zur Flurtür hin fortsetzend.

«Entschuldigung! Ein Zietz ist halt kein Cicero...»

«Ja, und Undank ist der Welt Lohn», erwiderte Hecht, nun schon dabei, das Schloß in der Flurtür auszubauen und durch ein neues zu ersetzen; nicht das ganze Schloß, um meyerianisch präzise zu sein, sondern bloß den Zylinder.

«Wo brennt's denn...?» fragte Voppmann, eigentlich an Worzalla gewandt.

«... ob's jetzt wieder brennt?» fragte aber Zietz und zeigte aufs Finanzamt. «Ja, sicher wird es wieder, wenn ich jetzt...»

«Ich hab Herrn Worzalla gemeint...»

«Oh, Pardon!»

Rudi kratzte sich seine Rasputin-Mähne. «Ja, das ist in einem Satz gesagt: Die Behörde will mich von meiner Eiche vertreiben!»

Verena staunte über Rudis schöne Sprache. «Ich dachte, Sie... Aber das ist ja richtig ‹elaborierter Code›...»

«Das war kein Kot, was ich dem Beamten da...» Worzalla mußte so sehr lachen, daß ihm die Tränen in die Augen traten. «Das war Urin.»

Nachdem sie dieses Mißverständnis genügend genossen hatten, wurde Rudi nach seinen Wohnverhältnissen befragt.

«Wohnen Sie denn ganz da oder haben Sie noch irgendwo 'n festen Wohnsitz...?» Verena hatte das zwar irgendwann mal in der Zeitung gelesen, aber nicht richtig gespeichert. «Ich meine, 'ne feste Adresse?»

Worzalla hockte sich auf eine nahegelegene Schreibtischkante. «Ja, polizeilich gemeldet bin ich noch bei meiner Frau... Die ist Rechtsanwältin... Ich war ja mal Computerbauer bei Siemens. Aber diese Scheißtechnik! Na, wie auch immer: Sie hat mich also rausgeschmissen. Die ganzen Bilder inner Wohnung und der dauernde Farbgeruch...»

«Apropos: Geruch...!» sagte Mutter Kaminski und schnupperte prüfend.

«Ja!» tönte auch Hecht von der Flurtür her. «Hier riecht et ooch so komisch! Ick jloobe, det dit vom Flur herkommt!» Je aufgeregter er war, desto stärker berlinerte er. Um nun mal nachzusehen, wollte er die Tür aufziehen, doch er schaffte es nicht: Das Schloß, die Verriegelung hakte, und so sehr er sich auch mühte, er konnte den Schlüssel nicht drehen.

Zietz lachte. «Keine Panik, Leute, ist doch nur das Spielzeug hier!»

In der Tat, Voppmanns Finanzamt qualmte wieder und ließ rötliche Lichtblitze aufzucken.

«Nee...» sagte Hecht. «So stark kann det doch ja nich stinken!»

Voppmann verspürte nun doch das dringende Bedürfnis nach mehr Ernsthaftigkeit. «Kommen Sie», sagte er, Verena und Worzalla meinend. «Gehen wir zu mir ins Zimmer rüber, da sind wir ungestört...»

Damit machte er eine einladende Bewegung zu den beiden hin, ihm voranzugehen. Sie taten es auch, und Verena war die erste, die vor der Verbindungstür stand. Doch als sie sie aufstoßen wollte, gelang ihr das nicht.

«Zu...!» Auch heftigstes Rütteln half ihr da nicht. «Herr Hecht, kommen Sie doch bitte mal her und schließen Sie wieder auf hier...!»

«Is doch auf!» schrie Hecht vom anderen Ende des Raumes zurück.

«Mensch, Hans-Heinrich, nu mach schon, hier is wirklich zu!» Voppmann wurde energisch.

Daraufhin kam H.-H. Hecht tatsächlich angetrabt, wenn auch gehörig grummelnd. «... is doch völlig unmöglich...!»

Doch auch seine Bemühungen blieben ohne Erfolg, und er konnte nicht anders, als «tatsächlich abgeschlossen» zu murmeln und seine mitgebrachten neuen Schlüssel einen nach dem anderen probeweise einzuführen.

Als er beim fünften war, schrillten rathausweit sämtliche einsatzbereiten Alarmglocken. Alle erstarrten erst mal und sahen sich an.

«Wieder einer dieser bekloppten Probealarme!» sagte Zietz, sich die Ohren zuhaltend.

Doch Meyer 13 belehrte ihn sogleich: «Seit dem Großbrand letztes Jahr muß eben geübt werden.»

«Nein, das ist kein Probealarm!» Voppmann versuchte nun, die Verbindungstür mit Brachialgewalt zu öffnen. «...das hätt mir doch vorher einer mitgeteilt...!»

Wie zum Beweis seiner Worte kamen nun die ersten Rauchschwaden durch die Türritzen gezogen, wurden auch hereingeweht durch die teilweise offenstehenden Fenster.

«Los, auf die Straße raus!» rief Zietz und war bereits an der Tür zum Flur – doch auch diese ließ sich nicht mehr öffnen. «Scheiße!»

Schon mußte Mutter Kaminski heftig husten.

«Alle aus den Fenstern raus!» schrie Hecht.

Sich keine Sekunde länger besinnend, stürzte er vor, riß einen der großen Flügel ohne Rücksicht auf Verluste vollends auf, schwang sich mit affenhafter Kunst auf Fensterbrett und Sims hinauf und ließ sich dann mit Tarzanschrei ins Freie fallen; man befand sich ja im Hochparterre.

In krassem Gegensatz zu ihm stand Meyer 13, ein wahrhaft nobler Charakter, sofort mit britischer Gelassenheit den einzig richtigen Satz findend: «Frauen und Kinder zuerst!»

«Das Kind ist schon draußen», sagte Voppmann. «Nun mal die Frauen...!»

Zietz kam sogleich mit seinem Drehstuhl angefahren, und mit dessen Hilfe schafften sie es dann zu dritt, die nicht eben federgewichtige Martha Kaminski aufs Fensterbrett zu hieven.

Draußen stand Hecht, nun bereit, Zweite Hilfe zu leisten, die Hände hochgereckt. «Ihr könnt ihr loslassen...!»

«*Sie* loslassen!» korrigierte Meyer 13.

«Ick fang sie auf...!»

«Ach so...!» sagte Voppmann zu Mutter Kaminski. «Der hat den Brand nur gelegt, um dich auch mal im Arme halten zu können...! Alter Genießer!»

Aufkreischend setzte Mutter Kaminski unten im Blumenbeet auf.

«Nun Sie!» sagte Meyer 13 zu Verena und zögerte nicht länger, Hand an sie zu legen, diese legitime Chance voll zu nutzen.

Doch es wurde nichts mit seiner Grapschattacke, denn ehe seine fiebrigen Hände zum Stützen ihren Po erreichen konnten, war sie schon oben; allerdings: ihr enger Lederrock war keine Trainingshose, und es gab ein schlimmes Ratschgeräusch. «O nein...!»

«Mann, diese Einblicke!» stöhnte Zietz. «Da nehm wa nächstesmal aber Eintritt für!»

Verena dehnte ihr T-Shirt nach unten.

«Nicht doch! The Peep-Show must go on!»

Meyer 13 ließ wortlos glücklich seinen kopfinternen Videorecorder laufen; morgen früh würde er in seinen großen Ringbuchordner, die Rubrik «...» betreffend, ein neues Blatt einfügen müssen.

Verena indes hatte anderes im Sinn.

«Die Vögel!» schrie sie, ihren Start zu Mutter Kaminski hinunter noch einmal abbrechend. «Unsere Wellensittiche, die ersticken ja hier!»

«Ich hol sie Ihnen!» rief Meyer 13, sich schon nach hinten wendend.

«Aber Vorsicht, daß Ihnen der Käfig nicht...! Die Tierchen nicht so erschrecken...!»

«Nein, nein, wir haben ja auch welche zu Hause!» rief Meyer 13, sich dann zu seiner bisher schönsten Freudschen Richtigleistung aufschwingend. «Alles, was mit Vögeln zu tun hat, interessierte mich schon immer...!»

In Zietz' brüllendes Gelächter hinein lief er dann nach hinten, das Bauer zu bergen und Verena zuzureichen.

«Danke!» Sie ließ es zu Hecht hinunter und sprang dann selber.

Es folgten ihr nun alle anderen nach, Voppmann als letzter, bei seiner Landung den Baummenschen Worzalla fast noch zerquetschend.

Es vergingen nahezu zwei Stunden, ehe sie ihre Dienstgeschäfte wieder in vollem Umfange aufnehmen konnten. Ein ehemaliges Mündel, damals schlecht behandelt wohl, hatte einige Räume der Amtsvormundschaft mit Benzin übergossen und dann in Brand gesetzt.

«Den Gestank hier, den werden wir noch tagelang in der Nase haben...!» sagte Voppmann, die ohnehin schon weit geöffneten Fenster noch ein paar Zentimeter mehr aufdrückend.

Auch Rudi Worzalla, der vor Voppmanns Schreibtisch saß, mußte wieder kräftig husten. «Ziehn Sie zu mir oben auf die Eiche rauf...»

Voppmann setzte sich wieder. «Geht nicht – § 74 Bundesbeamtengesetz: Der Beamte hat seine Wohnung so zu nehmen, daß er in der ordnungsgemäßen Wahrnehmung seiner Dienstgeschäfte nicht beeinträchtigt wird.»

Rudi nickte. «Kenn ich auch: Vor meiner Siemens-Zeit bin ich mal bei der Post gewesen... Aber schon da hab ich immer daran gedacht, eines Tages gänzlich auszusteigen...»

«Kann man denn von den Bildern leben?»

«Von nicht, aber für...!» lachte Rudi.

«Ich werd sie mir auf alle Fälle mal angucken; naive Malerei ist ja...»

Weiter kam er nicht, denn es erschien in diesem Augenblick vom Flur her sein alter Freund von und zu Jahro, im Falle Worzalla aber absichtlich herbeitelefoniert.

Kurzer Begrüßungsritus, dann setzte sich Jahro. «... wir können auch gleich in medias res gehen. Das Tiefbauamt ist ja federführend in dieser Sache...!»

«Daß Sie beim Tiefbauamt gelandet sind...» Voppmann gab mit der Zunge einen provozierenden Zischlaut von sich. «Ich hätte sie längst in Bonn, im Bundeskanzleramt vermutet; gleich und gleich... Aber lassen wir das...!» Er zeigte auf Worzalla. «...nu sagen Sie aber mal, warum der gute Mann hier nicht mehr länger auf seiner deutschen Eiche wohnen soll...!?»

«Weil's nun mal verboten ist!»

«Sonst wär ich obdachlos...» sagte Rudi.

Jahro schickte sich nun an, in seinen mitgebrachten Akten zu blättern, und blaffte dann sehr dezidiert: «Nachdem Ihr Fall durch die Presse gegangen ist, sind Sie doch von der zuständigen Behörde sofort in eine Pension eingewiesen worden – oder...!?»

«Pension ist gut!» höhnte Worzalla. «Das hört sich so nach Rente oder Urlaub an... Aber die Pension, die Sie mir da zugedacht haben, das war 'ne üble Absteige, nichts weiter.»

«Das Schloß Charlottenburg war leider schon vergeben!»

«Herr Jahro, bitte!» mahnte Voppmann.

Jahro griff nun zum Gummiknüppel des normalen Beamten, der Rechtsgrundlage.

«... die Rechtsgrundlagen, mit denen wir unsere Verfügung zur Räumung und zum Abriß dieses sogenannten Baumhauses begründet haben, scheinen mir so eindeutig zu sein, daß ich nicht einzusehen vermag, wie Sie hier, meine Herren, zu einem abweichenden Meinungsbild gelangen können, denn...»

Hier stockte er, denn in dieser Sekunde wurde die Verbindungstür zum ABS-Büro kraftvollst aufgestoßen, und ein sehr alerter Jungmanager erschien, schwarzer Anzug, Nadelstreifen und so weiter, hinter sich im Schlepp den Lokalreporter eines sogenannten Massenblattes nebst Fotografen.

«Grüß Gott, meine Herren! Mein Name ist Doktor Vollmer... Ich bin der Leiter der hiesigen Verkaufsniederlassung der EUROMAG Deutschland...»

«Ah ja...» Voppmann stand auf, dem Mann die Hand zu drükken, wußte wohl, wie man einem Priester aus der Kaste unserer Wohlstandsbringer, war man selber ein Schmarotzer, zu begegnen hatte. «Sehr erfreut...! Geht es vielleicht um die Privatisierung meines ABS...? Man hört ja in jüngster Zeit sehr viel davon...»

«Nein, nein...» Dr. Vollmer verstand sich zu einem akademischen Lächeln. «Dazu sind uns Ihre Gewinne bei weitem noch nicht hoch genug...! Nein, wir sind hergekommen...» Kleine Vorstellung mit Hilfe einer eleganten Handbewegung. «... die Herren von der Presse und ich, um unserem Rudi hier mal etwas Gutes zu tun...» Mit diesen Worten zog er einen Scheck hervor.

«Oh...!» Rudi hatte große Augen bekommen.

Der Jungmanager strahlte antrainiert wie ein christdemokratischer Spitzenpolitiker. «Wir haben ja unsere Büros schräg gegenüber Ihrer Eiche... Und da haben wir uns gedacht, daß es doch eine Schande für diese Stadt ist, wenn so etwas anderswo publik wird, im östlichen Ausland insbesondere, daß einer unserer Bürger unter solchen menschenunwürdigen Umständen...» Mit gemessenen Schritten ging er auf Rudi zu, der sich ebenso feierlich von seinem Stuhl erhob. «...darum also erlaubt sich die EUROMAG Deutschland, Ihnen diesen Scheck in Höhe von DM eintausend zu überreichen...»

Während der Fotomensch seine Blitzlichtbatterie entleerte und der Schreibjournalist, ebenso rollengerecht, seinen schmalen Stenoblock füllte, war Worzalla mit ekstatischer Geste dabei, den Scheck zu küssen. «Herzlichen Dank! Es lebe die EUROMAG!»

Der Jungmanager konnte nun seiner schönen Rede noch einen kleinen Nachsatz hinzufügen.

«...wir holen uns dann morgen drei oder vier Ihrer schönsten Bilder ab... Einige Kollegen freuen sich sicher, wenn sie die zum Geburtstag oder zum Betriebsjubiläum als Präsent überreicht bekommen...»

Rudis Gesicht wurde plötzlich lang und länger, und Jahro, dies sehend, zögerte keine Sekunde, da noch nachzustoßen.

«Und nicht vergessen, Herr Worzalla: Diese tausend Mark – gleichviel, ob wir sie nun als Spende oder als Erlös betrachten – sind als Einkommen im sozialhilferechtlichen Sinne zu verstehen und müssen dieserhalb verrechnet werden...!»

Voppmann ging in Richtung Flurtür, diese weit öffnend. «...darüber wird wohl noch zu reden sein... Ja, Herr Doktor Vollmer, meine Herren, ich darf mich dann sehr herzlich für Ihren Besuch bedanken...» Er drückte dem EUROMAGger so kräftig die Hand, daß der noch Tage später seine Freude daran hatte. «Nur tausend Mark für so viel Werbung: Ich bewundere Ihre Cleverness!»

«Wir sind eben nicht so verstaubt mit unseren Managementmethoden wie Sie im öffentlichen Dienst...!»

«Staub kann auch sein Gutes haben...» sagte Voppmann, die Tür hinter dem abgerückten Trio wieder schließend. «Auf Nichtmehrwiedersehen...!» Er setzte sich wieder zu Jahro und Worzalla. «Sie wollen also Worzallas – und meinen – Widerspruch kurzerhand abschmettern...?»

«Ich seh da keine andere Möglichkeit», sagte Jahro, dabei in seinen diversen Papieren blätternd. «Wir haben hier zuerst einmal die Satzung des ‹Pflanzervereins Erdenglück›, auf dessen Gelände die Eiche ja bekanntermaßen steht... Und in dieser Satzung heißt es im § 1, daß die Dauernutzung von Wochenendhäusern, Lauben und sonstigen Baulichkeiten aller Art nur eingeschriebenen Mitgliedern möglich ist. Herr Worzalla ist dies aber nicht!»

«Das kann er doch schnell noch werden», meinte Voppmann.

«Der Vorstand hat dies gestern einstimmig abgelehnt.»

«Klar, wo kämen wir denn hin, wenn diese verdammten Künstler und Intellektuellen nun auch noch den deutschen Gartenzwerg bedrohten!»

«Die hätten ja zugestimmt», berichtete Rudi, «aber der Herr von Jahro hier, der hat sie ja alle aufgehetzt gegen mich...»

«Nur Jahro, ohne *von*, bitte!»

«Ach ja...» Voppmann lächelte. «Von Jagow, das war ja mal einer der schärfsten Polizeipräsidenten, die wir je hatten. Aber kein Verwandter von Ihnen...?»

«Können wir bitte sachlich bleiben!»

«Nein», murmelte Voppmann. Die herrschenden Werte waren immer die Werte der Herrschenden. Auch von einem Karl; Marx allerdings, nicht Voppmann. Und mit ihrer bürokratisch-technokratischen Sachlichkeit, da beherrschten sie uns. Dachte Karl Voppmann, nicht ganz sicher, ob das noch unter den Datenschutz fiel.

Jahro zeigte sich unbeirrt von allem. «Daß Herr Worzalla mir auf den Kopf uriniert hat, ist Ihnen wohl entgangen...?»

«Das wird doch nur sein Kaffeewasser gewesen sein...!»

«Ganz sicher nicht!»

«Beides nicht so schlimm wie saurer Regen...»

«Ich darf dann wohl fortfahren!» Jahro wandte sich wieder seinen Akten zu. «... abgesehen einmal vom ‹Pflanzerverein Erdenglück›, der ja dort das Hausrecht ausübt, sind es vier Behörden, die meine Verfügung im Wege der Mitzeichnung voll und ganz mitgetragen haben, die Räumung und den Abriß des Worzallaschen Baumhauses... Das Gesundheitsamt beispielsweise interveniert, weil die Fäkalienbeseitigung nicht den ortsüblichen Maßstäben entspricht und eine Verunreinigung öffentlichen Straßenlandes zu befürchten sei...»

«Einspruch, Euer Ehren!» rief Rudi. «Ich kack doch da oben nicht runta, ich hab mein Trockenklo!»

«Das glaube, wer will...! Egal... Am stärksten wiegen ja wohl auch die Bedenken der Verkehrspolizei...» Er zitierte nun aus einem amtlichen Protokoll. «Durch das Baumhaus, seinen Bewohner, der langsam ein stadtbekanntes Original zu werden droht, und den Verkauf seiner Bilder erfolgt eine so starke Ablenkung der vorbeikommenden Autofahrer, daß wir sicherheitsmäßig stärkste Bedenken vorbringen und eine schnelle Beseitigung dieser Gefahrenquelle für dringend erforderlich halten.»

«Dann sollten Sie die goldene Göttin auf der Siegessäule oben auch gleich abbauen», riet Rudi. «Da gucken doch noch viel mehr Autofahrer zu hoch... Oder den Funkturm...!»

Jahro gab sich gelangweilt. «Darum geht's doch hier nicht! Es geht hier um eine konkrete Gefahrenabwehr...! Unsere gesetzliche Aufgabe ist es nun mal, von der Allgemeinheit oder dem einzelnen Gefahren abzuwenden, durch die die öffentliche Sicherheit oder Ordnung bedroht wird! §§ 14 und 33 des Allgemeinen Sicherheits- und Ordnungsgesetzes. Sie können sich auch nicht damit herausreden, daß dies hier lediglich eine Putativgefahr sei, denn...»

Ein vom Flur her hereinstürzendes Pärchen stoppte seinen Redefluß; beide junge Menschen ganz offensichtlich an nichts anderes mehr denkend als das eine.

«Lucie...» stöhnte er. «Hier auf der Toilette, ich halt's sonst nicht mehr aus!»

Sie sahen die drei Männer nicht, da diese von der aufgedrückten Tür verdeckt wurden.

«Hier ist doch gar keine Toilette!» stellte sie fest.

Er zog sie weiter in den Raum hinein. «Dann auf'm Teppich!»

Voppmann hüstelte demonstrativ und stand dann auf, dabei kurz in eine seiner Schubladen fassend.

«Hier, Kinder, hier habt ihr 'n Schlüssel zum Erste-Hilfe-Raum...! 212, zweite Etage. Aber bitte nachher wiederbringen!»

«Ist doch logo!»

«Mann, Spitze!»

Die beiden eilten davon, und Voppmann sah ihnen neidvoll hinterher.

«Das ist ja nun wirklich skandalös!» rief Jahro, auch er erregt, wenngleich in anderer Weise.

Voppmann tat erstaunt. «Wieso'n das? Wir sind doch nu mal das Amt für Bürgersorgen... Und wenn das eben kein dringender Notfall war, dann weiß ich auch nicht mehr, was einer sein soll...»

Er wollte die Flurtür wieder schließen, bemerkte aber noch, wie der Kollege Preuß, Verwaltungsleiter Preuß, in seine Richtung strebte.

«Ich störe doch nicht...?»

«Nein, überhaupt nicht...» log Karl Voppmann, wohl wissend, daß es solche Lügen waren, der schöne Schein, der seine Rathauswelt im Innersten zusammenhielt. Hätte hier jeder jedem *die volle Wahrheit ins Gesicht geschleudert*, es hätte ein solches Maß an Krankschreibungen, Versetzungswünschen und Strafanzeigen gegeben, daß das Rathaus für ein paar Wochen zu schließen gewesen wäre. Beim früheren Bürgermeister hatte immer ein Spruch der Ebner-Eschenbach an der Wand gehangen, der vieles von dem erklärte, was hier Sache war: *Du machst dich zum Knecht eines jeden, den du belügst, und wäre er zehnmal schlechter und geringer als du.*

Preuß produzierte beim Eintreten ins Amtsleiterzimmer eine leichte Verbeugung. «Ich darf doch...?»

«Aber gerne...» Voppmann fühlte sich furchtbar angeekelt von allem und konnte nicht anders, als seine Ventile nun doch noch ein wenig zu öffnen. «Ihre Besuche sind bei mir doch immer ein inneres Großereignis, ein halber Parteitag sozusagen... Der eine hat seinen Höhepunkt im Erste-Hilfe-Raum, der andere bei bestimmten Besuchen... Aber: Womit kann ich wohl dienen...?»

«Es geht um das Verzeichnis der behördeninternen Rufnummern», erklärte Preuß, in Türnähe stehenbleibend.

«Das Telefonbuch; danke, wir haben das neue grad bekommen!»

«Ja, darum geht's ja eben! Ich hab gehört, daß das bei Ihnen für jeden greifbar in Ihrer Besucherecke drüben liegen soll...? So daß jeder Landesverräter...!»

Voppmann tat entsetzt. «Das darf doch nicht wahr sein! Ich schwöre Ihnen: Das alte hab ich immer hier unterm Hemd getragen, wie früher als Schulkind meinen Brustbeutel!» Bei diesen Worten begann er auch schon, sein Hemd zu öffnen.

Preuß gab sich Mühe, diese Spontandemonstration geflissentlich zu übersehen. «Das Telefonverzeichnis ist verschlossen aufzubewahren! Bei Neuausgabe sind alte Verzeichnisse gesammelt der Hausverwaltung zur Vernichtung zu übergeben. Ich glaube: eine überaus eindeutige Bestimmung!»

«Mag ja sein...» brummte Voppmann. «Aber ich glaube auch etwas...Daß nämlich meine Bestimmung in diesem Rathause hier eine ganz andere ist als die ihre...!»

«Sie sind wirklich ein Querkopf!» entfuhr es Preuß, der nun doch Wirkung zeigte.

«Besser Quer- als gar keiner!» erklärte Voppmann. «Wie Herr Zietz wohl sagen würde.»

«Das wird noch ein Nachspiel haben!»

«...Vorspiel wär mir lieber!» lachte Voppmann, die Tür langsam schließend. Seine beiden Besucher, mein Gott! «So, meine Herren, entschuldigen Sie bitte...!»

«Schön, daß ich nun fortfahren kann...» sagte Jahro, schon wieder in seinen Unterlagen blätternd. «...des weiteren hat sich nämlich auch die Flugsicherung über Herrn Worzalla in Beschwerdeform geäußert...!»

Rudi lachte. «Die mögen keinen Überflieger, was!?»

Jahro ignorierte das. «...a) sei die Eiche, die Herr Worzalla bewohne, ohnehin zu hoch und gefährde die den nahen Flughafen anfliegenden Maschinen... und b) würde Herr Worzalla durch Lichtzeichen jeder Art wie zum Beispiel das ‹Entzünden raketenähnlicher Feuerwerkskörper zur Nachtzeit› zusätzliche Gefahren heraufbeschwören...»

Voppmann hatte wieder Platz genommen. «Sehr schön, Herr Jahro! Die eigentliche Gefahr, die scheint mir doch aber eine ganz andere zu sein: Da fühlt sich offenbar ein Haufen von Klein- und Spießbürgern von unserm Rudi bedroht, da werden von ihm ihre heiligsten Werte erschüttert: großes Auto, Eigentumswohnung, nur nicht auffallen – und so weiter und so weiter...!»

«Darüber haben wir nicht zu befinden», sagte Jahro. «Worüber *wir* zu befinden haben, ist die Tatsache, daß Herr Worzalla zwar einen Gewerbeschein besitzt, aber nicht die Erlaubnis des dafür zuständigen Tiefbauamtes, auf öffentlichem Straßenland einen Verkaufsstand zu errichten, um dort Waren feilzubieten...»

Rudi protestierte heftigst. «Meine Bilder sind Kunstwerke, Herr, keine Ware!»

Voppmann lächelte. «Wahre Kunstwerke, ja... Sie werden sich also nicht mehr umstimmen lassen, Herr Jahro...?»

«Nein!» Das war überaus dezidiert.

Rudi sprang auf. «Wozu haben wir denn 'n Grundgesetz, das die freie Entfaltung der Persönlichkeit garantiert, wenn man nich mal uff 'n Baum leben darf!?»

Ein wenig später; wieder nüchterner Büroalltag im ABS. Mutter Kaminski saß hinter ihrer Schreibmaschine und tippte Briefe an ratsuchende Bürger. Meyer 13 hing über seiner Schreibtischplatte, das *Statistische Jahrbuch* vor sich ausgebreitet und die einzelnen Kategorien so hingegeben studierend wie ein gläubiger Moslem die schönsten Suren des Korans. Zietz nutzte die klientenlose Zeit, seine Bleistifte, Kugelschreiber, Filzer und dergleichen wieder mal umzuorganisieren, das heißt aus einem durchlöcherten Mauerstein herauszunehmen und in der herausziehbaren Federschale rechts oben im Schreibtisch neu zu lagern. Verena war damit beschäftigt, Nachlieferungen von Gesetzestexten in Loseblattsammlungen einzusortieren. Karl Voppmann schließlich ging in der Mitte des Raumes auf und ab und hielt bürokratiephilosophische Reden, denen die anderen mit nicht eben übergroßer Aufmerksamkeit zu folgen versuchten.

«... das Schlimme an der Bürokratie ist ja, daß man um so unfreier wird, je höher man steigt. Man muß es seinen Untergebenen recht machen und seinen Vorgesetzten, x anderen aber auch: den Bürgern, den Gewerkschaften, dem Personalrat, den Medien. Die eigene Meinung, das eigene Gewissen, das wird dann schnell die unwichtigste Größe. Da träumen sie alle von hohen Posten, um endlich mal ihr eigner Herr zu sein, und dann... Dann kann man nicht mal einen Mann wie diesen Jahro von der Platte fegen! Dir fällt aber auch nichts weiter ein...?» Gemeint war Zietz.

«Nee... Mir fällt nur noch was aus: Haare, Zähne... Aber nichts mehr ein.»

«Braucht dir ja auch nicht mehr: Nu biste ja Beamter auf Lebenszeit geworden...»

«Ha-ha-ha!»

Als hätte er das wirklich gehört, stand H.-H. Hecht nun in der Tür zum Flur, leise vor sich hin fluchend. Kaum hatten die andern ihn wahrgenommen, da brachen sie ausnahmslos in schallendes Gelächter aus. Der Grund? Hecht hatte das berühmte blaue Auge, das heißt links ein wunderschönes Veilchen.

«Achtung: Blaulicht!» schrie Timon Zietz.

Voppmann dagegen übte sich im melodischen Sprechgesang. «Daß du öfter mal blau bist, Hans-Heinrich, Hans-Heinrich, das wissen wir ja, das wissen wir ja... Aber so sehr stand's dir ja noch nie ins Gesicht geschrieben...!»

«Ha-ha-ha!»

«Wie ist es denn passiert?» fragte Verena.

«Beim Kampf gegen Muhammad Ali oder gegen deine Frau?»

«Im Erste-Hilfe-Raum», erklärte Hecht.

«War Ihnen was ins Auge geflogen?» wollte Verena wissen.

«Quatsch! Ich hab da meine Pause gemacht, auf der neuen Liege hinten, wo man'n Vorhang vorziehen kann. Mit einmal wach ich auf, weil da 'ne Frau unheimlich stöhnt. Ich dachte, da is wieder eine überfallen worden, und stürz los. Richtig, da sind zweie auf der alten Liege vorn ganz mächtig im Clinch. Ich hin und den Macker da von der Frau weggerissen!»

«Und da hat er dir 'n paar gepellt!?» Voppmann schlug einen rechten Aufwärtshaken in die Luft.

Hecht verneinte. «Er...? Wieso er? *Sie!* Das war 'n Liebespaar, und sie hatte da alles in die Hand genommen!»

«Na, na!» hüstelte Meyer 13, aber höchst entzückt über diese Szene; neuer Stoff für seine Träume.

«Hier!» Hecht warf einen kleinen Schlüssel so auf den Besuchertisch, daß er in Richtung Voppmann rutschte. «Mit dem sind se reingekommen... Das ist doch Ihrer, den müssen sie Ihnen geklaut haben...!»

Voppmann nahm den Schlüssel und ließ ihn seelenruhig in seiner Jacke verschwinden. «Sollte man annehmen, ja... Aber tröste dich, Hans-Heinrich, so 'n Unfall hatte ich letztes Jahr im Urlaub auch mal. In Griechenland unten...» Er setzte sich auf Zietzens Schreibtischkante. «...'n unheimlich heißer Tag, und am Abend hatten wir in Korinth endlich ’n Hotel gefunden, ’n Zimmer mit Bad sogar. Nur ein Gedanke: rein ins Wasser! Aber als ich in die Badewanne reingucke: kein Stöpsel da! Ich raus zum Oberzimmermädchen, Mitte Zwanzig etwa. Aber trotzdem: kein Wort Deutsch, und Englisch versteht sie noch weniger. Weiß ich ja nicht, was Stöpsel auf englisch heißt... Und auf griechisch nun erst recht nicht. Was tun...? Der Stöpsel! Da hab ich ihr das dann in Zeichensprache vorgemacht – mit’n Händen, so...» Er zeigte es seinen Zuhörern, formte mit Daumen und Zeigefinger der linken Hand eine alles sagende Öffnung, um sie dann mit einigen Fingern seiner Rechten auszufüllen. «Mann, hat mir die da eine geballert!»

Das Gelächter war derart homerisch, daß es gleich einen weiteren Superhelden der rathäuslichen Sagenwelt anlockte, den Bürgermeister Domisch/Komisch. Mit einer riesengroßen Aktentasche in der Hand war er in der Flurtür erschienen und hatte das muntere ABS-Treiben kopfschüttelnd verfolgt.

«... wie schön, daß dem ABS das Lachen noch immer nicht vergangen ist...!» sagte er, leicht angesäuert.

Voppmann, eifriger Theatergänger, um bei seiner Leseschwäche kulturell nicht völlig ausgeklinkt zu bleiben, bemühte zur Replik Herrn Lessing: «Kann man denn auch nicht lachend sehr ernsthaft sein? ... wie schon Minna fragte, die von der Firma Barnhelm, Tellheim & Co...»

Domisch, obschon ansonsten immer heavy on wire, hatte keinen Draht für solche Späße, er wußte, was einen in diesem-unserem Lande bevorzugt zum Politaufsteiger machte: stille Einfalt, wenig Größe, den blauen Anzug angezogen und stets das gesagt, was am langweiligsten war. «Meinetwegen können Sie lachen, soviel Sie wollen, aber was macht ’n das nach außen hin für ’n Eindruck!? Die Bürger bezahlen uns doch nicht fürs Spaßhaben! Das müssen Sie doch auch mal sehen, daß...»

Weiter kam er nicht, denn draußen auf dem Flur wurde laut nach ihm gerufen; der Pförtner suchte seinen Bürgermeister.

«Ja-ha, ich komm ja schon!» Domisch schwankte einen Augenblick, wußte nicht, wohin mit seiner Aktentasche, ließ sie dann aber doch im ABS-Revier zu Boden gleiten. «Ich darf doch mal...!?»

«Aber sicher, Herr Bürgermeister!»

«Danke sehr!»

Domisch eilte davon; Hecht, immer der Neugierigsten einer, war sofort hinter ihm her.

Voppmann schloß die Tür. «Recht hat er ja, unser Herr und Meister, wir albern hier herum, und keiner hat 'ne Idee, wie wir dem armen Rudi Worzalla sein Baumhaus retten können...»

Zietz grinste. «Sie sehen ja: Eichen soll man weichen! Der hätte sich 'ne Buche suchen sollen...»

Verena sah ihn tadelnd an. «Mann, Timon Zietz!»

«Nein, zieht nicht, alles zu.»

«Das halt ich nicht 'n Leben lang aus!»

Zietz bemühte sich um den ihm höchstmöglichen sittlichen Ernst. «Ich darf – bittschön – auf meinen großen Namensvetter verweisen: Timon von Athen, fünftes Jahrhundert vor Ch-er-Punkt. Den haben auch alle verspottet... Aber immerhin hat Herr Shakespeare ein Stück über ihn geschrieben...» Synchron zu diesen Worten holte er das passende Reclamheftchen aus seiner Schublade heraus, warf es aber sofort wieder in den Schreibtisch zurück. «Da steht allerdings nicht drin, was ich mit diesem Stein hier machen soll...?» Damit nahm er, nun immer stärker ausflippend, seinen nicht mehr gebrauchten braunroten Lochziegel vom Tisch und hielt ihn hoch. «Dieser Schädel hier war Yoricks Schädel, des Königs Spaßmacher...»

«Das ist wohl mehr Hamlet als Timon», wandte Voppmann ein.

«In der Tat, Majestät!» Timon legte den Stein wieder zurück und nahm statt dessen das Reclamheft zur Hand. «...der Timon von Athen ist ja nun wirklich einer, der die freiheitlich-demokratische Grundordnung mit Füßen tritt ... Hier!» Damit begann er zu zitieren:

«Erziehung, Sitte, Handel und
Gewerb,
Gesetz und Brauch und Standes-
unterschied,
Verfallt, verkehrt euch in das
Gegenteil,
Und nur das Chaos walte!»

«Hör auf, uns das ganze Stück vorzulesen!» sagte Voppmann. «Ich muß noch was in der Sache Worzalla anleiern, sonst...»

Timon tat so, als wollte er ihm den Lochziegel hinüberreichen. «Wir hätten Jahro den beim Weggehen...»

«Bitte!» Verena fand, daß das nun doch entschieden zu weit gehe.

«... auf den Fuß fallen lassen sollen», grinste Timon, hatte aber sofort eine neue infame Idee. «... so aber kann ich ihn nur unserm lieben Bürgermeister Domisch-Komisch mit auf den Weg geben... Der wird sich sicher freuen, der baut ja auch gerade...» Damit war er auch schon an Domischs Tasche angelangt und hatte sie geöffnet, dabei flötend wie Domischs First-Lady-Gattin ansonsten immer: «Nein, Konrad, hast du aber heute wieder eine schwere Tasche...!»

Die anderen bogen sich vor Lachen, nur Meyer 13 fand das Attentat auf seinen Onkel einfach schändlich, wurde aber mit Drohgebärden zum Schweigen verdonnert und beließ es schließlich bei einem abfällig gemurmelten: «Gott, ist das kindisch!»

«Natürlich ist das meiste kindisch, was der Domisch macht», entgegnete Zietz und mußte, um den Stein kunstgerecht unterzubringen, ein dickleibiges Buch aus Domischs Aktentasche nehmen. «Was liest er denn hier...? Die Landeskassenordnung...? Nee, die Geschichte vom heiligen Georg...!»

«Datenschutz!» monierte Meyer.

«Ja, ja...!»

«Mensch, der Georg!» rief Voppmann, plötzlich elektrisiert. «Das ist die Lösung!» Er sprang zu Verenas Telefon und riß den Hörer hoch. «Muß ich gleich mal anrufen...!»

«Wen?» fragte Zietz. «Den heiligen Georg...?»

«Nee, den weniger heiligen von der Wohnungsbaugesellschaft...»

Die Verbindung kam zustande, und Voppmann brauchte keine zwei Minuten, um dem alten Kumpel am anderen Ende der Leitung den Fall Worzalla zu schildern. Ob Georg auf dem Gelände seiner Siedlungsgesellschaft nicht eine jederzeit beziehbare Ersatzeiche zur Verfügung hätte...?

«Du, nein, ich weiß nicht...» kam das Echo aber unerwartet zögerlich.

Voppmann bat noch einmal, wurde wieder abgewiesen und konnte dann nicht anders, als tüchtig loszuballern. «Na, dann denk mal dran, was ich dir vorhin hier über den Don Corleone von'er Mafia erzählt hab...! Wenn de mich auch schon fünfzig Jahre lang kennst – jetzt kannste mich aber mal richtig kennenlernen!» Damit knallte er den Hörer auf die Gabel und lief in Richtung Flur. «Da gibt's ja dann wohl nur noch eins...!»

Der Bereich der Worzalla-Eiche bot an diesem Nachmittag dasselbe Bild wie am ersten Tage der Berichterstattung, nur daß diesmal noch ein zweiter Mann bei Rudi oben saß: Karl Voppmann nämlich.

Die Zuschauer sangen dementsprechend ihr Durchhaltelied auch mit einer kleinen Variante:

«Hoch soll'n sie leben,
hoch soll'n sie kleben,
dreimal hoch!
Hoch – hoch – hoch!
Ru-diiii! Ru-diiii!»

Unten stand Jahro, den Räumungsbefehl schwenkend, und schrie pausenlos seine Befehle und Statements nach oben: «Worzalla, kommen Sie nun endlich runter...! Ihrem Widerspruch ist nicht stattgegeben worden! Jetzt gibt es kein anderes Rechtsmittel mehr!»

Rudi schwenkte indessen eine Riesen-Rotweinflasche und sang arenenfüllend: «Es hebt die Freiheit siegend ihre Fahne...!»

Jahro versuchte es mit einem eindringlichen Appell an seinen Kollegen Amtsleiter: «Herr Voppmann...! Ich denke, Sie wollen ihn endlich zur Vernunft bringen...!?»

«Wollte ich ja auch...» Voppmann fuhr mit der Kuppe des Mittelfingers über den Rand seines schon wieder einmal leeren Weinglases, daß es einen superhohen Ton ergab. «...ihn zur Vernunft bringen, ja. Aber was nun, wo er schon bei ihr angekommen ist...? Vielleicht schaffen Sie's heut auch noch...!?»

«Ja, komm rauf zu uns!» schrie Rudi nach unten, Jahro heraufwinkend. «Skatkarten ham wa da!»

Jahro blickte auf den sich immer schneller und stärker verdüsternden Himmel. «Der Baum is morsch innen... Und hinten zieht ein mächtiges Gewitter herauf. Wenn da ein Blitz einschlägt, sind Sie beide hinüber!»

«Wir sind sowieso schon hinüber», sagte Rudi und nahm noch einen weiteren Schluck aus seiner Rotweinflasche.

In diesem Augenblick erschienen Verena, Zietz und Mutter Kaminski am Tatort, sprangen aus Verenas Wagen und fegten hin zur Laubenkolonie (Zietz: «Die letzten Kolonien, die uns Deutschen noch verblieben sind!»).

Martha Kaminski war so erzürnt, daß sich ihre Stimme beinah

überschlug: «Karl, bist du denn völlig von Sinnen! Kommst du wohl runter da!»

Die Jugendlichen am Fuße der Trink-Eiche registrierten das mit kräftigem Johlen. «Karlchen...! Die Mami ruft! Komm runter, den Bauch waschen!»

Voppmann hängte sich über die Brüstung, schwankend wie auf einer Brücke aus Lianen und Bambus: «Passiert schon nichts!»

«Das Gewitter kommt doch immer näher!» warnte Mutter Kaminski.

«Und Eichen sollst du weichen!» fügte Timon Zietz hinzu.

«Also bitte...!» Jahro fühlte neue Kräfte in sich wachsen. «Sie, Herr Voppmann, als Beamter, Sie sollten doch nun wirklich nicht...! Denken Sie doch mal an Ihren Diensteid: Ich schwöre, alle in der Bundesrepublik geltenden Gesetze zu wahren...!»

Buhrufe der Menge.

«... und das Grundgesetz auch!» ergänzte Voppmann. «Artikel 2: Jeder hat das Recht auf die freie Entfaltung seiner Persönlichkeit.»

«... soweit er nicht die Rechte anderer verletzt und nicht gegen die verfassungsmäßige Ordnung oder das Sittengesetz verstößt!»

«Auf'm Baum zu wohnen verstößt ja wohl gegen kein Sittengesetz!»

Beifall der Menge.

Zietz wandte sich an Jahro. «Wenn Sie schon so mit dem Grundgesetz um sich schlagen, dann bitte auch Artikel dreizehn: Die Wohnung ist unverletzlich!»

Nun begannen sich auch die himmlischen Mächte einzumischen, indem sie es immer dunkler werden ließen und stürmischer mit Blitz und Donner drohten.

Standhalten oder flüchten, das war auch hier die Frage, und Jahro entschied sich fürs erstere, war er doch kein Schnapsvertreter und keiner für Zeitschriften oder Toilettenpapier, sondern einer des Rechts, vertrat er sich in dieser Sekunde nicht nur seinen rechten Knöchel, sondern auch das höchste unserer Güter; ungeheure Kräfte gab ihm das.

«a) ist ein Baum keine Wohnung – und b) habe ich nun mal den Räumungsbefehl. Ganz zu schweigen mal von der Gefahr im Verzuge: das Gewitter, und der Baum ist morsch!»

«Ach, Quackie!» sagte Zietz. «Sicherlich haben Sie in diesem Falle alle recht, aber...»

Er konnte seinen Satz nicht mehr vollenden, denn in diesem Moment kam Georg angelaufen, Voppmanns alter Spezi, sich durch die Menge drängend, die Hände wie ein Megaphon an den Mund gelegt.

«Hallo, Karl!» rief er nach oben. «Don Corleone läßt grüßen und will nun doch nicht einbetoniert im See unten liegen...!» Dabei zog er einige großformatige Fotos aus einem schnell geöffneten Aktenkoffer hervor.

«Du bist ein weiser Mann geworden, Georg...!»

Der hielt die Fotos hoch. «Der Vorstand der Neuen Siedlungsgesellschaft freut sich, Herrn Worzalla eine dieser vier wunderschönen Eichen als Dauerwohnsitz anbieten zu können!»

Jubel der Menge.

Rudi, auf seinem «Balkon» stehend, drehte sich zur Seite, wo Voppmann in einer Astgabel saß. «Ist das echt... Oder will der uns linken?»

«Das ist echt, hundertprozentig...»

Nahebei fuhr ein Blitz in eine Siedlerantenne, und panikartig floh die Menge, zumal der Regenguß nun wahrhaft tropisch wurde.

«Karl...!» schrie Mutter Kaminski, und fast schon war es Todesangst.

Der Rest war eine Sache von nur noch wenigen Sekunden. Rudi warf die Strickleiter aus, und Zietz sprang hinzu und hielt sie unten straff und fest, auf daß Worzalla und Voppmann nach unten klettern und sich retten konnten. Martha umarmte ihren Karl, und Arm in Arm hasteten sie auf Verenas Wagen zu.

Und erst als Verena Gas gegeben hatte, gefiel es dem Blitz, mit Jahrhundertpower in die Worzalla-Eiche zu fahren.

Alltägliche Fälle III

Es gibt wohl nur weniges im öffentlichen Leben, was so unrichtig beurteilt und so ungerecht eingeschätzt wird wie die Beamtenarbeit, ja, in der öffentlichen Beurteilung scheint die Beamtenarbeit ganz außerhalb der Volkswirtschaft zu stehen. Und doch macht die heutige Beamtenarbeit die moderne Volkswirtschaft erst möglich, und der Beamte steht nicht außerhalb, sondern mitten darin im volkswirtschaftlichen Getriebe. Zwar, er produziert keine wirtschaftlichen Güter, gleichwohl ist nichts unberechtigter und verkehrter, als darum seine Arbeit unproduktiv zu nennen. Produziert er auch keine Güter, so ist doch der ganze Rotationsprozeß der wirtschaftlichen Güter ohne die moderne Beamtenarbeit einfach nicht denkbar.
(Fritz Winter, *Beamtenwissenschaft*, Berlin 1926)

Name: Benno D. *Zeichen:* ABS 12 *Vorgang:* 215/85

Herr D. ist Lehrer und wegen der Teilnahme an Demonstrationen schon des öfteren der Polizei und seinen Vorgesetzten «unangenehm aufgefallen», wie er selber sagt; man neige bei ihm stets zu einer gewissen Überreaktion. Nun droht ihm eine Anzeige wegen Beamtenbeleidigung, weil er im Verlaufe einer Fahndung nach einem Exhibitionisten (er sei zufällig mit seinem Hund durch den Wald gegangen) dem Einsatzleiter der Kripo gesagt hat: «Ich habe keinen Menschen im Wald gesehen, nur zwei Polizisten.» (Wortwörtlich so!) Es sei wirklich nur eine umgangssprachliche Wendung gewesen, er habe einzig und allein zum Ausdruck bringen wollen, daß er dem Sittenstrolch bestimmt nicht begegnet sei; nie und nimmer aber habe er dabei die Beleidigung der Polizisten intendiert. «Doch!» beharrt aber Oberkommissar M. bei meinem Anruf, diese Sache betreffend. «D. hat doch damit nichts anderes zum Ausdruck bringen wollen, als daß wir keine Menschen sind, sondern nur Un-Menschen, Bullen, Schweine oder dergleichen!»

Er ist nicht zur Rücknahme seiner Anzeige zu bewegen gewesen.

Name: Norbert K. / Susanne M. *Zeichen:* ABS 1 / Ka. *Vorgang:* 235 / 85

Herr K. und Frau bzw. Fräulein M. kommen aus dem Standesamt zu uns, wir seien ihre letzte Hoffnung. Sie hätten ihr Aufgebot bestellen wollen, ja, müssen, weil Hochzeitstermin und -reise und vieles andere schon fest bestimmt bzw. gebucht seien. Nun aber habe man ihnen im Bus (ihr Auto befindet sich gerade zur Inspektion in der Werkstatt) ihre Brieftasche mit sämtlichen Papieren gestohlen. Einen neuen Ausweis bekämen sie erst nach vierzehn Tagen – und ohne Ausweis kein Aufgebot! Ich rufe bei der betreffenden Meldestelle an: Ja, man müsse in der Tat vierzehn Tage warten, denn der verlorengegangene Ausweis könnte ja wiederauftauchen. – «Könnten Sie den nicht einfach durch den Reißwolf drehen?» – «Ausgeschlossen!»

Die beiden werden warten müssen...

Name: Gudrun W. *Zeichen:* ABS 12 *Vorgang:* 301 / 85

Frau W., 79 Jahre alt, beklagt sich, daß der Hund ihres Nachbarn Otto Q. sie ständig durch lautes Bellen störe, und zwar bei jedem noch so nichtigen Anlaß. «Ein fürchterlicher Dauerkläffer!» Ich gebe ihr unsere Lärmschutzbroschüre in die Hand und zeige ihr den § 6 («Tiere sind so zu halten, daß Dritte durch Geräusche nicht objektiv unzumutbar gestört werden können»), den § 1 (Schutz der Nachtruhe) und den § 2 (Schutz der Abend- und der Nachtruhe); sie möge doch bitte mit Herrn Q. anhand der LärmVO in aller Ruhe über das Hundegebell reden. Sie bittet mich inständig, das doch stellvertretend für sie zu tun.

Ich rufe dann auch bei Herrn Q. an, der aber schwört, nie einen Hund besessen zu haben, auch die anderen Nachbarn der Frau W. hätten keinen.

Bei der Hundesteuerstelle wird mir das später bestätigt.

Da Frau W. Postseniorin ist (frühere Schalterbeamtin), finden wir in einem Erholungsheim der Bundespost einen Platz für sie, wo sie drei Wochen lang vom Hundegebell ihres Nachbarn verschont bleiben wird.

(Eine Formulierung Verenas, die Timon Zietz sofort für ihre «Hochzeitszeitung» aufnotierte.)

Name: Robert B. *Zeichen:* ABS 121 *Vorgang:* 308/85

Herr B. betreibt ein Obst- und Gemüsegeschäft in der ...-Straße und hat einen Bescheid bekommen, in dem ihm untersagt wird, seine Kisten mehr als einen Meter weit auf den Gehweg zu stellen. Eine Straßenpassantin, die sich ihr Knie gestoßen habe, hätte ihn angezeigt. Nun habe aber der selbstgebaute Tisch, auf den er seine Waren zum Verkauf ausstellt, leider eine Breite von 1,42 m (und da lasse sich auch nichts von absägen!). Die Breite des ohnehin nicht stark frequentierten Gehweges betrage aber 6,50 m, so daß er also wirklich niemanden behindere.

Vom Amt für Bau- und Wohnungswesen erfahre ich bei einem Anruf, daß nach § 10 Abs. 1 Straßengesetz der Gebrauch der öffentlichen Straßen über den «Gemeingebrauch» hinaus (also zu einer Sondernutzung) der besonderen Erlaubnis bedürfe. Man habe eine Empfehlung erarbeitet, in der bei einer Gehwegbreite von 5 bis 8 m Sondernutzungserlaubnisse bis zu einer Tiefe von einem Meter zu erteilen seien. Diesen einen Meter habe man Herrn B. selbstverständlich auch zugestanden, eine weitergehende Sondernutzung des Gehweges stehe ihm aber keineswegs zu.

Fazit: Herr B. wird seinen Tisch trotz aller konstruktiven Probleme absägen und mit neuen Beinen versehen müssen.

Name: Reinhold K. *Zeichen:* ABS 122 *Vorgang:* 325/85

Herr K. bekommt vom Tiefbauamt überraschend einen «Erschließungsbeitragsbescheid», nach dem die 1923 angelegte Straße Am Unkenteich nun eine Regenentwässerung erhalte (Kosten insgesamt DM 126714,30 und pro Grundstück etwa 8000 DM). Er fragt, ob es sinnvoll sei, dagegen Widerspruch einzulegen. Im Tiefbauamt sagt man mir, daß man es nicht verstehe, warum die Bürger so erregt und so überrascht seien: «Die hätten doch jederzeit Einblick in die Grundstücksakten nehmen können!»

Ich rate Herrn K., ohne Zögern zu zahlen, da er einen Prozeß ja doch verlieren würde. Wenn er sich damit abfinde, erspare er sich wenigstens weiteren Ärger.

Name: Isolde D. *Zeichen:* ABS 12 *Vorgang:* 336/85

Frau D. hat ein Soziologiestudium nicht während der Höchstförderungsdauer zu Ende bringen können, da schwere seelische Konflikte mit ihrem Freund sie daran gehindert hätten. Nun soll sie also keine Ausbildungsförderung mehr bekommen. Ich erinnere mich an ein Urteil des Verwaltungsgerichtes in Kassel (Az: V/3 E 663/83), wonach «Liebeskummer», wenn er zu gesundheitlichen Störungen führt, ein «schwerwiegender Grund» im Sinne des Gesetzes ist und zu weiteren Leistungen nach dem BAföG berechtigt.

Name: Theodor F. *Zeichen:* ABS 122 *Vorgang:* 341/85

Herr F., der am 11. Juni seinen Wagen im Halteverbot vor dem Rathaus abgestellt hatte, weigert sich, das gegen ihn verhängte Bußgeld zu zahlen, und argumentiert, das betreffende Verbotsschild sei an diesem Tage von einem großen Brett verdeckt gewesen (möglicherweise auch eine zur Reparatur aus den Angeln gehobene Rathaustür). Sein Sohn studiert Jura und hat ihm einen Beschluß des Bay. ObLG vom 16. 5. 1984 an die Hand gegeben (1 ObOWi 127/84), in dem es heißt, daß ein mit Schnee bedecktes und damit unerkennbar gewordenes Verkehrszeichen keine wirksame Anordnung für jene Verkehrsteilnehmer darstelle, «die nicht bereits bei früherer Gelegenheit in den Geltungsbereich des Zeichens gelangt waren und aufgrund dessen Kenntnis von seinem Inhalt haben».

Herr F. ist der Ansicht, daß das Brett bzw. die große Tür vor dem Halteverbotsschild einer Bedeckung durch Schnee gleichzusetzen sei. Außerdem habe der Hausmeister ihm gegenüber die Reparatur der Rathaustür am fraglichen Tage auch bestätigt. Ich weise das aber nach erfolgter Einsichtnahme in den angeführten Beschluß des Bay. ObLG mit dem Argument zurück, daß dieser ausdrücklich nur solche Verkehrsteilnehmer meinte, die nicht bereits bei früherer Gelegenheit in den Geltungsbereich des zur Diskussion stehenden Schildes gelangt sind – Herr F. aber schon *seit achtzehn Jahren* regelmäßig mit dem Auto das Rathaus besuche.

Name: Peter C. *Zeichen:* ABS 1 / Ka. *Vorgang:* 355 / 85

Herr C., ein Historiker von 47 Jahren, der bereits im letzten Winter mit einem sehr detailliert ausgearbeiteten, aber von allen Verwaltungen abgelehnten Plan im ABS gewesen ist (wir sollten zu einer einzigartigen «Bundesaltenstadt» gemacht werden), hat nun die Idee zu Papier gebracht, die Platznot auf unseren Friedhöfen durch die Einführung des «Stehbegräbnisses» zu beheben (Särge senkrecht stehend in die Erde). Aber weder im Bauamt noch unmittelbar bei den Friedhofsverwaltungen nehme man ihn ernst.

Es gelingt mir, C. einen Termin beim Bürgermeister zu verschaffen.

Name: Ronald O. *Zeichen:* ABS 121 *Vorgang:* 370 / 85

Herr O., Fischhändler auf verschiedenen Märkten, ist 1,90 m groß und wiegt einiges über zwei Zentner. Da er völlig allein lebt und auch ohne jede Verwandtschaft ist, hat er sich vorsorglich einen auf seine ungewöhnlichen Körpermaße zugeschnittenen Sarg anfertigen lassen und in seinem kleinen Einfamilienhaus im Keller gelagert. Dies ist ihm nun vom zuständigen Bezirksschornsteinfegermeister wegen der angeblich damit verbundenen Brandgefahr nachdrücklich untersagt worden. Der Sarg stehe allerdings, wie Herr O. zugeben muß, direkt unter der Rußklappe, was er aber nicht zu ändern vermöge, da sein Häuschen nur teilweise unterkellert sei. Der Sargtischler wolle nun das «Erdmöbel» (so Herr O., der ein sehr heiterer Mensch ist) wegen der Sondermaße nicht mehr zurücknehmen, höchstens dann, wenn einmal ein «ähnlich starker Mensch» eingesargt werden müsse, was aber noch dauern könne...

Da Herr O. seinen Nachbarn (sehr beschäftigten Leuten) und den Behörden nach seinem Ableben auf keinen Fall Arbeit aufhalsen möchte, schlage ich bei einem Schluck Apfelkorn (von Herrn O. spendiert) lachend vor, er solle doch seinen gesamten Riesenkörper der Universitätsklinik zur «Totalausschlachtung» vermachen. Herr O. ist begeistert von diesem Gedanken und bittet mich, das für ihn in die Wege zu leiten. Als Dank dafür spendiere er dem ABS eine Kiste Hummer direkt aus Kanada.

Anfrage ist inzwischen erfolgt, Kopie beigeheftet.

Name: Dieter E. *Zeichen:* ABS 12 *Vorgang:* 395/85

Dieter E., 18, lebt in einem Heim. Sein Vater ist 1970 bei einem Verkehrsunfall ums Leben gekommen. Seine Mutter hat 1977 Selbstmord begangen und dabei versucht, ihn mit in den Tod zu nehmen; er konnte jedoch noch gerettet werden. Der Grund: Seine Mutter hatte damals durch einen Irrtum in der Datenverarbeitungsanlage des Gesundheitsamtes oder einer anderen Behörde die Mitteilung bekommen, unheilbar an Syphilis erkrankt zu sein. Dieter E. fragt nun, ob er etwaige Regreßansprüche habe.

Termin beim Rechtsamt erst nächste Woche.

Ein «Amt für Bürgersorgen» . . .

... könnte uns schon so manches abnehmen, womit wir allein nicht fertig werden.

Die Vorsorge auf finanziellem Gebiet und das, was wir mit unserem Geld anfangen, sollte unserer eigenen Initiative vorbehalten bleiben.

Hungerstreik mit Pfeffersteak

Der geschätzte Leser stelle sich bitte einmal vor, nein, nicht beim Preuß zwecks Aufnahme eines (un)befristeten Arbeitsverhältnisses, sondern nur, daß er vor dem Rathaus stünde, den Blick aufs ABS gerichtet, auf die großen Fenster im Hochparterre droben, denn genau unter denen war man gerade mit der Einrichtung einer nicht eben kleinen Baustelle befaßt. Sandhaufen, Bretter, weißrote Absperrbänder, Pflastersteine, Preßluftbohrer; wie üblich eben.

Sämtliche Fensterflügel des ABS-Centers standen sperrangelweit offen, und ab und an tauchten im morgendlichen Halbdunkel des Raumes Zietz und Verena auf, eifrig, wie das fröhliche Klick-Klack ihres kleinen Balles verriet, auf ihren abgeräumten Doppelschreibtischen Tennis spielend, *Tisch*tennis.

Einige Fußgänger blickten kopfschüttelnd nach oben, verfluchten diese beiden wie auch alle anderen Beamten und verstauchten sich dabei, sofort in ihrem lästerlichen Tun gestraft, die ehrenwerten Knöchel. Wider die Privilegien, Pfründen, Sinekuren! Unser Rathaus als der größte Friedhof dieser Stadt, es ruhten ja Tausende hier.

Wie wohltuend anders dagegen der wahre Held dieses unvermeidbaren Tages, der schlichte Bürger Günther Graf, genannt «Graf Günther», ein spindeldürres Männchen, reife sechsunddreißig Jahre alt, doch immer noch mit der Figur eines Sechzehnjährigen. Wenn man nun in den Limits der Amateurboxer dachte und von Graf Günther meinte, na, Halbfliegengewicht, dann war das ziemlich schief, unterstellte man doch, daß es sich bei ihm um einen drahtig-durchtrainierten Menschen handelte; das aber war er mitnichten, wirkte eher hohl und ausgelaugt, denn Wermut gab halt wenig Kraft. Dennoch hielt Graf Günther einen Vorschlaghammer in der Hand, wie er sich schwerer kaum noch denken ließ. Mit ihm sollte er die knapp kniehohe Vorgartenmauer zertrümmern, die man vor mehr als hundert Jahren für die Ewigkeit wie zum Schutze der kaiserlich-deutschen Blumenrabatte feierlich errichtet hatte.

Die Leute sahen ihn im Unterhemd, und echt professionell in die

Hände spuckend, packte er den Hammer. Aber dann sah es so aus, und war für ihn auch ähnlich mühsam, als würde ein Gewichtheber die Hantel zum neuen Weltrekord hochwuchten wollen.

Stöhnend und ächzend schaffte er es auch, das Unding von Hammer zur Schulter hoch zu schwingen, doch da kam auch schon der große Schreckensschrei der Menge, denn haarscharf an seinem rechten Fuß vorbei, geschoßgleich, krachte der aufblitzende Eisenkopf ins wegspritzende Pflaster, sein Ziel, die Mauer, um etliches verfehlend.

Klar, daß Günther nun, dem Krankenhaus glücklich entronnen, ein kleines Päuschen einlegen durfte, ja, mußte. Sich auf den Hammerstiel stützend, verschnaufte er ein Weilchen. Und just in diesem Augenblick flog den beiden Spielern vom Amt für Bürgersorgen oben ihr Tischtennisball auf die Straße, und kurz darauf erschien auch Verena am Fenster.

«Ob Sie mir wohl bitte mal den Ball wieder...?»

Graf Günther war bereit, auch diesen Auftrag auszuführen, und ließ den ungeliebten Hammer fallen. «Wat seid'n ihr da, det Sportamt...?!»

«... für Bürgersorgen!»

«Eure Sorgen möcht ick habn!»

Trotz dieser unüberhörbaren Behördenkritik überstieg er nun die ominöse Vorgartenmauer und machte sich daran, den ABS-Gemeinschaftsball zu suchen, dabei aber kurz stutzend, als ihm erst jetzt so richtig bewußt wurde, daß ja direkt unter den ABS-Fenstern eine knallrote Inschrift das sandsteingraue Rathausgemäuer heftig verunzierte: TÜRKEN RAUS!

Nun ja, nicht sein Problem, und er warf den inzwischen gefundenen Ball zu Verena hinauf, die sich dafür auch artig bedankte und zur Fortsetzung ihres Matches schnell wieder entschwand.

Graf Günther entschloß sich nun zum nächsten Hammerschlag, nach seiner geglückten Ausführung aber völlig erschöpft und zur nächsten Pause übergehend.

Kein Wunder, daß sein Vorarbeiter, dies sehend, in Rage geriet und nun auf Sklaventreiber machte.

«He, Graf Günther, du wirst hier nich als Arbeiterdenkmal bezahlt! Los, hopp, hopp!» Damit riß er ihm den Riesenhammer aus der Hand, schwang ihn mit Liebesgrüßen Richtung Thor und schlug mit lautem Kämpferschrei eine beachtliche Bresche in die wilhelminisch-reichsdeutsche Vorgartenmauer. «So wird's gemacht, capito!? Zakloppen, nich streicheln!»

Graf Günther entschloß sich zu einer kleinen Verbeugung, dabei seinen Hammer wieder in Empfang nehmend. «Det leuchtet mir ein, Herr Oberbaurat, janz sicher, und daran liecht et ja ooch nich...»

«Los, los, keine Müdigkeit vorschützen!»

Nachdem sich Graf Günther weitere zehn Minuten lang immer strebend und dennoch vergeblich abgemüht hatte, kam Herr Kaymaz ins Bild, der Oberaufseher der rathäuslichen Reinigungskolonnen. Drahtig und aufrecht schleppte er einen ovalen Rieseneimer mit grauweißer Farbe heran, dazu noch eine Malerbürste, einen sogenannten Schwabbel. Damit begann er, die Aufschrift TÜRKEN RAUS! kunstgerecht zu übertünchen.

Graf Günther sah ihm staunend zu. «Recht haste, denn arme Schweine sind wa alle. Weeßte, wat wa statt dessen ranschreibn tun...!?»

Kaymaz war ein wenig verwundert. «Nein...?»

«BEAMTE RAUS!»

Da war Herr Kaymaz aber sehr empört. «Ich schreibe nicht, ich bald selber Beamter!»

Kaum hatte er diesen stolzen Satz gesprochen, da sprang, von der Seite her kommend, ein nicht eben bulliger Mann auf ihn zu und riß ihm den schwabbelführenden Arm mit fast schon brutal zu nennender Kraft weit nach hinten zurück: der Amtsrat Preuß.

«Sind Sie denn verrückt geworden – unsere schöne Rathausfassade!»

«Ich muß das machen! Ich bin doch Chef von Sauberfrauen hier!»

«Das weiß ich selber, Mann! Und außer mir ist keiner der Chef hier, was das Personal betrifft!» Klar, daß er mit Kaymaz wegen der Schreibmaschinensache noch einen ganzen Hühnerstall zu rupfen hatte, andererseits aber war er Beamter, ein deutscher Beamter, und damit verpflichtet, stets ohne gefühlsmäßige Aufwallungen und ohne Ansehen der Person zu handeln beziehungsweise, und das auch, zu unterlassen, also fand er auch zurück zu einer kühlen Sachlichkeit: «Wenn wir das Rathaus neu streichen wollen, dann haben wir unsere Fachfirmen dafür!»

«Ich... doch nur die roten Buchstaben hier...!»

«Auch dafür haben wir unsere Spezialfirmen! Was Sie da machen:

Noch mehr Dreck machen Sie! Los, nehmen Sie Ihren Eimer und kommen Sie...!»

So wurde Kaymaz praktisch abgeführt, und Graf Günther hatte nun keinen einsehbaren Grund mehr, weiter zu pausieren. Was sein muß, muß sein! Und so entschloß er sich zum vierten Versuch. Doch diesmal fehlte ihm die Kraft, den schweren Hammer nach dem Aufprall auf die Ziegelsteine noch zu bändigen; zurückfallend traf er seine Zehen.

Laut aufschreiend schmiß er das Mistding hin und rieb sich, dabei umherhüpfend wie ein chatschaturjanischer Säbeltänzer, die schmerzenden Zehen.

«Scheißhammer! Scheißsklaventreiber hier! Ihr könnt mich mal alle...!»

Schon hatte er sein Oberhemd gepackt und war dabei, seinen Einsatzort fluchtartig zu räumen.

Karl Voppmann war schon früh ins Rathaus gekommen und nutzte die erste halbe Stunde seines Dienstes für Volk und Vaterland zum schmoozing. Das war ein Teil jeder natürlich gewachsenen Rathaus- und Bürokultur und kam vom jiddischen *schmous*, was soviel hieß wie plaudern, freundlich klatschen, Gerüchte ausstreuen, lokker, leicht, vertraulich miteinander reden und dabei durchaus auch dienstliche Dinge zu besprechen und zu regeln.

Er traf bei seiner Wanderung durch die Flure und Gänge viele Kolleginnen und Kollegen, die die neuesten Witze parat hatten oder aber «Fälle» aus ihren Arbeits- und Freizeitbereichen, oft auch ihrer Familie.

«Stimmt das, daß sich Meyer 13 jetzt auch im Büro rasieren soll, um zu Hause Strom zu sparen...?»

«Ja, ja, kacken geht er auch nur hier, und neulich hat er sich sogar auf der Herrentoilette drei Paar Socken gewaschen und bei sich im Schrank zum Trocknen aufgehängt!»

«Domisch sitzt in seinem Büro, schält sich eine Banane und streut mächtig Salz drauf. Dann wirft er die Banane aus dem Fenster. Kommt Preuß rein und fragt ihn, warum er das tue. – ‹Weil mir gesalzene Bananen nicht schmecken!›»

«Domisch sitzt in seinem Büro und schreibt einen Brief. Da kommt Preuß herein und sieht ihm zu. ‹Stör mich nicht, Reinhard, das ist ein sehr wichtiger Brief!› – ‹An wen schreibst du denn?› – ‹An mich selber...› – ‹Ah ja. Und was schreibst du dir?› – ‹Weiß ich doch jetzt noch nicht, ich bekomm doch den Brief erst morgen früh!›»

«Tröstet euch: Es geht alles vorüber, es geht alles vorbei – und im Monat Dezember gibt's wieder ein Ei!» (alter Kriegsdurchhaltesong).

«Warum kann die Polizei keine 4 × 100-m-Staffel bilden...?»

«Keine Ahnung...»

«Weil die sich mit dem Staffelstab immer auf'n Kopp hauen... So 'n Reflex, wenn vor ihnen einer läuft...»

«Was soll ich'n da machen, Karl: Wir haben da einen Arbeiter im Gartenbauamt, der hat sich bei seinem Arzt einen Block mit Blankoformularen geklaut, und dann hat er damit seine Kollegen krank geschrieben. Für fünfundsiebzig Mark pro Tag. Soll ich das jetzt wirklich an die große Glocke hängen?»

«Sag mal, Karl, mein Nachbar hat mich angezeigt, wir hätten bei der Liebe zuviel Krach gemacht...»

«Meinetwegen kannste meine Laube haben...»

«Bei uns in der Erziehungsberatungsstelle hat jemand Kinder in den Akten geführt, die gar nicht bei ihm waren; aus dem Fußballverein seines Jungen hat er die genommen, aus der Kartei da. Um seine Mitarbeiterin nicht loszuwerden, wegen des befürchteten Stellenabbaus... Jetzt komm ich ja um 'ne Anzeige kaum herum...»

«Überred doch lieber die problemlosen Kinder, daß sie mit ihren Eltern wirklich zur Beratung gehen; das ist doch einfacher für dich...»

«Ja. Kannst du gar nicht mal so unrecht haben...»

«Wenn wir dich nicht hätten, Karl...»

«... und die kleinen Kartoffeln!»

So wurde Karl Voppmann kräftig gestreichelt und verteilte auch seinerseits diverse Streicheleinheiten; so wurde das harte Los «lebenslänglich Verwaltung» wieder erträglich.

Als er dann an Domischs Kanzlei vorüberstrich, einzig mit der Absicht, dessen Fahrer beim Pinkelngehen zu treffen und von ihm einiges Wissenswerte über die neuesten Irr- und Dienstwege seines Meisters zu erfahren, ging plötzlich die Tür neben ihm auf, und er wurde, zu seiner großen Überraschung, vom hohen Herrn hereingebeten.

Voppmann betrat die Machtzentrale, holzgetäfelt, fahnengeschmückt, mit angemessener Trauer, denn wie oft hatte er hier in froher Runde gesessen, Buddelkasten- und Busenfreund des Ex-Bürgermeisters. Vorbei nun alles, und im Königssaal der blasse Domisch. Doch Freiheit, dachte er mit Engels, Freiheit ist ja auch die Einsicht in die Notwendigkeit, und notwendig war es ja wohl, diesem Schwachkopf hier mit Anstand zu begegnen.

«Schön ist es hier geworden nach der Umgestaltung. Sind die Blumen künstlich?»

«Natürlich!»

«Wirklich natürlich...?»

«Nein, künstlich!»

«Sind sie nun künstlich oder natürlich?»

«Natürlich künstlich!»

«Ah ja...» Voppmann nickte und bedankte sich für den Brief, den ihm Domisch schon einige Sekunden lang hingehalten hatte.

«Wieder eine Beschwerde über das ABS! Ich werde mir langsam mal überlegen müssen, ob wir uns das wirklich noch...! Aber lesen Sie mal!»

Voppmann erschrak, flehte Mutter Kaminski herbei und verfluchte sich, daß er seine Brille nicht längst abgenommen hatte: auf dieser Schiene lief nun gar nichts mehr.

Zeit gewinnen, dann Trick 24.

Er trat ans offene Fenster, wie um mehr Licht fürs Entziffern des handgeschriebenen Textes zu haben, hielt den Bogen hoch, ein wenig übers Fensterbrett hinaus – und ließ ihn dann mit einem schrillen Aufschrei aus den Fingern gleiten. «Oh...!»

Doch Pech für ihn: kein Sog, der das Blatt hinaus und in die Tiefe riß, kein Wind ablandiger Art, sondern im Gegenteil eine Art Bö, die es weit zurück ins Zimmer wirbelte.

Schon 0:2 gegen ihn (die nicht absichtlich vergessene Brille dabei als Eigentor gewertet).

Und eines wußte er: Wenn es Domisch gelang, ihn hier und jetzt mit seiner Schreib- und Leseschwäche zu entlarven, dann hieß das ganz konkret: Schließung des gesamten ABS zum nächsten Ersten. Schon lange, so hörte man's munkeln, spiele Domisch mit diesem Gedanken; und wenn dem so war, dann ließ er sich einen so wunderbaren Anlaß wie diesen ganz sicher nicht entgehen.

Voppmann fightete weiter. Zweiter Anlauf; der 28. Trick.

«... ich nehm den Brief mal mit runter und sprech dann mit meinen Leuten darüber...»

«Nein, nein, das sollten wir gleich hier erledigen!»

Das 0:3. Ob Domisch endlich doch was ahnte und nun (Voppmann dachte das sogar im falschen Bilderdeutsch des Rathausfürsten) «zum großen Blattschuß ausholen» wollte?

Noch ein letzter Versuch aus der großen Trickkategorie «Verzögern und Verschwindenlassen des zu lesenden Schriftstücks».

«Das sollten wir doch erst mal unserm Personalrat zeigen!»

«Wieso?» Domisch tat erstaunt. «Was geht denn den das an...!?»

0:4, aussichtslos. Die größte und die wohl entscheidendste Niederlage seines Lebens. Er als Legastheniker entlarvt, blamiert, ein Schandfleck des Beamtentums; und keiner mehr da, ihn zu halten: der alte Bürgermeister in der Wüste, seine Partei zahnlos geworden und unter dreißig Prozent.

Doch Voppmann, Hinterhofkind, fast schon in einer Art Biberkopf-Welt zum Manne gereift (oder auch nicht), Voppmann gab so schnell nicht auf, kämpfte sich heroisch durch den Buchstabendschungel hindurch und schaffte es dann doch noch, wenigstens ein paar Worte aus dem langen Brief herauszulesen: *Zietz*, immer wieder: *Zietz*, und dann *ABS* sowie *Beschwerde*. Großes Aufatmen. Aha, da hatte der also wieder mal...!

Voppmann gab sich den Anschein, Satz für Satz noch einmal sorgfältigst durchzugehen, und sagte dann mit der naiven Ernsthaftigkeit eines wirklich hohen Würdenträgers: «Also gut, ich werde mit Herrn Zietz ein paar Worte wechseln müssen...» Er stöhnte auf. «Mal reden mit ihm...»

«Nicht nur reden: Das Ding muß ab!»

«Oh!» Voppmann prallte zurück. O Gott, was hatte sein Timon da nur wieder angestellt!? Sich am ABS-Fenster exhibitionistisch betätigt oder gar mit Verena auf offener Bühne...? Einer anderen gar...? «Bei allem Respekt: Aber ist das nicht doch 'ne zu harte Strafe?»

«Nein. Damit läuft er mir nicht mehr herum! Die alte Dame hier ist ja nun wahrlich nicht die einzige, die sich da schon erregt hat darüber...»

«Gut...» Voppmann hielt es für besser, jetzt erst mal alles zuzusagen und schnell den Rückzug anzutreten. «Wir werden sehen, was sich da machen läßt...»

«Sonst schicke ich Ihnen nachher den Preuß vorbei, damit der dann mit 'ner Schere...!»

«Ja, ja, gerne...»

Karl Voppmann suchte das Weite, das heißt nun erst mal die Kantine auf.

Daß man in dieser Verwaltung am besten mit der Schere im Kopf reüssierte, das wußte er ja, daß aber nun zur kritisch-intellektuellen Kastration auch noch die körperliche hinzukommen sollte, das ließ ihn ins Grübeln geraten. Staatseunuchen, Beamtenmönche, alle Triebe umgeleitet in treue Pflichterfüllung, völlig abgehoben von der Bürgermasse...? Nun ja, Kaste und kasteien hatten ja den gleichen Stamm (von lat. *castus* = rein, keusch – d. Verf., also *der Verfasser*, nicht: der Verfassungsschutz), und wenn ein Mann wie Domisch so etwas dachte, dann standen immer viele Millionen hinter ihm, es auch demokratisch zu wollen... Was dann aber, wenn die Kastration Eintrittsvoraussetzung aller Jungbeamten wurde? Gab es dann im Jahre 2000 nur noch Frauen in unserer Staatsbürokratie?

Klarheit darüber ließ sich, das wußte er, nur mit zwei, drei Klaren verschaffen; also trank er sie.

Timon und Verena waren derweilen noch immer bei ihrem Tischtennismatch, Timon ein wenig müde allerdings, denn in seinem «politischen Zirkel» hatten sie gestern wieder bis weit in die Nacht hinein gestritten, Realos und Fundamentalisten, er dabei, immer um eine ideologische Synthese bemüht, viele Pluspunkte einsammelnd. Und nun lag er mit 24:25 im Hintertreffen, mußte versuchen, Verena ein wenig abzulenken.

«Wollen wir denn unsere Verlobungsreise wirklich nach Korsika machen...?»

Verena schlug auf, raffiniert hart und angeschnitten zugleich. «Ja, auf alle Fälle! Da um La Chiappa herum, das ist doch wirklich 'n herrlicher Küstenstrich...!»

«Na ja: besser Küstenstrich als Autostrich!»

«Das ist ja nicht mehr zum Aushalten! Immer nur das eine Thema!» Verenas Schmetterball geriet so kraftvoll, daß sie die Platte um Zentimeter verfehlte.

«Fünfundzwanzig beide...!» rief Timon und kroch unter den großen Tisch in ihrer Besucherecke links hinten, den Ball zu suchen.

Verena warf einen schnellen Blick auf die elektrische Uhr, die oben über ihrer Flurtür hing. «Was'n: gleich neun! Hörn wir lieber auf, sonst...!» Sie packte den Schläger ins Schreibtischfach; stutzte. «Du – das Ding steht ja schon wieder!»

Timon hatte den Ball gefunden und war gerade dabei, sich wieder aufzurichten. «Verena, bitte, fang du nicht auch noch damit an, mit dem Thema Nummer eins!»

Verena meldete an, ihm nicht folgen zu können...

«Na, was du eben gesagt hast...» Timon war dabei, seine Sachen vom Nachbarschreibtisch zu nehmen und wieder auf seinen zu legen, stellen, packen. «Wörtlich: Du, das Ding steht ja schon wieder...!»

«Die Uhr, Mensch!»

«Der Urmensch, *der*!»

«O nein!» Sie fiel auf ihren Drehstuhl. «Ich muß mich jetzt bei meinen Akten erholen...»

«Bitte!» Auch Zietz nahm Platz. «Ich hab dem Hecht schon Bescheid gesagt...» Noch absolut arbeitsunlustig begann er in *Grzimeks Tierleben* zu blättern, diesmal Band 4. «... ah, ist ja interessant! Wußten Sie eigentlich, Fräulein Naase, daß es auch einen Fisch namens Nase gibt...? Die Nase, lateinisch Chondrostoma nasus...»

«Nein...»

«Na siehste: Von Timon lernen heißt siegen lernen! Die Nase, auch Speier, Schwarzbauch, Quermaul, Näsling oder Elze genannt...» Er warf ihr ein Küßchen hinüber. «Hallo, mein kleines Quermäulchen!»

«Du bist ja wirklich toll in Form heute...!»

«Danke! Verbreitungsgebiet Mittel- und Osteuropa... Richtig! ... die Unterlippe ist zugespitzt und mit Knorpel ausgefüllt... Igitt, igitt! Ist mir so aber noch gar nicht aufgefallen... Körper langgestreckt, ja... spindelförmig, seitlich schwach abgeflacht...» Er musterte sie. «Abgeflacht, nee: ganz im Gegenteil... Schlundzähne... Schlundzähne einreihig lang und stark zusammengedrückt mit sehr langen Mahlflächen... Da ist ja nun wirklich Vorsicht angebracht!» Er zitierte dann weiter aus dem Text: «Darmkanal sehr lang, Bauchfell schwarz... Steh mal auf, zeig mal bitte...!»

Sie sprang auch auf, lief dann aber nur um den Schreibtisch herum, ihm das Buch zu entreißen. «Gib das endlich her!»

«Hol's dir doch!»

Er hielt das Buch fest, und es entstand eine kleine Balgerei mit viel Gekicher.

So lange, bis H.-H. Hecht die Tür zum Flur aufstieß. «Sex im Büro, Mann, prima! Weitermachen bitte!»

Sie fuhren auseinander, und Verena kehrte zu ihrem Schreibtisch zurück, das Buch zu den anderen Bänden aufs Sideboard stellend, nicht ohne Timon leise zu tadeln. «Mensch, das is ja schlimm mit dir, der tratscht das doch wieder überall rum!»

«Hans-Heinrich Hecht als Augenzeuge...! Der Mann, der mit den Augen zeugte!»

Verena stöhnte noch lauter auf.

Hecht kam nun vollends in den Raum, eine riesengroße Aluleiter in der Hand. «Oh, alles schon vorbei...!? Ich dachte – wo ihr gerade so am Stöhnen wart...» Sprach's und riß dabei einen Besucherstuhl zu Boden.

«Wenn Sie schon denken, dann an Ihre Leiter bitte!»

«Danke für den freundlichen Hinweis!» brummte Hecht, schon bemüht, die Leiter aufzurichten, um oben an die Uhr heranzukommen. Fast war er fertig, da schlug er noch mit der Oberkante des rechten Leiterholms ein erhebliches Stück Putz aus der Wand heraus.

«Mensch, Sie sollen die Uhr reparieren und nicht das ganze Rathaus einreißen!» mahnte Timon Zietz.

«Ha-ha-ha!» Erhaben über solch billige Kritik erklomm Hecht nun seine Leiter. «... haben Sie denn was mit der Uhr gemacht?»

«Ja...»

«Aha! Was denn?»

«Die Zeit abgelesen...»

Hecht überhörte auch das. «Vielleicht hamse uns auch nur 'ne alte Batterie angedreht... Wern wa jleich mal sehn...!»

Gleich war jedoch nicht, denn die tellergroße Einfachuhr, von Voppmann zur Amtseinweihung aus alten Heeresbeständen persönlich gestiftet, war von Hechts Vorgänger mit kunstvoll verzwirbelten Drähten übermäßig gut gesichert worden, und so schaffte er ihre Loslösung nur um den Preis zweier aus der Wand herausgefetzter Schrauben und Dübel. Der herabrieselnde Kalkstaub wehte bis zu Zietz hinüber, der furchtbar schimpfte, als er sich dann beim Herunterbürsten des Drecks seinen neuen Ohrenschmuck vom

Läppchen riß, Zeichen und Symbol seines Andersseins als deutscher Beamter, ein silberner Ohrstecker von etwas mehr als Markstückgröße und mit perlmuttglänzender Emaille belegt.

Wenig später kam dann ihr verehrter Leiter Personal/Verwaltung, sich dafür entschuldigend, daß er vornherum auf Hose wie Sakko ein wenig vollgespritzt war.

«... mein Abflußrohr war leider verstopft...!»

Zietz feixte. «Ah ja, Herr Preuß, schnell noch beim Urologen gewesen...»

«Unsinn, mein Waschbecken oben! Und da ja Hecht wieder mal nicht greifbar war, mußte ich da selber... Wie immer!»

«Ick hab doch hier mit die Uhr zu tun, sehn Se doch!» rief Hecht von der Leiter herunter.

«Mit *der* Uhr!» korrigierte Preuß.

«Ja, der H.-H. H. war hier wirklich kräftig am Wirbeln», bestätigte Zietz. «Da muß ich ihn als Gewerkschaftsmitglied nun wirklich mal...»

«Diese Mitgliedschaft wird Ihnen bei der Sache mit Ihrem Ding da, Ihrem Ohrenschmuck auch nicht helfen», sagte Preuß, geschickt einhakend. «Der Bürgermeister hat zwar gesagt, ich sollte die Schere nehmen... Na ja, lassen wir noch einmal Gnade walten und das Recht dafür sprechen...! Ich habe hier ein Urteil des Verwaltungsgerichts Freiburg – Az: 5 K 138/84 –, und da wird einem Zollsekretär verboten, einen Ohrstecker ähnlich dem ihren im Dienste zu tragen. Auch im Rechtsamt ist man der Auffassung, daß dies Urteil auf die Situation hier im ABS durchaus übertragbar sei, als es auch hier zu unzumutbaren Verärgerungen der Besucher kommen könnte, ja, gekommen ist, siehe die beiden zuletzt eingegangenen Beschwerden. Ja, ohne Publikumsverkehr, da...»

«Na schön, wenn das Publikum dann wirklich besser mit uns verkehren kann...!» Zietz, in kalter Wut, zog den Schmuck vom Ohrläppchen ab und clipste ihn, schnell aufspringend, Preuß ans Ohr. «Bitte sehr! Nehm Sie'n mit – als ewiges Andenken von mir!»

Preuß kreischte los. «Das reicht aber jetzt wirklich für 'n Disziplinarverfahren!» Sich Domischs Rückendeckung sicher («Mit diesem Ding läuft dieser Chaot mir nicht mehr länger durch mein Rathaus!»), wies er daraufhin, daß ein Beamter nun mal verpflichtet sei, sich gegenüber seinen Vorgesetzten korrekt und achtungsvoll zu verhalten, dabei reichlich ungeschickt in seinem überaus heißen Bemühen, das ungeliebte Geschenk wieder vom Ohr loszukriegen. «Mein Ohrläppchen blutet ja schon, sehen Sie mal! Das ist 340 StGB, Körperverletzung im Amt!»

«Entschuldigen Sie bitte», sagte Zietz. «Aber das ist doch eben erst passiert, als Sie...»

«Jetzt haben wir Sie endlich mal!» rief Preuß und eilte auf den Flur hinaus, um sich dann sogleich beim Amtsarzt seine «erheblichen Verletzungen» bestätigen zu lassen.

Wenig später ging die Verbindungstür auf, und Karl Voppmann erschien, ein langes Regalbrett hereinbugsierend, und in seinem Gefolge betraten mit Meyer 13 und Mutter Kaminski die letzten der ABS-Akteure die teure Stätte ihres Wirkens.

«Was für 'n schönes Brett!» rief Timon Zietz. «Direkt vom Kopf des Bürgermeisters?»

«Bitte, Timon!» Kopfschüttelnd lehnte Voppmann das Brett an das Regal hinter Mutter Kaminskis Schreibtisch. «Erschüttern Sie nicht schon wieder die Grundfesten unserer Gesellschaftsordnung! Uns Krähen ist es nun mal per Diensteid untersagt, einander die Augen auszuhacken...»

Daraufhin murmelte Meyer 13 in ziemlicher Lautstärke etwas, das wie «Nestbeschmutzung» klang, und Verena staunte, denn ihr war noch in Erinnerung, daß Preuß ihnen neulich ein Zusatzbrett verweigert hatte.

«Ja, und da haben wir uns eben selber eins gekauft», sagte Mutter Kaminski.

Stellte sich leider heraus, daß das Brett zu lang zugeschnitten worden war, ganze 1,6 cm sogar, doch H.-H. Hecht tönte sofort von der hohen Leiter herab: «Lassen Sie mal liegen, ich hol gleich meine Säge...»

Die Uhr notdürftig festbindend, kam er heruntergeturnt und lief sogleich in Richtung Keller, dabei in der Flurtür hart mit Graf Günther karambolierend. Der wäre wohl wie ein Billardball von Bande zu Bande geprallt, hätte er sich nicht an seinem mitgebrachten Vorschlaghammer festhalten können.

Timon staunte. «Ah, mal wieder jemand, der 'n Verbesserungsvorschlag machen möchte...!» Hurra, der Verbesserungsvorschlagshammer war erfunden worden! Überschrift: Die Bürokratie unterm Vorschlaghammer!

«Ich find das gar nicht zum Lachen, was die da mit mir machen!» sagte Graf Günther.

«Klar...! War ja auch nicht so gemeint... Nur weil Sie halt so' n unheimlich großen Hammer haben...»

«Sie...!» Drohend ging er nun auf Timon zu, ganz mighty mouse.

Verena stand auf, wieder einmal sanft vermittelnd. «Entschuldigen Sie bitte, aber der Kollege ist heute...! Wenn Sie bitte erst mal Platz nehmen würden...» Sie rückte ihm einen Stuhl zurecht. «Und Ihren Vorschlaghammer, den stellen wir mal eben in den Schirmständer...» Sie war wirklich entwaffnend heute.

Graf Günther setzte sich und sagte dann ganz starr-mechanisch: «Ich heiße Günther und bin Anonymer Alkoholiker... Bürgerlich: Günther Graf, aber alle sagen Graf Günther zu mir... Und ich hab den Hammer auch gleich mitgebracht, damit Sie mir glauben...!»

Verena legte sich ihren Notizblock bereit. «Ja, dann erzählen Sie doch bitte mal...»

Weiter kam sie allerdings nicht, denn in dieser Sekunde stürzte Herr Kaymaz durch die Verbindungstür ins Center, seinen Farbeimer noch immer in der Hand.

«Herr Voppmann, Herr Voppmann, der Preuß ist wahnsinnig geworden!»

«Das ist nur Methode bei ihm...»

«Das ist doch gefährlich...!»

«Gefährlich ist allein der Furz der Sachsen, denn der kann im Darme wachsen und beendet seinen Marsch mit 'nem lauten Knalle aus'm...!»

Kaymaz dachte lange nach, konnte aber mit diesem Edelstein aus dem deutschen literarischen Volksvermögen nicht eben viel beginnen. «Nein, er will mich rausschmeißen, weil ich das unten gemalt habe an der Wand...!»

«Was'n gemalt?»

«Na, das: TÜRKEN RAUS!»

Jetzt war es an Voppmann, erstaunt zu sein. «Was denn: Sie selber...!?»

«Ja!»

Zietz wandte sich um. «Das erinnert mich an den berühmten alten Witz... Fragt ein Polizist einen Türken: ‹Können Sie sich ausweisen?› – Antwort: ‹Wieso, muß man das jetzt selber tun?›»

«Ah! Ich falsches Wort...!» Kaymaz lachte, hatte jetzt begriffen, warum die anderen nichts begriffen. «Nicht gemalt – *über*malt! Ich habe TÜRKEN RAUS! übergemalt, mit diese Farbe hier!» Er tauchte den Schwabbel in der zähen Farbe auf und ab. «Und nun will er mich rausschmeißen wegen Sachbeschädigung!»

Preuß wurde gebeten, doch mal schnell ins ABS zu kommen, und als er dann anrückte, war er furchtbar sauer, denn Domisch hatte ihm soeben untersagt, Timon Zietz disziplinarrechtlich an- und abzuschießen («Der kann schon übermorgen Spitzenpolitiker bei den Grünen sein, ich hab da meine Informationen, und dann...!»).

Preuß also war schon ziemlich aufgeladen, als er zur Sache Kaymaz Stellung nahm. «... das Beschmieren der Rathausfassade, ja...! Sachbeschädigung nach 303 StGB, ganz klar! Wer rechtswidrig eine fremde Sache beschädigt oder zerstört, wird mit Freiheitsstrafe bis zu zwei Jahren oder mit Geldstrafe bestraft!»

Voppmann grunzte unwillig. «Er hätte sich doch wohl eher strafbar gemacht, wenn er das TÜRKEN RAUS! nicht übermalt hätte...!»

Die Herren warfen sich nun die Paragraphen an den Kopf wie die Pennäler Papierkügelchen. Die Inschrift sei, so Voppmann, doch ganz sicher Volksverhetzung nach 130 StGB und ihre Nichtauslöschung Begehen einer Straftat durch Unterlassen (§ 13 StGB), wurde aber von Preuß dahingehend belehrt, daß dieses auf Kaymaz nicht anzuwenden sei, da der als Reinigungskraft allein fürs Rathaus*innere* rechtlich nicht dafür verantwortlich sei, was draußen an der Fassade stehe. Voppmann kam nun mit dem rechtfertigenden Notstand (§ 34 StGB), doch Preuß konterte sofort, für Kaymaz habe ja nun wahrlich keine unmittelbare Gefahr an Leib und Leben bestanden.

«Aber an seiner Ehre!»

«Ach...!»

Erst Zietz und Verena brachten die Rettung, indem sie sich an ein Grundsatzurteil des Oberlandgerichts Frankfurt vom 28.2.1979 erinnerten: «Wird auf einer bereits mit zahlreichen Sprüchen beschmierten Wand eine weitere oberflächliche, das heißt nicht in den Putz eingeritzte Beschriftung vorgenommen, so stellt diese weitere Verunstaltung keine Sachbeschädigung im Sinne des § 303 StGB dar, wenn der ohnehin erforderliche Renovierungsaufwand dadurch nicht größer wird...» Kleine Kunstpause zur Erhöhung der Conclusio-Wirkung. «Und da sich unter dem TÜRKEN RAUS! nachweislich noch andere Graffiti-Spuren befinden, kann man das wohl auch ohne weiteres auf unsern Fall hier übertragen...»

Voppmann freute sich. «Also Freispruch für Herrn Kaymaz.» Er ging zur Flurtür, riß sie auf. «Und Sie, Herr Preuß, Sie sind so nett... Ehe ich noch von *meinem Recht* auf entschuldbaren Notstand Gebrauch mache...» Dabei streckte er das rechte Bein ein wenig nach hinten, als wollte er dem Amtsrat Preuß in den preußischen Amtsarsch treten.

Graf Günther hatte Auftritt wie Abgang des PV-Leiters Preuß mit einem unguten Knurrlaut verfolgt, war aber von Verena durch bloßes Handauflegen noch ausreichend besänftigt worden.

«...Sie waren also Feinmechaniker bei der EUROMAG und sind dann arbeitslos geworden?»

«Ja, als die ihr Werk hier dichtgemacht haben. Und dann kam das alles mit dem Alkohol; kennen Sie ja sicher: die ganze Talfahrt... Aber Gott sei Dank, jetzt bin ich ja bei den Anonymen Alkoholikern und wieder völlig trocken.»

Verena zeigte auf den Vorschlaghammer. «Aber mit der Körperkraft, da...?»

«Nicht nur vom Alkohol, 'n Herkules war ich ja vorher auch nicht...» Er stand auf und nahm den Vorschlaghammer noch einmal zu Demonstrationszwecken zur Hand. «...das sind Arbeiten hier, die ich einfach nicht machen kann! Aber wenn ich sie verweigere, denn kriege ich doch keine Sozialhilfe mehr!» Damit nahm er wieder Platz.

Verena dachte nach. «Ich ruf mal den Kollegen Beltz vom Sozialamt an...»

Sie tat es und erhielt auch seine Zusage, in wenigen Minuten unten im ABS zu sein.

«Was denn, der Jingle von Soz V...?» fragte Zietz, immer mit halbem Ohre zuhörend. «Da macht euch mal keine großen Hoffnungen, den kenn ich noch von früher...!»

«Beltz!» korrigierte ihn Verena. «Nicht Dschingel!»

«Das ist doch ein und derselbe!» lachte Timon. «Von dem haben wir in der Fachhochschule immer gesungen: Jingle, Beltz, jingle, Beltz, jingle all the way – O what fun it is to ride in an one horse open sleigh...»

Da war Bernhard Beltz auch schon eingetreten und hatte kopfschüttelnd den letzten Teil des Winterliedes mitbekommen.

«Der Timon Zietz – immer noch nicht erwachsen geworden!? Da bin ich, wenn auch ohne Glockengeläut ...!»

Zietz stand auf, dem alten Kameraden der Aktenberge die Rechte zu schütteln. «Weißt du doch: Ein göttlich Wesen ist das Kind ... Wie schon Hölderlin sagte.»

Beltz freute sich, an die guten alten Verwaltungszeiten erinnert zu werden. «Hölderlin, ja, das war doch unser alter Ausbildungsleiter in der Außenstelle, Ernstthaler Straße ...?»

«Nein, das war der Höllinger ...! Hölderlin ist doch bei den kulturellen Angelegenheiten.»

«Ja, ich weiß, der wollte da noch Amtmann werden, hat's dann aber nicht mehr geschafft ...»

«Richtig! Und aus Verzweiflung darüber hat er den *Tod des Empedokles* geschrieben ...»

Beltz hatte nun doch das dumpfe Gefühl, hier gehörig verscheißert zu werden, und bat darum, schnell zum Dienstlichen zu kommen. Zuerst aber gab es noch einen kleinen Aufschrei, als Meyer 13 nämlich bemerkte, daß die von Hecht vorhin reparierte Uhr nun rückwärts lief.

«Das sagen ja alle, daß im ABS die Uhren anders gehen ...!»

Zietz schaute traurig drein. «Da sind wir wieder mal voll im Trend der Zeit ... Na ja!»

Verena war es dann, die zum Angriff blies. «Stimmt es also, daß Herr Graf keine Sozialhilfe mehr erhalten soll ...?»

Beltz setzte sich. «Ja, sicher. Das Arbeitsamt hat ihn mit einer Sperrfrist von acht Wochen belegt. Jedesmal schmeißt er die Arbeit. Hier vor Ihrer Haustür wieder; ich hab gerade mit dem Vorarbeiter geredet. Das ist nun schon das dritte Mal!»

«Aber Sie sehen doch, daß der Mann von seiner Konstitution her dazu nicht in der Lage ist ...!»

Beltz verwies auf eine Entscheidung des Bundesverwaltungsgerichts vom Februar 1983. «Da steht doch schwarz auf weiß, daß sowohl die Verpflichtung zu gemeinnützigen Arbeiten wie der Entzug von Sozialhilfe bei der Weigerung zur Arbeit rechtmäßig sind!»

Verena sprang auf, nahm den Vorschlaghammer hoch und ließ ihn gefährlich dicht neben Beltz wieder auf den Boden krachen. «Aber doch nicht diese Arbeit hier!»

«Andere Arbeitsplätze haben wir nicht, was sollen wir da machen?» Den entsprechenden Verordnungstext konnte er auswendig hersagen. «Die für diese Zwecke in Frage kommenden Arbeiten müssen nämlich ausschließlich und unmittelbar allgemeine Belange fördern, und darüber hinaus muß es sich um Arbeiten handeln, die sonst nicht, nicht in diesem Umfang oder nicht zu diesem Zeitpunkt verrichtet werden würden.» Kurzes Luftholen. «Da bleiben eigentlich nur Arbeiten an städtischen Grünflächen. Und hier vor dem Rathaus können wir endlich die alten Mauerreste abtragen lassen – siehe Vorschlaghammer hier – und dann 'n Blumenbeet anlegen...»

«Aber der Hammer ist doch nun nachweislich zu schwer für Herrn Graf!»

«Irgend etwas müssen wir ja schließlich tun, um die Arbeitsbereitschaft der Leute zu prüfen und die Drückeberger von der Empfängerliste zu streichen.»

«Er kann doch aber diesen Arbeitsplatz unmöglich ausfüllen!»

«Und wir können ihm keinen anderen verschaffen!»

«... und da soll wirklich nichts zu machen sein?»

«Nein, nichts zu machen. Ich kann ihm höchstens 'n paar Dienstfahrscheine schenken, damit er sich mal woanders...» Beltz griff in die Brusttasche seines Jacketts.

Doch das war nun entschieden zuviel für Günther Graf, war das winzige Streichholzflämmchen, das das ganze Pulverfaß... Er sprang auf, nahm die Fahrscheine und warf sie dem Sozialamtssachbearbeiter mitten ins satte Säuglingsgesicht.

«Die könn Sie sich meinetwegen in'n Arsch stecken!»

Dann schrien alle auf, denn Graf Günther hatte die große Papierschere von Verenas Schreibtisch gerissen und machte auch schon einen Ausfallschritt in Richtung Beltz, folgte aber, Glück für den, doch nicht diesem Aggressionsimpuls, sondern einem anderen.

Im Nu war er die hohe Aluminiumleiter hinaufgeklettert, die Hecht in Flurtürnähe hinterlassen hatte.

«Hungerstreik! Ich will meine Gerechtigkeit haben! So lange bleib ich hier oben sitzen. Und wenn mich hier einer gewaltsam runterholen will, dann...!»

Er setzte sich die Schere an die Kehle.

Etwa eine halbe Stunde später, draußen am ABS hing inzwischen das große Schild VORÜBERGEHEND GESCHLOSSEN, war noch immer nichts Entscheidendes geschehen. Oben auf seiner Plattform saß Graf Günther, die Schere zum Selbstmord bereit, und unten standen, ratlos im Rathaus, Voppmann, Beltz, Zietz und Verena, in der zweiten Reihe dann auch Meyer 13 ebenso wie Mutter Kaminski.

Der Farbeimer, von Kaymaz vorhin im ABS vergessen, war auf dem Doppelschreibtisch von Verena und Zietz abgestellt worden, der Vorschlaghammer zierte den Besuchereckentisch.

Voppmann versuchte sich als ehrlicher Makler zwischen den Klassen. «...ich seh ja ein, Herr Graf, 'ne andere Waffe als Ihren Hungerstreik, die haben Sie im Augenblick nicht, aber...»

«Ich möchte, daß Sie jemand von der Zeitung herholen!»

«Die Polizei höchstens», knurrte Meyer 13.

«Dann stürzt er sich doch in seine Schere», befürchtete Timon.

«Womit das Problem ja bestens gelöst wäre...» stieß Meyer nach.

«Pst...!» machte Voppmann und zog einen Zwanzigmarkschein aus seinem Portemonnaie. «Herr Kollege Meyer, Sie gehen am besten mal in die Kantine und holn für alle 'n paar Würstchen mit Kartoffelsalat, und für Graf Günther 'ne doppelte Portion...»

Meyer murrte aber: «Bin ich denn dazu da, hier den Boten zu spielen...!?»

«Den Bot-*schafter*...!» Voppmann setzte voll auf das, was sie in den Fachbüchern mit *charismatischer Autorität* bezeichnet hatten; und er hatte wieder einmal Erfolg damit, denn Meyer 13 trabte folgsam los.

In der Tür zum Flur mußte er sich noch an H.-H. Hecht vorbeiquetschen, der gerade mit seiner neuen Kreissäge hereingestürmt kam. Staunend sah er den Grafen Günther oben auf der Leiter thronen.

«Nanu – mein Nachfolger?»

«Nee, nur ein kleiner Hungerstreik», informierte ihn Zietz.

«Und das ausgerechnet auf meiner Leiter!» Das schmeckte ihm nun wirklich nicht. «Ich kann ihm ja mal 'n Holm absägen, den Fuß hier...» Schon setzte er die Säge an.

«Komm, Hans-Heinrich!» mahnte Timon. «Der Mann hat ja eigentlich recht...!»

«Was willsten mit dem Spielzeug da?» fragte Voppmann mit besorgtem Blick.

«Spielzeug – ha-ha-ha!» Stolz hob er die Säge hoch. «Leerlauf 4200 Umdrehungen pro Minute – da ist Power drin, Mann! 1400-Watt-Motor!» Er steckte die Anschlußschnur in die nahe Dose und ließ das Ding kurz aufheulen.

«Meine Nerven...!» schrie Mutter Kaminski.

«Entschuldigung!» Hecht guckte beleidigt. «Ich wollt ja nur Ihr Brett absägen! *Sie* haben das doch zu lang gekauft!» Damit ging er zum Regal hinter Mutter Kaminskis Schreibtisch, wo besagtes Brett noch immer stand und wartete.

«Tut mir leid, ja... Herzlichen Dank im voraus schon...!»

«Bitte sehr, gern geschehn...» Hecht als Kavalier. Schon wollte er sein Sägegut auf Mutter Kaminskis Schreibtisch legen und dort arretieren, da wurde er von Würstchen-Meyer gestört, der gerade mit diversen Plastiktellern in der Hand hereingeturnt kam, «Achtung!» rufend.

«Unser, äh, unser*e* Würstchen!» lachte Timon. «Suum cuique! Jedem das Seine... Oder: Der Mensch ist, was er ißt!»

«Vorsicht!» riet Verena. «194 StGB – Beleidigung von Amtsträgern und Behörden!»

Meyer 13 war inzwischen mit seiner Fracht auf dem Deck des Besuchertischs gelandet und machte sich nun daran, die Würstchen zu verteilen, fand aber zunächst bei H.-H. Hecht wenig Gegenliebe («Ick will erst mit dem Brett fertig sein!»), aber auch bei Günther Graf oben auf der Leiter. «Damit laß ich mich nicht ködern!»

Nun versuchte es Voppmann persönlich und stellte den Teller mit dem größten Würstchen auf die Leiter, auf eine Stufe knapp unter den Schuhen des ungewöhnlichen Klienten.

Doch so gut das alles gemeint sein mochte, der Mann auf der Leiter fühlte sich noch mehr verscheißert, ließ den rechten Fuß mal kurz nach unten tippen und kickte den Teller mit dem Würstchen weit unter den Besuchertisch. «Ihr könnt mich mal!»

«Alle Achtung: der Mann hat Prinzipien...!» sagte Zietz. Für ihn mußte es blanker Hohn, Zynismus sein, was sie hier für ein psychologisch-raffiniertes Spielchen hielten.

Meyer 13 widmete sich ungerührt der weiteren Würstchenvergabe. «Wer hat noch nicht, wer will noch mal...!? Herr Beltz, bitte sehr!»

«Heißen Dank im Namen des Sozialamtes!»

Auch die andern wurden nun versorgt, als letzter schließlich Hecht.

«... danke sehr, aber ich will erst mal das Brett absägen...» Das Würstchen beiseite stellend, ließ er die Kreissäge noch einmal im Probelauf aufheulen.

Voppmann, der noch nicht gegessen hatte, versuchte es bei Günther Graf mit seinem eigenen Teller. «Es ist doch wirklich gut gemeint, hier...!»

«Eure Würstchen könnt ihr euch sonstwohin stecken, ihr Würstchen!»

Eine kritische Kommentierung dieser Aussage wurde dann durch das Aufheulen der Hechtschen Handkreissäge leider völlig verunmöglicht.

Nun lief das Ding auf vollen Touren, und es ging auch anfangs alles gut, dann aber rutschte H.-H. Hecht das Brett vom glatten Schreibtisch weg, und als er es wieder auffangen wollte, da sägte er sich mit einer ungeschickten Bewegung den linken Zeigefinger ab.

Ein Schrei, wie sie ihn hier im ABS noch nie gehört hatten.

«Mein Finger, mein Finger!»

Hecht ließ alles fallen und stürzte zum Kühlschrank, um mit dem Geschirrhandtuch, das dort oben auf der Abdeckplatte lag, die Wunde abzudichten.

Jetzt erst kam der Aufschrei der anderen, ihre Schockreaktion. Nur Karl Voppmann, früher beim Arbeiter-Samariter-Bund des öfteren als Erste-Hilfe-Leister eingesetzt, konnte sich die volle Handlungsfähigkeit bewahren.

«... ich fahr ihn ins Krankenhaus...!»

Und zu den anderen, ehe er mit Hecht zum Wagen lief: «Los, sucht den abgesägten Finger! Schnell! Damit die ihn wieder annähen können! Den laßt ihr dann von der Feuerwehr hinterherbringen...!»

Derselbe Ort, eine halbe Stunde später; Voppmann war noch nicht zurück, und Graf Günther noch immer oben auf der Leiter.

Angesagt war die Verarbeitung des eben gehabten Schreckens, und jeder tat's auf seine Weise, Mutter Kaminski zum Beispiel mit einem Gläschen Alkohol und die anderen, indem sie einfach redeten.

«... war ja längst mal fällig», sagte Timon. «Bei dem, was der schon alles angestellt hat hier...! Der kürzeste Nachruf, den ich je gehört habe: Ha-ha-ha!»

«So 'n Finger, das ist doch heutzutage 'ne Kleinigkeit für die Chirurgen», sagte Beltz.

«Na, am besten haben's ja in dieser Hinsicht die Messeraale», verriet Verena. «Südamerika außer Argentinien... Wenn die Verletzungen am Hinterkörper haben, dann können denen ganze Teile nachwachsen, einschließlich Schuppen, Flossen, Muskeln.»

«Ja, schade, daß der Hecht kein Aal ist... Der Ärmste!» Beltz leerte sein Cognacglas mit einem Schluck.

Durch Hechts Unfall war Graf Günther mit seinem Hungerstreik nahezu vergessen worden, und so konnte er nicht anders, als sich nun mit einer spektakulären Aktion wieder kräftig in Erinnerung zu bringen.

So tief wie jemand, der zum Harakiri ansetzte, drückte er sich die tödlich-spitze Schere in den Leib.

«... müssen denn erst meine Gedärme rausquellen, damit's bei mir auch so 'n Theater gibt...!?»

Verena kam zur Leiter zurück, sah hoch zu ihm. «Ich hab doch schon dreimal beim Arbeitsamt angerufen... Wegen der Sperrzeit. Solange sie die nicht aufheben, da... Der Rückruf muß jeden Augenblick kommen. Tut mir leid, aber...»

In diesem Moment flog die Flurtür auf, und ein Feuerwehrmann kam atemlos hereingestürzt, im Laufen noch die kleine Pappschachtel aufreißend, die er in den Händen hielt; sichtbar böse.

«Idioten, ihr! Ihr habt nicht den abgesägten Finger hier reingepackt, sondern ein abgebissenes Stück Würstchen!»

«Wahnsinn!»

«Na, in der Panik hier, da...!»

Verena, am schnellsten schaltend, lief zum Papierkorb neben Mutter Kaminskis Tisch und fischte dort eine weiße Plastiktüte heraus, präsentierte sie dem Feuerwehrler. «Hier...! In die Tüte hier, da haben wir vorhin alles reingeworfen, was auf'm Boden lag... Die Abfälle alle...»

«Geben Sie schon her!» Der Mann fetzte ihr die Tüte aus der Hand und rannte wieder auf den Flur hinaus.

In derselben Sekunde schrillte auch das Telefon, und Verena, die am nächsten stand, nahm ab. Das Arbeitsamt!

«... ja, der sitzt immer noch auf der Leiter oben bei uns... Im Hungerstreik, ja, und mit der Drohung, Selbstmord zu begehen.»

Draußen auf der Straße Martinshörner, Blaulichtblitze; sie rasten mit dem abgetrennten Finger Richtung Unfallchirurgie.

«... Entschuldigung, ja, aber hier ist der Teufel los im Augenblick...!» Verena versuchte sich zu konzentrieren. «... gut, dann sind Sie also einverstanden damit, daß Herrn Graf siebzig Prozent des Regelsatzes gezahlt werden... Herzlichen Dank, ja. Auf Wiederhören!» Sie legte auf.

«Ich will nicht siebzig Prozent, ich will alles!» Der Mann auf der Leiter protestierte sofort.

«Nun nehmen Sie doch endlich mal Vernunft an!» rief Beltz von Soz V.

«Nach Ihnen, mein Herr...!»

«Jetzt werden die Schmarotzer auch noch frech hier...» knurrte Meyer.

«Er hat doch recht!» rief Zietz, dabei das letzte Ende seines Wiener Würstchens prüfend an den linken Zeigefinger haltend; wirklich: diese Ähnlichkeit...!

Zu weiterer physiologisch-philosophischer Betrachtung blieb ihm indessen keine Zeit mehr, denn nun kam Karl Voppmann herein, ein Tablett vor sich her tragend, auf dem – neben Serviette und Besteck – auf einem schönen KPM-Teller ein riesengroßes Pfeffersteak zu sehen war.

«Hallo, Graf Günther!... zu Tisch bitte, es ist angerichtet! Keine popligen Würstchen diesmal...!»

Doch der derart Umworbene dachte gar nicht daran, nun fröhlich von der Leiter herunterzuhüpfen.

«Wieder 'n neuer Köder, was!? Aber das könnt ihr euch auch an'n Hut stecken, da fall ich auch nicht drauf rein!»

«Kein Köder», sagte Voppmann, das Tablett dabei auf dem Besuchertisch abstellend, direkt am Fuße der Leiter, so daß die Düfte dem ABS-Besetzer voll in die Nase steigen mußten. «Kein Köder, sondern ein Geschenk des Bürgermeisters!» Damit zog er ein Schreiben aus der Innentasche seines Jacketts, amtlich mit Briefkopf und so, und reichte es zu Graf Günther hinauf. «Ihretwegen habe ich das größte Opfer gebracht, zu dem ich fähig bin: mich mit dem Bürgermeister einzulassen...» Er stöhnte auf. «... Sie sind doch gelernter Handwerker, Herr Graf, und da hat Herr Domisch verfügt, daß sie so lange als Vertretung hier arbeiten können, als ABM-Kraft, bis der Hecht wieder einsatzfähig ist...»

Graf Günther nahm das Schreiben – und blieb voller Mißtrauen. «Das ist doch bloß 'n übler Scherz wieder...!»

Das hörte noch der Bürgermeister, der gerade mit seinem Troß im Anrollen war.

«Nein, mein Lieber, das ist schon ein Stückchen Wahlkampf wieder...» Er war an der Leiter angekommen und streckte beide Hände helfend zu Graf Günther hoch.

Mindestens fünfzehn einmalige Schnappschüsse der beiden mitgebrachten Pressefotografen waren damit ausgelöst.

«Nun kommen Sie schon!» rief Voppmann jetzt. «Das ist 'n faires Geschäft: Sie haben erst mal 'ne Stelle, und er die Gunst der Menge!»

Da kam Graf Günther wirklich wieder von der Leiter herunter und reichte Verena die Schere zurück.

«... ungebraucht!»

Zwillinge für Mutter Kaminski

Inzwischen gibt es auch eine durch und durch wissenschaftliche Untersuchung über die in diesem Buch ja doch mehr unterhaltungsliterarisch erfaßten ABS-Phänomene, nämlich: Hans-Joachim Fritz, *Menschen in Büroarbeitsräumen*, München 1982, und zur Aufwertung dieses Werkes entnehmen wir ihr die nachfolgend wiedergegebenen Passagen, die sich im Original auf den Seiten 158–168 finden:

«Forciert einerseits die räumlich-soziale Eingrenzung und Abgeschlossenheit dieser engen Gruppierung die Verdichtung ihrer gegenseitigen gruppeninternen Abhängigkeiten, so gewährt sie ihnen andererseits aber gerade eine weitgehende Unabhängigkeit gegenüber den von ihnen räumlich ausgegrenzten Menschengruppen. Da sie unbeobachtet Raum und Gerät nicht mit anderen teilen müssen, herrscht in den von ihnen privatisierten arbeitsräumlichen Bereichen eine selbstgewählte Ordnung im Umgang miteinander, mit den Dingen und mit sich selbst.»

«Die Verfestigung des gemeinschaftlich organisierten Raum- und Gegenstandsgefüges und das Ritualisieren darin eingebundener, auf die Befriedigung persönlicher Bedürfnisse ausgerichteter Handlungsvollzüge kennzeichnen die verhältnismäßige Stabilität ihrer Beziehungen.»

«Grundlage dieser kleinräumlichen Integrationsprozesse sind aber nicht allein die durch den Raum und seine Gegenständlichkeiten gewährten Vergemeinschaftungschancen, sondern in erster Linie bilden sich diese informell-affektiven Beziehungen vermittels sprachlicher Kontakte.»

(«Wissenschaft allein kann schon Satire sein!» Zwischenruf eines sprachlos gewordenen Studenten unbekannter Hervernunft.)

«Grundlage dieser Kooperationsformen ist ein gemeinschaftliches Teilhaben an ihren je individuellen Arbeits- und Informationsprozessen, das gegenseitige Öffnen und Sichtbarmachen der eigenen Arbeitsbereiche. Dabei bildet die hör- und sehräumliche

Nähe einen entscheidenden Bestimmungsfaktor ihrer kooperativen Informationsvermittlung.»

«Indem sie den Raum miteinander teilen, atmen sie miteinander dieselbe Luft. In diesem ständigen Austausch ihres Atems vollziehen sich ihre räumlich-sozialen Beziehungen am unmittelbarsten und entschiedensten, erhalten sie einen Charakter von Intimität und Vertrautheit.»

«Zu Beginn des Arbeitstages wird also zuerst einmal die außerbetriebliche Reproduktionsphase in dem betrieblichen Arbeitsraum im Rahmen der arbeitsvertraglich gesicherten Pausenregelung fortgesetzt...»

So auch an diesem Vormittag, wo sich die «Affektatmosphäre» des ABS als ganz besonders aufgelockert zeigte und die «informell-affektiven Beziehungen» der Mitarbeiter noch stärker herausfielen aus dem Rahmen der «hierarchisch strukturierten Zwangsgemeinschaft» ihrer Verwaltung als gemeinhin schon. Der Grund dafür war ein kleines Sektfrühstück, zu dem Timon und Verena herzlich eingeladen hatten («Hausmarken»-Sekt natürlich, nichts Feudales), um den Tag gebührend zu feiern, an dem sie sich endlich die ja längst fälligen Verlobungsringe (mit dreißig Prozent Rabatt bei einem alten Freund der Naases) zwecks Nachaußendokumentation ihrer inneren Verbundenheit angeschafft hatten. Und auch die Verlobungsanzeigen waren gedruckt und lagen bereit; Mutter Kaminski tippte gern die Namen und Adressen.

«In jedem von uns steckt ja ein geborener Kuppler», sagte Voppmann, sein Sektglas wie im Ufa-Film erhebend. «Und wir haben immer unser stilles Vergnügen daran, wenn sich zwei Menschen, die uns nahestehen, nun auch in dieses Abenteuer einer solchen Bindung stürzen. Wo wird's enden: auf einer Sonnenbank vorm Altenheim – oder auf 'ner Anklagebank im Schwurgericht...? Alles ist drin! Wie sagte doch der -ky, der Kurt, der Kurt Tucholsky: ‹Das ist schwer: ein Leben zu zwein. Nur eins ist noch schwerer: einsam sein.› In diesem Sinne, Kinder: Auf euer Glück!»

Folgte, nach dem Beifallsklatschen, eine allgemeine Bewunderung der Ringe, die, teils aus Platin, teils aus Gold bestehend, auch wirklich wunderschöne Goldschmiedekunst waren.

Auch Meyer 13 konnte sich – bei allem Neid, bei allem Frust – dem Augenblick nicht ganz entziehen, denn die Wellen, jene geheimnisvoll-archaischen Schwingungen, die von den anderen ausgingen, trafen auch ihn und signalisierten, daß hier ganz Wesentliches passierte, Essentielles geschah: Zwei Wesen, vom Kosmos zum Sterben bestimmt, versprachen sich, den langen Weg dorthin zusammen zu gehen und dem Leben, wo alles auf Vergiftung und Zerfall hinzielte, dennoch Lust und Lachen abzutrotzen. Dies symbolisierten die Ringe, die Auflehnung des Menschen gegen die Welt, seine ewige Hoffnung, und darum war auch dieser Augenblick im sonst so irdisch-banalen ABS ein ganz außergewöhnlicher, ließ sogar einen Menschen, wie es dieser Meyer 13 war, ergriffen sein.

Minuten nur, dann war diese Stimmung, fast weihevoll zu nennen, wieder verflogen.

Timon wollte ihre Ringe / seine Ringe gerade in seinem Schreibtisch verschließen, als draußen am Fenster ein Kopf erschien und dann ein blaubedreßter Gartenbauarbeiter mit seiner Motorsäge ihren nachfolgenden Partydialogen ein jähes Ende setzte.

«Die Bäume draußen werden alle beschnitten», sagte Voppmann, schrie er.

«Besser die Bäume als wir!» lachte Timon.

«Weiß man's...? Unter Umständen soll's ja sehr vorteilhaft sein...»

«Karl, bitte!» mahnte Mutter Kaminski, als die Säge wieder verstummte.

«Ja, Martha... Aber dem Reinen ist halt alles rein!»

«Genau das wird ja auch immer als Hauptvorteil angegeben...»

«Timon, bitte...!» rief Verena.

Voppmann grinste. «Armer Timon! Und das schon vier Tage vor eurer Verlobung...»

Timon beeilte sich, das Thema zu wechseln, und wandte sich einem DIN-A4-großen und quittengelben Merkblatt zu, das er vorhin beim Toilettengang aufgespürt und abgerissen hatte.

«... das neueste Meisterwerk des Reinhard Preuß: *Empfehlung für eine hygienische Reinigung nach der Notdurft*... Und zwar auf deutsch, türkisch und serbokroatisch. Wolln Sie's mal lesen...?» Grinsend hielt er es dem Amtsleiter hin.

Der wehrte ab. «Nee, nee, lassen Sie man...! Im Türkischen bin ich noch nicht ganz so fit. Machen Sie selber mal...»

«Na schön: zur Feier des Tages...!» Damit trug er dann den

Inhalt des Preußschen Merkblattes so pathetisch-ernsthaft vor, als müßte er damit seine Bundestagseignung nachweisen.

Toilette und Waschbecken dienen der Reinhaltung. Sorgfältige Hygiene bedeutet Gesundheit für den eigenen Körper und Schutz vor ansteckenden Krankheiten.

1. Die Brille des Toilettenbeckens ist zum Draufsitzen (nicht Draufstellen).
2. Nach der Entleerung des Darmes putzt man den After sorgfältig mit mindestens zwei übereinandergelegten Toilettenpapierblättern so lange, bis der After ganz sauber ist. Dazu gebraucht man die linke Hand und kann mit jeweils neuem Papier den Vorgang so oft wiederholen, wie es zur guten Sauberkeit nötig ist. Das gebrauchte Papier ist in das Toilettenbecken zu werfen, damit es mit den Ausscheidungen fortgespült wird.
3. Jetzt spült man Wasser durch das Becken, das heißt: Ziehen oder auf den Knopf des Spülbeckens drücken, damit die Wasserspülung einsetzt.
4. Sofort nach dem Verlassen der Toilette wäscht man sich beide Hände kräftig mit Seife und Wasser. Das fließende Wasser aus dem Hahn muß über die Hände laufen, dann reibt man das Stück Seife mehrmals zwischen den Händen, bis sich Schaum entwickelt. Jetzt reibt man die Hände mehrmals kräftig umeinander, dann spült man den Seifenschaum mit viel Wasser von den Händen herunter.
5. Die Hände mit einem Einmaltuch aus dem Papierhandtuch-Automaten abtrocknen.

Alle klatschten Beifall, nur Meyer 13 nicht.

«Unsere Juristen – Spezialisten für alles!» lachte Verena.

Voppmann schlug sich mit der flachen Hand gegen die Stirn. «Jetzt begreif ich endlich, wozu das Papier da überall rumhängt; ich Idiot hab immer gedacht, daß man sich Notizen drauf machen kann, wenn man mal 'ne längere Sitzung hat...»

Dies alles hatte auch, Feind hört mit, ihr Amtsrat Preuß vernommen, der schon beim Verlesen seines merk-würdigen Blattes, von allen übersehen, in der Voppmann-Tür erschienen war, mit mehreren Umlaufmappen unterm Arm, läufig also wieder mal.

Sehr indigniert war er. «Ich kann Ihre Heiterkeit nicht ganz verstehen... Sie müßten nur mal sehen, welch hohen Verschmutzungsgrad unsere Besuchertoiletten derzeit aufweisen!»

«Ganz recht!» assistierte ihm Meyer 13. «Da muß man sich als Deutscher wirklich schämen! Und Sie lachen da auch noch!»

Das war in Richtung Zietz gesagt, und der feixte in der Tat, doch weniger über des Kollegen putzigen Ausspruch, sondern lediglich in Erinnerung des letzten Meyer 13-Gerüchtes: Habt ihr schon gehört, daß der jetzt immer im Büro übernachtet, weil sie seine Großmutter bei sich zu Besuch haben und die in seinem Bett schläft, damit sie die Hotelkosten sparen...? Nein, aber er setzt jetzt beim Arbeiten immer seine Brille ab – um sie zu schonen.

«Ich lach doch nicht über das Merkblatt», sagte Zietz schließlich. «Ich freu mich nur, weil mir gerade 'n Verbesserungsvorschlag dazu eingefallen ist...»

«Na sehen Sie!» Preuß war sehr erfreut über den guten Willen, den sein junger Kollege nun endlich mal an den Tag legte, und erwartungsvoll sah er ihn an: «Was haben Sie denn da...?»

«Das Merkblatt allein genügt doch nicht, Herr Preuß! Denken Sie doch mal daran, wenn Sie vorm Start im Flugzeug sitzen, was die Stewardessen da noch alles machen: diese Turnübungen, wenn sie zeigen, wo die Notausgänge sind...» Zietz veranschaulichte dies – und, mit Hilfe des Preußschen Merkblattes, dann auch das Folgende. «Sehen Sie: Das ist es! Neben jedes Merkblatt müssen Sie auch noch 'n Beamten hinstellen, der das demonstrieren kann. So etwa...! Immer wenn 'n Ausländer reinkommt, dann muß der das vormachen...»

Es war eine reife Leistung, was er da bot, und das alte ABS-Team lachte derart anfallsartig, daß zum Beispiel Voppmann fast erstickte.

Preuß verfolgte dies ebenso angewidert wie gelassen und verwies mit Diplomatenstimme auf den Umstand, daß er dieses Merkblatt ja in Wahrheit nur kopiert habe; schon im Sommer 1979 sei es vom Sozialministerium Baden-Württemberg («Es ist nie zu Späth», wie Zietz schnell zwischenrief), sei es dort im Süden schon «zwecks Aushang in Übergangs- und Asylantenwohnheimen» verteilt worden.

«Ist ja interessant, als was Sie unser Rathaus sehen», bemerkte Verena.

«Als Augiasstall, ja!» Preuß wurde nun energisch. «Wo man Schreiben der Amtsleitung von den Wänden reißt und...» (sich damit den Arsch abwischt, hatte er herausstoßen wollen, sich aber doch noch rechtzeitig, Gott sei Dank, wieder unter Kontrolle gehabt). «Hm... Ja... Das ist jedenfalls ein eindeutiger Verstoß gegen die Pflicht zur vertrauensvollen Zusammenarbeit...!» Damit zog er ein eng bedrucktes Blatt aus einer seiner Umlaufmappen und las dann ab: «Außer Widersetzlichkeit und grober Nachlässigkeit im Dienst (BDH – 12. 7. 1966 – Nr. 3 Wv 1 / 66) können auch andere Verhaltensweisen den Dienstbetrieb belasten und stören. Das ist u. a. auch der Fall, wenn ein Beamter fortgesetzt durch seine Einsichtslosigkeit gegenüber Mahnungen seinen völligen Mangel an Pflichtbewußtsein offenbart (BDH – 25. 7. 1956 – Nr. 3 D 54/55)... Und wenn er, wenn Sie sich damit...»

Weiter kam er nicht, denn in diesem Augenblick fiel draußen bei den Gartenbauarbeitern eine ihrer riesengroßen Stehleitern um und durchschlug am rechten Fenster des Amts für Bürgersorgen die beiden Scheiben.

Ein allgemeiner Aufschrei, die schaurig-schöne Schrecksekunde.

Dann, als feststand, daß es keine Katastrophe war, der Zietzsche Ausruf: «Die Bürger stürmen das Rathaus! Das ist die Weltrevolution!»

«Quatsch!» sagte Voppmann. «Doch bei uns Deutschen nicht ohne vorherige Anmeldung.»

«Wer war das!?» schrie Preuß und stürzte auf den Flur hinaus. «Festhalten! Das müssen die bezahlen!»

Meyer 13 eilte ihm nach, und auch Voppmann entschloß sich, den Ausfall zu wagen.

Timon ging zum Fenster und schob die Glasscherben mit dem Fuß zusammen. «... die denken wohl, wir hätten heut schon Polterabend...»

Draußen am Fenster erschien einer der Gartenbauarbeiter. «Na, einer verletzt...?»

«Ja, tödlich. Und zweie noch vermißt!»

«Ha-ha!» Der Gartenbauer besah sich den Schaden, den er angerichtet hatte. «Was seid'n ihr für 'n Amt!»

«ABS – Amt für Bürgersärge. For *The day after* – vastehste?»

«Nee, ick kenn nur After Shave – krieg ick imma zu Weihnachten jeschenkt.»

«Det brauchste dann nich mehr...!»

Preuß war jetzt inzwischen unten vor dem Rathaus angekommen und zog den Baumbeschneidungskünstler vom Sims herab, um ihn zur Rede zu stellen und sich seine Personalien zu notieren.

Der Mann war kaum in der Versenkung verschwunden, da erschien H.-H. Hecht im ABS-Büro, wieder einsatzfähig, obwohl er noch immer einen Handschuh über die linke Hand gestülpt hatte («Prima angewachsen wieder!»).

«... hier soll 'ne Scheibe kaputtgegangen sein...?»

«Halten Sie wohl nicht für möglich, wo Sie's nicht gewesen sind...?»

«Ha-ha-ha! Soll ich Ihnen 'n Brett vornageln?»

Timon griff sich an die Stirn. «Mir...!? Wieso...?»

«Vors Fenster, Mensch!» Hecht ging hin, sich den Schaden zu begucken.

«Ach so! Na ja, immer noch besser, als wenn Sie's zumauern!»

Verena hatte eine Idee. «Man könnte ja auch 'n Glaser holen...»

Hecht wehrte ab. «Eh der da ist! Und dann hör ich bloß immer: Hier zieht's...!»

«Hier Zietz!» sagte Timon, denn sein Telefon hatte inzwischen lautstark den Stimulus *Abheben* gegeben, so daß er, ebenso programmiert wie dieses, sofort mit dem entsprechenden Response reagieren mußte: *Hörer von der Gabel hochreißen, Namen hersagen,* sollte die psychologisch so wertvolle S-R-Theorie nicht ausgerechnet hier falsifiziert werden. «Wie!? Ich heiße so, aber hier zieht's im Augenblick in der Tat wie Hechtsuppe. – Nein, das hat nichts *mit dem Hecht seine Suppe* zu tun; ich sag ihm aber, daß Sie ihm die warm gehalten haben... Ah ja, Sie sind der neue Pförtner, Herr Lumpenbein... Wie!? Lun*ken*bein, ja, Verzeihung! – Eine Dame ist da... Ja, sicher kann die mit ihrem Kinderwagen und ihren Zwillingen zu uns raufkommen, aber natürlich! – Ja, danke. Ihnen auch!» Aufstöhnend ließ er den Hörer wieder auf die Gabel fallen.

Hecht wandte sich zur Tür. «Dann geh ich mal Müllschippe und Handfeger holen...»

«Prima, Sie sollen ja ein toller Feger sein...»

Hecht ging, nicht ohne in der Tür mit der vom Pförtner avisierten Dame eine kleinere Karambolage zu haben, die aber alle ohne Blessuren hinter sich brachten (nur ein Kinderwagenrad, und zwar das vorne links, pflegte fortan ein wenig zu eiern).

Die junge Mutter, blond und spreewaldammendrall, schob ihr Gefährt unbeirrt bis zur Mitte des Raumes, und schon war Verena neben ihr.

«Oh, sind die aber süß!» rief sie und beugte sich weit über die friedlich schlummernden beiden.

Voppmann, mit Preuß und Meyer 13 von ihrer Strafexpedition unversehrt zurück, sah das und sagte feixend zu Zietz, daß das ja ungeheuerlich sei. «Vier Tage vor ihrer Verlobung gesteht sie dir nun, daß sie schon Kinder hat, zweie sogar...!»

Verena wollte sich empört zeigen, wurde aber von Preuß dahingehend belehrt, daß jetzt keine Zeit für solche Späße sei, sie solle ihm lieber schnell mal die Nummer des Gartenbaudirektors geben.

«Das ist ja eine bodenlose Unverschämtheit, was dessen Leute hier...! Erst die Scheiben kaputtmachen und einem dann auch noch dumm und dämlich kommen...!»

«Die Nummer... gleich!» Zietz kümmerte sich diensteifrigst darum, nahm das auf seinem Schreibtisch immer parat liegende Verzeichnis aller Behördenrufnummern zur Hand und suchte kurz darin. «Hier... fünf Millionen... fünfhundertachtzehntausend... einhunderteinundzwanzig...»

Preuß stutzte. «Wie...!?»

«Na: Fünf Millionen...»

Sein PV-Leiter riß ihm das Verzeichnis wütend aus der Hand. «Geben Sie mal her! Fünf–fünf–eins / acht–eins / zwei–eins, Mensch!»

«Sicher, so kann man's auch lesen...»

Preuß konnte die Nähe dieses Chaoten nicht mehr ertragen und wandte sich an Voppmann. «Kann ich mal von Ihrem Zimmer aus telefonieren?»

«Ja, gerne...»

Preuß eilte davon, so daß sie sich endlich voll und ganz der jungen Mutter widmen konnten.

«... ich bin die Ramona Neumann und komm allein nicht mehr weiter...!»

Der ABS-Leiter gab ihr die Hand. «Angenehm, Voppmann! Na, wir helfen Ihnen schon – so richtig von Mann zu Mann!»

«Ich bin kein Mann, ich hab nur so kurze Haare jetzt! Ich bin die Mutter von den beiden Zwillingen hier...!»

«Ich mein ja auch nur: von Voppmann zu Neumann.»

«Ach so, entschuldigen Sie, ja! Aber ich bin schon wieder furchtbar durcheinander heute! Jetzt schlafen sie ja mal, aber sonst... Zwei Kinder, ganz allein, ohne Mann...!»

Zietz grinste. «Ohne Mann, ja, das hatten wir allerdings seit dem Jahre null nicht mehr... Und da war's ja auch nur einer...»

«Mein Mann ist nach Australien gegangen und da irgendwo untergetaucht.»

«Ah, und da haben Sie nun kein Geld mehr...?»

Ramona sah Verena an. «Doch: 77000 Mark...! Aber Sozialhilfe wollen sie mir keine mehr geben!»

«... was mir an sich gar nicht mal so ganz unlogisch erscheint...» bemerkte Timon Zietz.

«Ja, aber ich hab doch das Geld nur auf'm Papier! Das heißt, ich kann nicht ran. Ich hab das geerbt, aber sie wollen's mir nicht auszahlen.»

Voppmann rückte einen ihrer Besucherstühle zurecht. «Dann setzen wir uns doch erst einmal, Frau Neumann... Mutter Kaminski wird Ihnen schnell 'ne Tasse Kaffee bringen und nachher Ihre beiden Süßen hier schaukeln, damit die noch 'n bißchen weiterschlafen... Wie heißen sie denn?»

«Arabella und Carmen.»

«Sehr schön! Da war Ihr Mann aus Spanien?»

«Nein, aus Wanne-Eickel. Aber passiert ist es, als wir auf Mallorca waren...»

«Ich dachte, im Auto», sagte Zietz.

«Wieso...?»

«Na, in 'nem alten *Arabella*-Modell aus Bremen...! Und in Carmen ist ja auch das *car* drin...»

«Timon, bitte!»

Mutter Kaminski hatte inzwischen den Kaffee gebracht, und die Zwillingsmutter, Fachverkäuferin für die obere Bekleidung von Damen, begann alsbald mit ihrer Story.

«Ich hoffe, daß ich Ihnen... Fälle wie meiner sind ja sehr schwierig, und da...»

«Lassen Sie nur», lachte Timon. «So wie sich die Urmenschen früher, die Jäger, über möglichst viele Felle gefreut haben, so tun wir das auch mit unseren...»

«Ja, also...» Tiefes Durchatmen, noch ein Schlückchen Kaffee.

«... in meiner Familie, da sind sie schon alle weggestorben; die letzte war dann die Tante Elisabeth, die Cousine meiner Mutter... Mit vierundachtzig. Ich hab sie bis zuletzt gepflegt, bis zur Entbindung...»

«Ein Testament ist nicht gefunden worden?» fragte Verena, schon in etwa ahnend, was jetzt kommen würde.

«Nein, da ist sie wohl nicht mehr dazu gekommen, das zu schreiben. Wozu denn auch? Außer mir gab's ja sowieso keinen Erben mehr.»

«Das waren die 77000 Mark, von denen Sie gesprochen haben?»

«Und 'n Grundstück in Südende draußen...»

«Oha!» machte Zietz. «Is ja 'ne schöne Sache für Ihre Zwillinge und Sie...!»

Ramona Neumann stöhnte auf, hustete, bekam nur mühsam Luft, ihr Herz, Angina pectoris, mußte einen Beta-Blocker schlukken.

Dann ging es wieder. «Ja, denkste! Ich krieg ja den Erbschein nich!»

Voppmann staunte. «Warum'n das!? Ich denke, die andern möglichen Erben, die sind schon alle übern Jordan rüber...?»

«Sind sie ja auch...» Hätte sie bloß Mutter Kaminskis Beamtenweck-Kaffee stehengelassen! Und jetzt noch dieses Thema. «Alle tot – aber bei dreien von ihnen, da kann ich keine Sterbeurkunde mehr finden; ich hab schon alles um und um gewühlt, aber nichts zu machen...!»

«Ich kenn das», sagte Zietz. «Tot ist man nur, wenn die Behörden das erlauben.»

«Wer sind denn die drei?» forschte Verena.

«Na, zuerst mal ihr Vater, Jahrgang 1863...»

Voppmann rechnete. «... der wäre ja dann 122 Jahre alt... Und da glaubt Ihnen keiner, daß der nun tot ist... O Gott!»

«Ja, und ihr Bruder ist 1944 im Krieg gefallen, das heißt: nur vermißt worden, und sie hat ihn leider nicht für tot erklären lassen – wozu'n auch?» Sie versetzte den Doppelkinderwagen in sanfte Schwingungen, weil sowohl Arabella als auch Carmen zu gnatzen begannen. «Und dann noch die Tante Gertrud, die Schwester von ihr... Die liegt seit 1946 in Stahnsdorf auf'm Friedhof, inner DDR drüben. Ich hab 'n Bild vom Grab und allem, aber was nutzt'n das – ohne Urkunde!»

Voppmann überlegte. «Wie heißt'n der Rechtspfleger, mit dem Sie da...?»

«Qualitz.»

Timon lachte auf. «Na bitte: Nomen est omen!»

Voppmann stand auf, ging zu Mutter Kaminskis Telefon nach hinten, nahm den Hörer ab und nutzte den behördeninternen Fernsprechverkehr.

«Ja, hier Voppmann, Amt für Bürgersorgen. Ich hätte gerne mal den Kollegen Qualitz... Wie, der ist gerade außer Haus...? Und ich bin gerade außer mir! – Wie, in der Verwaltungsakademie? Ja, er möchte doch sofort mal zurückrufen, wenn er wieder da ist. Die ABS-Nummer haben Sie ja!»

Krisenmanagement, Sicherung der Massenloyalität, Ruhigstellen der Zukurzgekommenen und der potentiellen Revoluzzer, das waren so die Funktionen der Staatsbürokratie im allgemeinen und in Sonderheit auch die des ABS, und so herrschte auch an diesem Tag beträchtlicher Wirbel, Hochbetrieb im Raum 002.

Und während die Maschinerie in Ramona Neumanns Fall ganz langsam anzulaufen schien, tummelten sich alsbald sage und schreibe sechs Klienten zugleich im Bürgersorgenamt, dazu noch die unglückliche Doppelmutter mit ihren nun plötzlich wahnsinnslauten Zwillingen («Ist das 'n Affenkäfig hier!»).

Da kam zuerst ein rotblonder Wikinger mit Namen Detlef Strank, war zwar einerseits voller Humor («Ich bin so in die Breite gegangen, weil die Leute immerzu gemeinsam an mir ziehen!»), auf der anderen Seite aber leider auch ein Choleriker von beachtlicher Wucht.

«Natürlich habe ich am siebten März Schnee gefegt!» schrie er. «Und wer das Gegenteil behauptet, der ist ein Lump, ein Schwein!» Damit hieb er derart haut-den-Lukas-ähnlich auf den Zietzschen Schreibtisch, daß die Verlobungsringe mitsamt ihres samtenen Etuis auf den Boden fielen und erst wieder mühsam aufzuklauben waren.

«Dann schon lieber Kleriker als Choleriker», brummte Timon.

Was ihm denn widerfahren sei? Ein mißgünstiger Nachbar habe ihn angezeigt, seiner Schneeschipp-Pflicht an besagtem Tage nicht in hinreichender Ordnungsmäßigkeit nachgekommen zu sein; und das habe ihm eine Geldbuße von DM 530 eingebracht.

«Und die zahle ich nicht; da könn Sie Gift drauf nehmen!» Als Diplom-Chemiker, da wußte er, wovon er sprach. «Eine Unverschämtheit ist das! Und wenn ich hier alles in Klump schlage, ich...!»

Erheblich um sein verlobungsliebes Antlitz fürchtend, kam Timon auf die Idee, schnell mal beim Meteorologischen Institut anzuklingeln, wie hoch denn der Märzenschnee am Siebten wohl gewesen sei, doch dort war in einem fort besetzt.

Der Diplom-Choleriker machte sich nun an die Belagerung des Zietzschen Schreibtisches, pflanzte sich mit seiner Riesenarschbacke links außen auf die Büromöbelkante und erklärte, das Amt für Bürger-Ent-Sorgung nicht eher wieder zu entlasten («... äh, zu *ver*lassen...!»), als bis daß ihm Gerechtigkeit widerfahren sei.

Noch in des Wikingers Getobe hinein hatte Verena am Tisch gegenüber ein mittelalterliches Ehepaar vom Schlimmsten abzuhalten, nämlich amoklaufend ins Bauamt einzudringen und dort kaputtzumachen, was sie kaputtzumachen drohte («Die Flasche mit Benzin, die hab ich schon inner Tasche!»). War ja auch wirklich hanebüchen[3], was ihr die Jägers da erzählten. Sie, ehrbare Marktständler («Käse und Butter»), hatten sich in sehr guter Wohnlage, von Villen umstellt, ein schönes Hammergrundstück gekauft, gute 600 m^2 breit wie lang, im August 1981 die Baugenehmigung auch anstandslos erhalten und ein Jahr später dann den Neubau, überwiegend Pappkarton, alles in allem aber dennoch 350000 Deutsche Mark, fix und fertig hochgezogen. Nun aber hielten sie eine Ankündigung des Bauamtes in der Hand, ganz lakonisch-lapidar, daß sie mit einer Abrißverfügung rechnen müßten, da die Grundstücke ihrer Nachbarn «infolge dieser unerwünschten Hinterlandbebauung zu stark verschattet würden und diese sich dadurch in ihren Eigentumsrechten verletzt fühlten».

«Ja, Frau J*ääää*ger...» Verdammt! Verena zuckte zusammen. Ganz automatisch hatte sie das langgedehnte, pr*äää*tentiös überartikulierte *ÄÄÄ* ihrer Gespr*äää*chspartner übernommen, fürchtete nun, daß die beiden, arme Würstchen ja, übel behandelt von der Behörde, an ein Parodiertwerden glaubten; doch mitnichten.

«Ist das alles ein K*äää*se!» rief Herr J*äää*ger. «Muß man sich denn von den hohen Herren immer nur dumm und d*äää*mlich kommen lassen!?»

Timon, immer noch um metereologische Auskunft bemüht,

hatte die aufstiegsorientierten Käsehändler mit dem jubelnd rausgeblökten Ä natürlich auch schon mitbekommen und konnte sich nur mühsam am Losprusten hindern («Schwer trage ich an der Tragikomik unseres Seins; denn hatte der Tod früher nur die Sense, so ist es heute ein M*äää*hdrescher!»).

Frau Jäger weinte nun, und Verena war nichts als hilflos, konnte auch nicht anders, als sie an den berühmten § 48 VwVfG zu erinnern, ans Verwaltungsverfahrensgesetz vom 25. Mai 1976 (BGBl. I S. 1253/GVBl. S. 1173), geändert durch Gesetz vom 2. Juli 1976 (BGBl. I S. 1749/GVBl. S. 1620): (1) Ein rechtswidriger Verwaltungsakt kann, auch nachdem er unanfechtbar geworden ist, ganz oder teilweise mit Wirkung für die Zukunft oder für die Vergangenheit zurückgenommen werden.

Und im Falle der Jägers sei wohl, so Verena kommentierend, von der Baubehörde bei der Genehmigungserteilung nicht an die «drittschützende Wirkung des Rücksichtnahmegebots» gedacht worden.

«Ich denke, wir sind hier ein Rechtsstaat!» schrie Herr Jäger.

«Was nicht viel bedeuten muß», bemerkte Timon Zietz (*Verfassungsschützer: Ohren auf! Mikrofone bitte einschalten!*), «da das Recht nun mal von den Herrschenden gesetzt wird und in erster Linie ihnen dient. Siehe Flick-Skandal, siehe Behördenirrtümer!»

«Pssst...!» Verena zeigte warnend auf den Verfassungsschützer Meyer 13.

Der aber hatte gar nicht hingehört, weil ein erboster Rentner, der Herr Reihenhausbesitzer Erich Grolland, 71, ihn von der Platte putzen wollte. Erst waren ihm von der Ordnungsbehörde satte hundert Mark an Bußgeldern aufs Auge gedrückt worden, weil er sein Anwesen nicht mit einer der Numerierungsverordnung (NrVO) entsprechenden Nummernleuchte nachgerüstet hatte («Warum denn, bei mir steht doch 'ne Laterne vor der Tür!» – «Na und!? Die kann doch auch mal versetzt werden!»), und nun sollte er erneut geldlich belangt werden, weil die Grundstücksnummer, die er schließlich auf seine wegbeleuchtende Lampe aufgebracht hatte, eine große 7, nicht aus einem «wetterfesten Stoff» bestand, wie es nach § 4 Abs. 1 VermG bindend Vorschrift war.

«Gesetze sind nun mal dazu da, daß sie eingehalten werden!» sagte Meyer 13.

«Aber nicht, wenn sie Unsinn sind!»

«Wer hat denn das wohl zu entscheiden...!?»

«Na, Sie nicht!»

«Und Sie erst recht nicht!»

Hier gab es leider einen harten Bruch in ihrem Dialog, als nämlich Meyers Kofferradio, rechts auf seinem Tisch und natürlich GEZ-gemeldet, urplötzlich mit Vollstlautstärke zu dröhnen begann, so als gelte es, den ganzen Rathausvorplatz zu beschallen.

Meyer 13 lief rot an und litt unsäglich. Ein Alptraum für ihn, wegen dieses Zwischenfalls derart negativ ins Blickfeld von Kollegen und Besuchern zu rücken.

«Es tut mir leid...! Das ist mir furchtbar peinlich...!» rief er, in seiner Aufregung den Volumenknopf erst beim dritten oder vierten Zugriff findend. «Ich weiß auch gar nicht, wie das...!?»

Zietz wußte es: Er hatte die Elektronik manipuliert und den Lautsprecher auf volle Pulle gedreht, als Mever 13 am Morgen eben mal schnell zum Wasserabschlagen den Saal verlassen hatte. Ein kleiner Racheakt dafür, daß der ihn beim Onkel Bürgermeister Domisch in der letzten Woche verdächtigt hatte, geistiger Miturheber eines gefälschten Behördenbriefs zu sein, in dem die Bürger aufgerufen wurden, zur «Untersuchung Ihres Blutes auf seinen Schadstoffgehalt» ins Rathaus zu kommen (Zimmer des Bürgermeisters). Da liefen die Ermittlungen noch, und Timon hatte sich schon des Besuchs zweier Staatsschutzmänner zu erfreuen gehabt.

Nun das lärmende Radiogerät.

«Immer stört der Meyer einen hier!» rief Timon in wohldosierter Stärke und hätte sich vor lauter Schadenfreude am liebsten auf die Schenkel geschlagen, doch er schaffte dies nicht mehr, denn Ramona Neumann hatte ausgerechnet seinen Schreibtisch dazu auserwählt, ihren Zwillingen neue Windeln zu verpassen. Bei ihm saß ja nur der wartende Wikinger auf der Kante, ruhig jetzt, ganz das Denkmal *Bürger im Protest zu Stein erstarrt*, während bei Meyer 13 hinten der Rentner Grolland weiter lauthals grollte, bei Verena gegenüber die Frau Jäger schluchzte, bei Mutter Kaminski alles voller Akten lag und am Besuchertisch zwei neue Kunden Platz genommen hatten.

«Sie haben sicherlich am meisten Verständnis dafür», sagte Ramona Neumann und rollte den Zietzschen Drehsessel mitsamt seinem Be- und Draufsitzer ein Stückchen beiseite. Von den Grünen wußte man ja, daß sie ihre Brut sonstwohin mitnahmen, ins Parlament sogar oder in die Hörsäle.

Timon fühlte sich geehrt und war auch kinderlieb, hatte aber bis zu diesem Tage nicht gewußt, wie Kinderkacke stinken konnte, besonders wenn sie doppelt kam.

So floh er in die hinterste Ecke zu den nächsten Klienten.

Da lag zunächst einmal ein junger Kraftfahrer an, der Jens-Uwe Nickel, 24, nicht der Erfinder der beliebten Brille gleichen Namens, sondern bislang unbescholten, das heißt bis zu jenem Tage, da er vor drei Jahren im niederen Sachsen einen Radfahrer angefahren und dann Fahrerflucht begangen hatte (ein paar Schrammen nur), wofür ihm dann dort unten sechs Monate mit Bewährung verpaßt worden waren, allerdings im Urteil gemäß § 69 StGB der Satz, daß ein Fehlen der Eignung zum Führen von Kraftfahrzeugen *nicht* anzunehmen sei. Nun habe man ihm aber hier in B. die Erlaubnis zum Fahren plötzlich entzogen, und zwar dies damit begründend, daß die Gerichte hier anders verführen und in ähnlich gelagerten Tatbeständen die Fahrerlaubnis für mindestens ein Jahr entzogen würde.

«Aus Gründen der Gleichbehandlung soll ich nun auch...!»

Während Zietz noch nachdachte, was man da wohl tun könnte («Die Bindung an die strafrechtlichen Feststellungen ist doch einleuchtend!»), begann schon die benachbarte Besucherin ihren Fall zu schildern. Sie hieß Katharina Nägele, kam aus einem kleinen Nest in Baden-Württemberg und wollte, da man ihr das ABS als sehr empfehlenswert geschildert hatte, ihren Besuch in dieser Stadt hier nutzen, um sich nach ihrer Rückkehr ins gelobte Südland besser wehren zu können. Sie war alleinerziehende Mutter mit drei Kindern (3, 5 und 7) und bekam Sozialhilfe und Erziehungsgeld vom Staat. Nun hatte ein Sozialhelfer sie überraschend besucht und dabei einen Mann in ihrer Wohnung vorgefunden und flugs auch aktenkundig werden lassen, einen Freund, der etwa zwei Wochen bei ihr wohnen und ihr auch beiwohnen wollte. Damit, so der Sachbearbeiter im Sozialamt, habe sie aber gegen das «Alleinerziehungsprinzip» verstoßen und müsse die gezahlten Monatsbeträge des Erziehungsgeldes nun zurückerstatten.

«Späth kommt ihr, doch ihr kommt...» brummte Zietz, ein wenig schillernd. «Die sagen also: entweder Geld vom Staat oder einen Mann zu Haus... Was soll man da machen? Neue Bürger braucht das Land, aber wer die Last hat, soll nicht auch noch die Lust haben...!»

Während Timon noch nach einer verwaltungsadäquaten und systemkonformen Antwort zu suchen sich mühte («Lesbisch werden!» war ja wohl zu zynisch als Rat), signalisierte das Telefon auf seinem Schreibtisch drüben den fernmündlichen Gesprächswunsch eines Menschen. Da Verena gerade Kaffee für die J*äää*gers holte («Auch wenn wir die reine Bausumme wiederkriegen – die Kraft, die das alles gekostet hat, und unsere Nerven!»), mußte er selber hingehen und abnehmen, konnte es nun auch, da Ramona Neumann das baldige Ende ihrer Wiederbewindelungsversuche laut verkündet hatte.

Doch es war nur ein obszöner Anrufer, der ihm, wohl in der Annahme, Verena am Ohr zu haben, etwas zuhauchte, das selbst ihm nicht wiedergabefähig erschien. Doch da er nun schon mal mit dem Hörer in der Hand dastand und der Wikinger ihn erneut bedrohlich anzufunken begann, probierte er es zum wiederholten Male bei den Meteorologen. Und siehe da, diesmal nahm sich einer, nachdem er abgehoben hatte, seiner an und konnte ihm alsbald die gewünschte Auskunft ganz präzis erteilen.

«Nein, am 7. März hat es keinerlei Schneefall gegeben!»

Damit stand fest, daß der Wikinger das Schneeschieben auf keinen Fall vergessen haben konnte; totaler Freispruch für ihn, Opfer einer üblen Denunziation sei er geworden.

Dies hörend, sprang er vor Freude an die Decke, dabei ein kleines Beben auslösend, jauchzte vor Freude.

Und je mehr er jubelte, desto lauter schimpfte Grolland, der Rentner, versuchte sogar, als Meyer 13 ihn zornig ermahnte, die angeblich nicht hinreichende Pappnummer, seine schwarze 7, dem ABSler auf die Stirn zu kleben.

Kleines Handgemenge und ein Zietzscher Zwischenruf: «Eine 13 müssen Sie nehmen, 'ne 7 ist falsch!»

Ein kreischender Meyer, ein wildgewordener Rentner, eine jammernde Frau («Wenn uns nur 'ne Verfassungsbeschwerde bleibt – das halten wir nicht durch!»), eine demolaut schimpfende Besucherin aus dem tiefen Süden und ein noch phonreicher lostobender Kraftfahrer aus dem hohen Norden unserer Republik, mein Gott! Eine völlig genervte M. M. an ihrer Maschine, die immer wieder händeringend «Ruhe, Kinder, Ruhe!» rief, und ein fehlprogrammiertes Kofferradio, das nun trotz aller Meyerschen Mühen erneut loszulärmen begann.

Kaum war es wieder verstummt, da erfüllte statt seiner Timons Stimme den Raum – und zwar mit einem Schreckensschrei.

«Die Ringe sind weg!» (Und sozusagen im lautlosen Nachgang: Keiner verläßt den Saal!)

Nun wurde eine Suchaktion gestartet, in deren Verlauf das oft beschworene Chaos endgültig Einzug in den Hort der Ordnung hielt.

Doch obwohl sie alles auf den Kopf stellten, sogar die Teppichauslegeware flatschenweise in die Höhe hoben und die Schränke, halb ausgeräumt, von den Wänden wuchteten: Die beiden Ringe waren nicht mehr aufzufinden.

Ein böses Omen.

Blieben sie verschwunden, war es dann noch tunlich, sich wirklich zu verbinden?

«Vielleicht sind sie in deinen Schreibtisch gefallen?»

«Warte mal, ich reiß mal alle Schubladen raus!»

Timon tat auch das und sah nicht, daß in der Tür zum Flur urplötzlich Domisch aufgetaucht war...

... zuerst erstarrend und sich dann anschickend, einen der wichtigsten Beschlüsse seines Lebens zu fassen.

Karl Voppmann hatte sich ja längst in sein Zimmer geflüchtet, jene 25,84 m², die ihm nach der RKA (Raumkoordinierungsanweisung) vom 28. August 1984 als Amtsleiter amtsseitig zugestanden worden waren, und sich danach der Betrachtung seines neuesten Ho-Modells voll (wenn auch nur mit einem Cognac) hingegeben. Herrlich, dieser Oldtimer-Triebwagen, der VT 62 904! Immer wieder fuhr er mit dem weinroten Wagen auf der glatten Schreibtischunterlage entlang, mal hin, mal her, sich nichts weiter wünschend, als auf ewig ungestört zu bleiben.

Doch denkste! Zuerst erschien ein völlig aufgelöster Timon Zietz, die Ringe suchend («Keine Ahnung, Timon, tut mir leid!»), dann ihr neuer Amtsschrat, und zwar in der Absicht, gegen das bekannte Staeck-Plakat zu protestieren, den riesigen Beamtenarsch, der alles erdrückte und nun auch im Raum 001 einen Ehrenplatz bekommen hatte.

«Vom Inhalt mal ganz abgesehen», sagte Preuß, «da will ich nun gewißlich nicht den Zensor spielen, aber ich habe doch in meinem Rundschreiben vom 4. Juli das Anbringen von Postern und Plakaten ganz generell und ganz entschieden untersagt, da sowohl die Nägel, mit denen sie angeheftet werden, wie die ebenfalls Verwendung findenden Tesafilmstreifen unsere Wände ruinieren!»

«Hier wird zwar manchmal uriniert, aber doch nichts ruiniert», bemerkte Timon, der noch dageblieben war.

Nun erschienen drei weitere Gäste: Ramona Neumann mit Verena Naase und einem Beamten von guten vierzig Jahren, dem Rechtspfleger Armin Qualitz, und es ergab sich, nicht nur zu der Zeit, da Konrad Domisch hier der Bürgermeister war, sondern auch, daß der Qualitz den Preuß schon mal so richtig face to face kontaktet hatte, und zwar in der sogenannten Verwaltungsakademie, einer Institution der Fort- und Weiterbildung öffentlich Bediensteter, wo Reinhard Preuß die Lehrveranstaltung «Beamtenrecht II» von einem jüngst verstorbenen Kollegen, dem ORR Dr. O. R. Schaller («Beschallungs-Schaller») hatte übernehmen dürfen, schwer gebauchpinselt über diese unverhoffte Ehrung. Mit diesem Lehrauftrag hatte er aber auch einen Berg unbewerteter Klausuren übernommen, zu deren Durchsicht er die notwendige Zeit noch immer nicht hatte erübrigen können, wie er dem Qualitz nun erklärte.

Der Rechtspfleger gab sich demütig-bittend. «Man soll ja Toten nichts Übles nachsagen, aber Dr. Schaller hat mir gegenüber geradezu Haßgefühle entwickelt. Und nun die Abschlußklausur, die ist ganz entscheidend für mich... Er hätte mir sicher eine Fünf gegeben, schon aus Prinzip... Da sind Sie jetzt meine große Hoffnung...»

Preuß nickte leutselig-hoheitsvoll. «Ohne Ansehen der Person – da kann ich Ihnen ohne weiteres die Garantie dafür geben!» Damit wandte er sich wieder heimwärts. «Guten Tag...!»

Mutter Kaminski kam nun mit einem großen Tablett ins Amtsleiterzimmer, mit Tassen, Untertassen, Zuckerdose, Milch- und Kaffeekännchen, und unter Einhaltung aller rituellen Formen («Danke, nach Ihnen!») nahm man Platz, ließ sich die Tassen füllen und dann das große Palaver ganz langsam angehen.

Voppmann zuppelte an seiner Zigarre. «Ja, meine Damen, meine Herren...! Wir wissen ja alle, worum's hier und heute geht: Frau Neumann soll so schnell wie möglich ihren Erbschein erhalten, weil sie sonst im wahrsten Sinne des Wortes betteln gehen muß...»

Qualitz nahm seine Unterlagen aus der Aktentasche und verteilte sie auf den ganzen Sektor seines Platzes. «... ich verstehe schon... Nur gibt es da drei kleine Hindernisse... Darf ich rauchen?»

«Ja», meinte Timon, um Entspannung bemüht. «Aber leise bitte...!»

Sie lachten, und der ABS-Leiter fügte hinzu: «Ja, wer schaffen will, muß fröhlich sein...! Also schaffen wir mal die drei kleinen Hindernisse schnellstens beiseite...»

Qualitz, auffällig allein durch seine außergewöhnliche Beamtennormalität, machte sich ans Überfliegen seiner Notizen. «So schnell wird das nicht gehen, fürchte ich... Fangen wir mal mit dem Bruder der Erblasserin an...»

«Der Er-blasserin lese ich immer», unterbrach ihn Timon. «Weil sie total erblaßt ist...»

Der Rechtspfleger pflegte so was nie zur Kenntnis zu nehmen. «... dem Bruder der *Erb*lasserin, dem Obergefreiten Siegfried Radowski, geboren am 17. 4. 1905 in Berlin... Zuletzt gesehen worden am 27. 9. 1943 in der Nähe von Brjansk... Gilt seitdem als vermißt...»

«Wird er wohl auch für ewig bleiben», sagte Voppmann. «Oder meinen Sie wirklich, daß er jetzt – nach zweiundvierzig Jahren – plötzlich noch mal lebendig auf'm Roten Platz auftauchen könnte...?»

«Nein, aber nach § 2 folgende des Verschollenheitsgesetzes ist es nun mal absolut unumgänglich, daß die Feststellung des Todes eines Verschollenen aufgrund eines Aufgebotsverfahrens zu erfolgen hat. Und zwar bedarf es dazu eines Beschlusses des zuständigen Amtsgerichtes...»

«Ich dachte immer, 'n Aufgebot, das wär was Erfreuliches», murmelte Timon, Verena zulächelnd.

«Die Todeserklärung», fuhr Qualitz monotonisierend fort, «begründet die Vermutung, daß der Verschollene an dem im Beschluß festgestellten Zeitpunkt gestorben ist – § 9 Verschollenheitsgesetz...»

Ramona Neumann griff jetzt ein. «Aber ich hab doch die Aussagen des Kompaniechefs und von drei anderen Soldaten auch noch, daß er gefallen ist, von einer Handgranate zerfetzt worden ist, direkt neben ihnen!»

Qualitz nickte überaus sachlich. «Das dürfte ja dann auch ausreichen, wenn das Amtsgericht die Todeserklärung beschließen wird... Aber bis dahin ist er nun mal, streng juristisch gesehen, ganz einfach noch nicht tot, Ihr Herr Onkel...!»

«Und wie lange wird das dauern, bis...?»
«Es wird schon etwas dauern, sicher...»
Das Telefon unterbrach die Verhandlung, und Voppmann eilte zu seinem Tisch hinüber, bemüht, es schnellstmöglich zu stillen. (Die Zwillinge waren in Mutter Kaminskis Obhut nebenan gelassen worden.)
«Voppmann, Amt für Bürgersorgen...!» Dies voller Mißmut hervorgestoßen; diese Störungen immer! «Wie...!? – Nein, die ist nicht zu sprechen...» Blick zu Verena hinüber. «... die ist gerade in 'ner wichtigen Sitzung. – Was...!? – Ihre Ente ist im Eimer!? Ich denke, die hat jetzt 'n Käfer, äh, 'n Golf...!? – Wie, die Bomben-Ente...!? Was für 'ne Bomben-Ente? Sollen wir Alarm hier, Bombenalarm...? – Nein... Ja, ich verstehe: eine *Bombay*-Ente... – Nein, ich kenn nur 'ne Peking-Ente. Und ich hab jetzt weder Zeit noch Lust, mir Ihre dußligen Kochrezepte noch weiter anzuhören! Wiederhören!» Er schmiß den Hörer auf die Gabel und kam zum Konferenztisch zurück, sich an Verena wendend. «Ihr Zoofreund, der geht mir wirklich langsam auf die Nerven! Dieser Karl Arsch aus Erkner!»
«Karl Friedrich aus Treuenbrietzen bei Berlin», korrigierte Verena, von der Ringsuche am wenigsten erschöpft. «... die Bombay-Ente ist kein Kochrezept, das ist ein Fisch, ein sogenannter Laternenfisch, genauer gesagt. Die Inder essen ihn mit Curry-Reis und haben das Gericht irgendwann einmal ‹Bombay-Ente› genannt. Und daher hat der Fisch dann seinen Namen bekommen. Die ganze Familie Harpodontidae...»
«Mich interessiert jetzt nicht die Familie Harpo... Harpo-Dingsda, sondern die Familie Neumann beziehungsweise Radowski...» Voppmann setzte sich wieder, ungewohnt grantig dabei. «Ja! Und es interessiert mich auch kein Fischgericht, sondern einzig und allein das Amtsgericht. Wie sieht's denn nun mit den beiden anderen längst verblichenen Verwandten aus, Herr Qualitz...?»
Der blätterte erneut in seinen Unterlagen. «Frau Gertrud Scholz, geborene Radowski, geboren am 24. 10. 1903 in Rixdorf bei Berlin...»
«... und seit 1946 auf dem Stahnsdorfer Staatsfriedhof ruhend», sagte Timon Zietz, sagte es, um mal sekundenlang von seinen Ringen wegzukommen. (Wo waren sie? Wer hatte sie geklaut? Einer der

Besucher? Man hätte bei allen eine Leibesvisitation vornehmen lassen sollen... Oder Verena gar selber...? Waren ihr in letzter Minute Bedenken gekommen...?)

Schwer für ihn, unmöglich, sich jetzt zu konzentrieren.

Qualitz war inzwischen beim nächsten teuren Toten angekommen. «... und Herr Hermann Radowski, geboren 1863 in Landsberg / Warthe...»

«Das war der Vater meiner Großtante», hörte Timon die Erbnichte sagen. «Der ist aber auch gestorben, 1931 schon, bloß die Sterbeurkunde war nirgends mehr zu finden...»

«Man sollte seine Papiere eben immer in Ordnung haben!»

«Sicher, ja...» sagte Verena. «Aber jetzt geht's doch ausschließlich darum, daß alle drei Verwandten ein für allemal tot sind und es nur eine einzige Erbin geben kann: Frau Neumann hier!»

Qualitz' Oberkörper fuhr steil in die Höhe. «Ohne die fehlenden Urkunden aber kann und werde ich den Erbschein nicht ausstellen!»

Ramona Neumann brach in Tränen aus. «Ohne Erbschein komme ich doch an die Bankkonten nicht ran, da bleibt doch alles gesperrt. Wovon soll ich denn leben!?»

«Tut mir leid, aber...» Qualitz packte seine Sachen wieder ein.

«Was seid ihr bloß alles für Menschen!» Ramona Neumann sprang auf und stürzte zur Tür.

Eine Stunde später war sie immer noch nicht wieder da. Timon machte sich Vorwürfe, daß sie ihr nicht viel energischer hinterhergeeilt waren, doch einerseits hatte ihnen Hecht mit einem über den Flur geschobenen Schreibtisch den Weg versperrt, und zum anderen war ja anzunehmen gewesen, daß sie alsbald wieder zu ihren Zwillingen zurückkehren würde.

Die beiden, Arabella und Carmen, schrien jetzt, was ihre kleinen Lungen nur hergaben, waren sich einig in ihrem Protest gegen das so böse Sosein dieser Welt, und Mutter Kaminski war schon am Verzweifeln, sowenig wollten ihre Stillversuche fruchten, hatte H.-H. Hecht soeben losgeschickt, neue Windeln zu beschaffen. Zum Glück waren die beiden halb gefüllten Fläschchen dageblieben, standen gerade zwecks Anwärmung in ihrer geheiligten Kaffeemaschine.

«Nun trinkt man schön», ermunterte sie die beiden, als die milchig-weiße Babynahrung, wie die Wangenprobe bewies, die rechte Temperatur hatte. «Die Mami ist ja gleich wieder da...»

Während Voppmann und Verena die Straßen durchstreiften, um die verschüttgegangene Mutter zu suchen, war Timon Zietz, mit Meyer 13 beauftragt, «die Stellung zu halten», voll mit seiner Ring-Fahndung befaßt. Wonach einer ringt, danach ihm gelingt, wie schon der Volksmund sagte.

Wenn die Götter ihn liebten, bekam er die Ringe zurück. Was sagten die Auspizien? Da sich in seinen Schreibtischschubladen zwar alles mögliche befand, jedoch keine Vogelinnereien, mußte er sich mit einem Würfel begnügen. Bei Würfen von Eins bis Drei blieben die Ringe verschwunden, bei einer Vier, Fünf oder Sechs würde er sie wiederbekommen.

Lange ließ er den Würfel über den Schreibtisch trudeln und von dort auf den Boden hinunter...

... Preuß vor die Füße, dem gerade Eingetretenen.

Der bückte sich...

«Liegen lassen, da hängt mein Schicksal von ab!» schrie Timon.

Sein PV-Leiter guckte indigniert; ein Würfel in Beamtenhand war für ihn noch viel blasphemischer als eine Rolle Toilettenpapier auf dem Kopf der englischen Königin.

«Ich glaube nicht, daß es sehr opportun ist, während der Dienstzeit in den Amtsräumen seine Spielchen zu machen...!»

«Alea jacta est», caesarte Timon, Trauer in der Stimme, denn es war nur eine Zwei geworden. Nichts mit immerzu und immer nur Verena...

«Was sollen denn die Bürger denken, wenn wir hier im Rathaus spielen!?» schnauzte Preuß.

Timon sah ihn an. «Haben Sie doch selber angeordnet in der GGO...!» (Die GGO – gleich «Gemeinsame Geschäftsordnung für die Verwaltung» – war die Bibel des Beamten...)

«Wieso...?» Preuß geriet ins Staunen.

«Na, im Anhang zu § 18 Abs. 2 steht doch unter III / 5. (1) der Satz: *Die Ziele des Verwaltungshandelns sind nur zum Teil durch Rechtsvorschriften, Verwaltungsvorschriften oder Anordnungen der Behördenleitung vorgegeben, so daß Spielraum für die Zielsetzung verbleibt*... Spielraum, sehen Sie, ein Raum zum Spielen...! Ausdrücklich vorgesehen ist der! Und so spiele ich eben...!»

Die Antwort des Reinhard Preuß bestand im Zuschmettern der Tür.

Nachdem Tür, Türrahmen und Wände ausvibriert hatten,

konnte sich Timon wieder seinem großen Forschungsvorhaben zuwenden. Die Ringe... Einige Augenblicke lang hegte er keinerlei Zweifel daran, daß sie einer der morgendlichen Besucher ganz dezent hatte mitgehen lassen. Aber wer? Und mit welchem Motiv? Der Rentner Grolland, um sich – auf Staatskosten sozusagen – endlich eine wetterfeste Hausnummernleuchte installieren zu lassen? Das Ehepaar *Jäää*ger als Schmerzensgeld? Die alleinstehende Mutter aus Baden-W., um den bei ihr vorgefundenen männlichen Mann in den christ-gesetzlich gewollten Ehehafen zu lotsen? Der Kraftwagen- und Radfahrerumfahrer Jens-Uwe Nickel, weil er eh zu kriminellen Taten neigte? Oder Strank, der Wikinger, ganz oder wirklich aus Versehen? Nun ja, alles nicht so recht plausibel...

Blieb aber noch Ramona Neumann... Wenn sie schon nicht ihre Erben beerben durfte, dann wenigstens ihn; wofür ja ihre panischwilde Flucht als ein gewisser Beweis zu dienen durchaus geeignet erschien.

Doch eingedenk der alten kriminologischen Weisheit, daß Indizien noch lange nicht Beweise sind, zögerte Timon ein wenig, den Täter öffentlich bekanntzumachen.

Er sah sich um. Warum denn in die Ferne schweifen, das Böse lag so nah... Meyer 13 etwa? Aus Eifersucht...? Um Verena noch an diesem Schritt zu hindern, der ihm wohl alle Chancen einer Selbstbesteigung nahm, auf ihren Hang zum Beachten vorsehungsvoller Zeichen hoffend. Oder Mutter Kaminski gar...? Ob sie wohl fürchtete, daß mit dieser ihrer Verlobung und einer sich eventuell bald anschließenden Heirat das Ende des alten ABS unabwendbar kommen würde, denn zweie, die sich verehelicht hatten, durften ja nur zu Hause unter einer Decke stecken, nicht aber im selben Referat. Arbeit im Team: ja, Arbeit intim: nein! Streute sie deshalb Sand ins Liebesgetriebe, um sich nicht noch einmal an neue Kollegen gewöhnen zu müssen...? Dasselbe konnte auch für Voppmann gelten, Sabotage also. Oder war es doch mehr als einzig Väterliches, was er da Verena gegenüber...? Noch ein Fragezeichen mehr.

Und der H.-H. Hecht. Klauen tat der sicher nicht («... bei dem IQ ein viel zu großes Risiko!»), blieb aber noch die Möglichkeit, daß er die Platin-Gold-Legierung der Ringe schlichtweg für Messing blitzeblank gehalten hatte, für Scheiben, Unterlegscheiben, und deswegen schnell... Oder er hatte sich nur mal eben als Scherzbold profilieren wollen...? Nicht unwahrscheinlich alles, doch der

Hausmeister war ja dieserhalb schon des öfteren von ihm vernommen worden, hatte aber ein jedes Mal alles abgestritten und noch mehr.

Und er selber, Timon, im Unterbewußten vielleicht? Hatte die Ringe versteckt, verschwinden lassen, um sich Verena nicht ausliefern zu müssen, ihr und ihrer so verdammten Sippe. Umkehr in letzter Sekunde. Liebe war das eine, der paradoxe Drang, jenen Augenblick «verweile doch, du bist so schön» in die Ewigkeit eines ganzen Lebens hinüberzuretten, die Angst das andere, die Angst vor den vielen Jahren mit ihr, vor ihrer unwahrscheinlich großen, ihn erdrückenden Kraft, vor ihrer Ratio, sprich: emotionsfreien Intelligenz, vor dem permanenten Kämpfenmüssen, um, so attraktiv, wie sie war, all die Rivalen abzuwehren, ihr deswegen dauernd zu gehorchen und zu dienen. Alles ja ein Horrortrip!

Er selber also hatte die Ringe versteckt! Sag mir endlich, wo? Denkste!

Dasselbe aber galt für sie: eine panische Reaktion in letzter Sekunde, um wieder frei zu sein, frei für andere Partner, hochkarätiger, karrierenützlicher.

Timon hörte auf zu suchen, so von seinen Depressionen niedergedrückt, daß er, als er mal zum Fenster ging, um nach Voppmann und Verena Ausschau zu halten wie auch nach den noch immer hochaktiven Baumbeschneidern draußen, wie ein alter Mann aussah und sich auch richtig greisig fühlte.

Ah, er schreckte auf! Hinten an den Marktständen formierten sich gerade erzürnte Bürger, um die Gartenbauarbeiter bei ihrer «Baumsanierung» zu stören und das Fällen des einen oder anderen Stammes zu verhindern. Und das in der unbepinkelbaren Bannmeile rings um das Rathaus herum ...!

Timon, normalerweise bei so was immer dabei, war heute gänzlich ohne Demo-Mumm. Wie gesagt, alt sah er aus, und Altersweisheit war es auch, die ihn langsam erfüllte. Blieben die Ringe verschwunden, nun gut, okay, dann gab es immer noch zwei Möglichkeiten für sie und ihn: Entweder Verena kam mit, neue zu kaufen («Nun gerade!»), oder sie tat das nicht («Ich weiß nicht so recht, warten wir mal ab ...»).

Da kamen sie zurück, müde, deprimiert, hatten von der jungen Mutter keine Spur entdeckt.

«Die wird sich abgesetzt haben», sagte Timon. «... auch nach

Australien wahrscheinlich, ihrem Mann nach... Und ab morgen haben wir nicht mehr Mutter, sondern *Groß*mutter Kaminski bei uns hier anner Schreibmaschine...!»

«Da würd ich nicht so spotten!» Seine Vorgesetzte sah ihn streng und strafend an. «Es kann ja wirklich sein, daß Frau Neumann sich... Suizidgefährdet war sie ja, ist sie ja sicher... Bei dem ganzen Wahnsinn hier – mit ihrem Erbschein das alles!»

«Nicht doch!» räsonierte Zietz. «Bei den beiden Kindern hier...!»

«Bei Überforderung gibt's manchmal so Depressionen, die...»

«Ach, i wo!»

«Jedenfalls ist sie nicht zurückgekommen, und gefunden haben wir sie auch nicht...!»

Gerade wollten sie sich noch weiter ineinander verbeißen, da flog die Flurtür auf und zwei Demonstranten stürmten herein, einmal weib- und einmal männlichen Geschlechts, beide um die Zwanzig und mehr vom Zustand dieser Welt verstehend als ganze Rathäuser und Ministerien zusammen.

«Sie sind doch das Amt für Bürgersorgen! Tun Sie mal was!»

«Die sägen da alle Äste ab draußen und Bäume auch, die verschandeln doch die ganze Gegend hier...»

«Wenn's 'ne Privatfirma ist und die nachher was in die Parteikasse spenden, dann läßt sich doch kaum was dagegen sagen, dann ist das doch letztendlich in hohem Maße staatserhaltend», meinte Timon, nicht wenig stolz, daß er so schlitzohrig-dialektisch sein konnte.

Doch trotz seiner schön unterstützenden Feinrhetorik wurde er vom leicht punkergelookten Demo-Mädchen nicht nur milde belächelt, sondern auch noch reichlich unsanft zur Seite gestoßen («Paß doch auf, Mensch!»), denn von draußen schob nun ein anderer Demonstrant eine lange Aluleiter durchs Fenster ins ABS hinein, dabei schreiend: «Zieht euch das Ding ganz rein und versteckt es da!»

Die beiden, die sich schon im Amt befanden (wenn auch nicht in Amt und Würden), stürzten zum Fenster, dem Leaderwunsche nachzukommen.

Der Gartenbauarbeiter draußen/oben auf dem alten Lindenbaum fühlte sich total vom Leben abgeschnitten und begann in einem wahren Regressionsanfall überaus kindisch zu zetern: «Die Leiter her...! Ich will wieder runter hier!» (Vielleicht aber war es auch eine der seltenen, aber immerhin doch möglichen Leiter-weg-Phobien, und man tat dem Manne bitter unrecht, wenn man ihn verspottete.)

Jedenfalls: Beifallsstürme und Gelächter der Bürger wie der Demonstranten; mit Ausnahme aller (auf)rechten Gemüter, versteht sich.

«Nu los, hilf uns mal!» Die beiden Baumschützer im Herzen des ABS wandten sich an Zietz, hatten ihn inzwischen als einen solchen erkannt, das heißt als einen Öko(ideo)logen. «Deine großen Reden kenn wa ja, nu tu ooch mal wat!»

«Bäume absägen, das is 'n Verbrechen, das mußte mit verhindern helfen! Komm schon, wir brauchen 'n Versteck hierfür!»

Nach einigen Sekunden beamtenethischen Zögerns sah man dann Timon Zietz mit anpacken, als sie, die Leiter wie einen Rammbock nutzend, den Rathausflur entlangliefen, um die Aufstiegshilfe schließlich in Hechts Hausmeisterwohnung vor jedem befugten Zugriff zu sichern.

Voppmann und Preuß saßen derweilen im Amtsleiterraum, schweigend im Gespräch vertieft.

Voppmann goß sich einen Cognac nach. «... und Sie möchten wirklich keinen...?»

«Sie wissen ja, daß das nicht so ganz meiner Dienstauffassung entspricht...»

«Der eine so, der andere so...» sagte ABS 1 und genoß den Geist des Weines, um dann PV 1 mit seiner gewohnt-gefährlichen Bauernschläue zu mustern. «...entschuldigen Sie, aber das hab ich doch vorhin ganz richtig mitbekommen: Ob der Kamerad Qualitz in dieser Bürgerrechtsklausur da 'ne Fünf kriegt oder nicht, das liegt jetzt ganz allein bei Ihnen...?»

Preuß war aber schon mißtrauisch geworden, wußte nicht genau, worauf das hinaus sollte. «Ja...»

Voppmann fuhr mit der Mittelfingerkuppe spielerisch den Rand seines Glases entlang, bemüht, Sirenenklänge zu erzeugen. «... und das würde ihn doch ganz schön treffen – oder...? Die Fünf, meine ich... Bei dem Ehrgeiz, den er zu haben scheint.»

«Ein Aushängeschild ist das bestimmt nicht.»

«Aber Sie haben doch da 'n gewissen Ermessensspielraum, ob nun Vier, Vier bis Fünf oder Fünf...?»

«Nun ja...» mußte Preuß ihm zugestehen.

Voppmann machte den Versuch eines hypnotisierenden Blickes. «Da könn wir doch 'n kleines Tauschgeschäft machen: Sie geben Qualitz noch 'ne knappe Vier – und er rückt dafür den Erbschein raus...»

«So gerne ich der Dame, den Zwillingen auch helfen würde, aber da...» Preuß erwies sich als völlig immun gegen die Voppmannschen Beeinflussungssignale. «Wenn die Arbeit schlecht ist, dann ist sie auch schlecht! Und wenn es ohne die fehlenden Urkunden keinen Erbschein gibt, dann gibt es eben keinen! Wenn wir Beamten schon selber gegen unsere obersten Prinzipien verstoßen, dann bricht doch eines Tages alles zusammen!»

Oder es gibt ein Viertes Reich nach Art des Dritten, dachte Voppmann, Schreibtischtäter, du!

Immerhin, die Gedanken waren noch frei, das freute ihn, und da er ja von dem anderen etwas wollte, entschloß er sich zu einer Replik, die kaum noch aggressiv zu nennen war. «Meinen Sie nicht auch, daß wir die Funktionsfähigkeit unseres Systems auf Dauer nicht wesentlich besser erhalten können, wenn wir da nicht ganz so stur...!?»

Preuß stand auf und wandte sich zur Tür. «§ 38 I Beamtenrahmenrechtsgesetz... Oberster Grundsatz für die Amtsausübung ist das Gebot, rechtmäßig zu handeln...!»

Auch Voppmann erhob sich nun. «Ja, ja, siehe Kleist, *Der Prinz von Homburg*...» Und bei allem Pathos, den die kleine Szene nun anzunehmen begann, mußte er, an Zietz denkend («Besser Kleist als Kleister!»), doch ein wenig schmunzeln. «Wie heißt es doch bei Kleist: ‹Mehr Schlachten noch als die hab ich zu kämpfen, / Und will, daß dem Gesetz Gehorsam sei.› – Sagt der Große Kurfürst nach gewonn'ner Schlacht... ‹Den Sieg nicht mag ich, der, ein Kind des Zufalls, / Mir von der Bank fällt; das Gesetz will ich, / Die Mutter meiner Krone, aufrecht halten, / Die ein Geschlecht von Siegen mir erzeugt!›»

Überkompensation eines Legasthenikers, ins Mnemoakrobatische ausgebaute Fähigkeit, einmal gehörte Texte fehlerlos zu speichern und noch Jahre später ebenso fehlerfrei wiedergeben zu können.

«Das ist doch kein Theater hier!» rief Preuß, die Tür hinter sich zuschlagend.

«Doch...! Und darum lieb ich's ja so, und darum ist es ja so nützlich und so unentbehrlich in dieser unserer Bürokratie...»

Eine halbe Stunde später: letzter Akt, vorletzter Aufzug.

Mutter Kaminski hatte, da Ramona Neumann weiterhin verschwunden war und blieb, ihren Tisch des Schreibens zum Tisch des Windelns umgewandelt und setzte an, die beiden fünfmonatigen Damen erneut zu versorgen.

Hecht bastelte an seinem Fensterflügel herum; die neue Scheibe paßte nicht, und am Rahmen waren weitere Stechbeitelattacken zu starten. Voppmann, Zietz und Meyer 13 hingegen standen tatenlos herum und sahen zu.

Ein Stilleben, wenn auch ein lautes, denn die hispanisierten Neumann-Zwillinge schrien pausenlos aus voller Lungenkraft, und vor dem Rathaus draußen schossen die Baumschutzdemonstranten und die Gartenbauarbeiter, beide Seiten immer aufgebrachter, Wortsalven aus vollen Rohren aufeinander ab.

«Gebt unsre Leiter wieder her!»

«Nur wenn ihr euern Leiter herholt und der das Ganze hier stoppt!»

«Erst die Leiter!»

«Erst den Leiter!»

Plötzlich Martinshörner, und ein roter Rettungswagen, 112, stoppte vor der Rathaustreppe.

Hecht kommentierte das. «Feuerwehr! Die holn jetzt den Mann aus'm Baum runta! Nee, die rennen mitter Trage ins Rathaus rin...!»

«Der Bürgermeister!» rief Mutter Kaminski. «... 'n Gehirnschlag vielleicht...!?»

«Da ist doch nichts vom Schlag zu treffen!» brummte Timon.

Verena kam durch die Flurtür gestürzt, und der durch sie verursachte Luftzug war derart stark, daß die auffliegenden Fenster Hecht die neu einzusetzende Scheibe glattweg aus der Hand schlugen; ein gewaltiges Geklirre.

«Ha-ha-ha!» machte der Amtsleiter.

Und Timon Zietz verstieg sich sogar zu einem überaus makabren Vergleich. «Hecht und Glas, das ist wie 'ne binäre Waffe: Treffen die beiden zusammen, gibt's 'n Unglück!»

«Mensch, hört doch auf damit!» schrie Verena sie an. «Die Ramona Neumann hat 'n schweren Herzanfall erlitten, die Aufregungen alle...! Die ganze Zeit über war sie hier im Rathaus versteckt gewesen und ist dann oben vor der Kanzlei zusammengeklappt. Darum die Feuerwehr. Mindestens 'ne Woche zur Beobachtung im Krankenhaus drin und dann zur Kur...»

«Gott, die Kinder!» rief Timon.

«Laß mal, Kindchen, ich hab noch drei Wochen Urlaub offen, ich nehm die dann erst mal...» Mutter Kaminski konnte ein gewisses Strahlen kaum noch unterdrücken.

Karl Voppmann legte ihr den Arm um die Schultern. «Ich auch noch... Siehste, Martha, nun ham wa doch noch unsre gemeinsamen Kinder...!»

Nach Abschluß dieser nun wirklich schwarzwaldklinisch anrührenden Szene fuhr Mutter Kaminski mit der Entwindelung der beiden temporär so mutterlosen Würmchen fort, und siehe da, noch viel beschissener als ihre Lage waren ihre Pampers.

«Gucken Sie ruhig zu», sagte Mutter Kaminski zu Verena wie zu Timon. «Manchmal muß man schneller damit anfangen, als man sich denkt.»

«Um Zwillinge zu kriegen, muß man da zweimal hinter...?»

«Timon, bitte!»

«Das ist ja 'ne richtige Mostrichfabrik», staunte Voppmann.

«Sind sie nich goldig!» schwärmte Martha Kaminski.

«Schon, aber...» Verenas Jubel blieb verhalten. Mit dem Kinderwagen in der Hand kam sie schwerlich durch das ganze Land, und die steile Treppe bis zum höheren Dienst hinauf schon gar nicht. Also: Wenn die Ringe weiterhin verschwunden blieben, dann: Rückzug! Vorläufig jedenfalls.

«Da sind sie ja, ich werd verrückt! Bei Arabella in der Windel drin!» Timon flippte aus, umarmte alles, was in seiner Nähe stand, warf die beiden Ringe an die Decke und fing sie wieder auf.

Hatte die Kleine sie im Spiel gegriffen oder ihre Mutter aus Versehen? Waren die Windeln von Ramona Neumann, absichtlich oder als Folge einer gewissen psychischen Verwirrung, als Versteck genutzt worden, den Schmuck außer Haus zu schmuggeln?

Wie auch beim Untergang des Maya-Volkes: Nie werden wir erfahren, wie es wirklich war; im Dunkel der Geschichte bleibt auch dies.

Doch was zählte dieses Defizit des Wissens schon in einer Stunde, wo sich unsere beiden Liebenden, Timon und Verena, jauchzend in die Arme sanken («Besser in die Arme als in die Armee!»), Freudentränen in den Augen, nun war ja der Götter Urteil ergangen, und es hieß: Nehmt euch, ihr seid füreinander bestimmt!

Karl Voppmann legte seine Arme um die beiden.

«Happy-End, jetzt wird abjeblend!»

Und während er dies sagte, diktierte zwei Etagen höher im Rathaus der Bürgermeister Domisch «aus gegebenem Anlaß» seiner Chefsekretärin die letzten Sätze eines Todesurteils aufs immerbereite Band:

«... ist es wegen der skandalösen und der Würde einer staatlichen Verwaltung unangemessenen Arbeitsweise des Amts für Bürgersorgen immer wieder zu Protesten betroffener Klienten wie vor allem zu kostenaufwendigen Störungen der ordnungsgemäßen Aufgabenerledigung bei anderen Behörden gekommen. Mehrere Belege für den verschiedentlichen Amts- wie Machtmißbrauch des ABS und für Vorkommnisse in den Räumen 001 und 002 unseres Rathauses, die sich nicht in Einklang mit dem Pflichtenkatalog eines Beamten bringen lassen, finden sich in der Anlage. Um die Bürgerberatung wieder wirksam funktionieren zu lassen, wird das Amt für Bürgersorgen zum 1. Januar nächsten Jahres aufgelöst. Seine Aufgaben werden von einem dem Bürgermeister unmittelbar zugeordneten Bürgerbeauftragten übernommen. Mit dieser verantwortungsvollen Funktion gedenke ich den Verwaltungsinspektor Marcel Meyer zu betrauen, der durch sein untadeliges und überaus fachkompetentes Arbeiten im alten Amt für Bürgersorgen stets eine Ausnahmestellung eingenommen hat. Ende!»

Ende, ja, doch wir werden dem ABS immer ein ehrendes Angedenken bewahren und fordern auch an dieser Stelle nochmals mit allem Nachdruck (hoffentlich wird das Buch ein paarmal nachgedruckt!) für unsern Karl Voppmann endlich einen Bundesverdienstkeks am Bande!

Danke!

Inhalt

tomate

Eine Auswahl

Alfred Brodmann/Louis Lewitan
Hör zu, wenn ich mit mir rede!
Cartoons
(5501)

Horst Cremer
Herzlichen Glückwunsch
Das ganz andere Geburtstagsbuch
(5505)

Jackie Niebisch
Der kleene Punker aus Berlin
(5525)
Die kleine Fußballmannschaft
oder Der Schrecken der Kreisliga
(5526)
Die Erlebnisse des kleinen Trampers Jackie
(5552)
Die kleine Schule der Vampire
(5553)
4 Bände im Großformat

papan
Der undressierte Mann
Cartoons
(5456)

Klaus Pitter
Nervensegen
Überlebenstraining für Eltern
Cartoons
(5479)
Kindersägen
Überlebenstraining für Eltern (5583)
Müsli sucht Heidelbeere
Cartoons vom Kennenlernen, Kinderkriegen und Überleben (5797)

C 2174/3

Rowohlt Lesebücher

Das Rowohlt thriller Lesebuch
(rororo 5201)

Das Rowohlt panther Lesebuch
(rororo 5202)

Das Rowohlt Lesebuch der Liebe
(rororo 5203)

Das Rowohlt rotfuchs Lesebuch
(rororo 5204)

Das Rowohlt Lesebuch der neuen frau
(rororo 5205)

Das Rowohlt Grusel Lesebuch
(rororo 5206)

Das Rowohlt Lesebuch der Poesie
(rororo 5207)

Das Rowohlt aktuell Lesebuch
(rororo 5208)

Das Rowohlt Schmunzel Lesebuch
(rororo 5209)

Das Rowohlt Theater Lesebuch
(rororo 5210)

ro ro ro

C 2108/5